세상을 변화시키는 52주 구역공과

주님과 동행하는 구역

편찬위원회

아가페문화사

주님과 동행하는 구역

구역부흥은 교회부흥

구역

이름

주소

교회 전화

주님과 동행하는 구역
성장하는 교회

교육 이념

1. 하나님의 영광을 높이는 구역

2. 하나님의 교회를 섬기는 구역

3. 하나님의 사랑을 실천하는 구역

4. 행복한 가정을 이룩하는 구역

5. 변화하는 시대를 선도하는 구역

구역공과 일러두기

한국교회의 부흥에 지대한 역할을 감당해 온 기관은 교회의 작은 세포(셀)들이 모여진 '구역' 또는 '속회' 다. 이들은 주일학교, 찬양대 등 기관적인 성격보다는 속회적인 성격이 강하지만 기관보다 더 강한 목회 중심기구임에 틀림없다. 담임목회자의 연중 목회계획은 급변하는 현실에 민첩하게 대처해야 함으로, 철저하게 유목적적이며, 계획적이어야 한다. 찬양대 운영이나 구역예배 공과도 목회계획이나 교회력(교회 절기 중심의 달력)을 참고로 하여 계획이 미리 세워져야 한다. 교회의 사명인 선포, 예배, 교육을 위해 목회자는 가르치는 사명을 다해야 하는 것이다. 이렇게 해서 실제 목회현장에 적용할 수 있도록 12권의 『구역공과 시리즈』를 펴냈다. '말씀의 생활화' 를 구현하기 위해 성경 본문 중심 '12년 커리큘럼' 으로 편찬한 구역공과는 다음과 같다.

바로 『부흥하는 구역』 · 『생동하는 구역』 · 『전진하는 구역』 · 『결실하는 구역』 · 『파송하는 구역』 · 『일꾼을 키우는 구역』 · 『건강한 구역』 · 『화목하는 구역』 · 『치유하는 구역』 · 『칭송받는 구역』 · 『생명을 살리는 구역』 · 『주님과 동행하는 구역』이다.

금번 『주님과 동행하는 구역』은 '창세기' 부터 '요한계시록' 까지 주님과 동행했던 신앙인들과 그들의 메시지와 성경을 읽어가도록 시대적 배경, 기록목적, 주제, 내용의 구성, 교훈의 실제 등을 스스로 공부해 가정에서, 구역에서, 직장에서 말씀을 나누면서 삶에 적용하도록 집필했다. 이 구역공과시리즈는 교회성도들의 영적양식인 '말씀과 삶' 의 현장을 생생하게 연결시켜 줄 것이다. 누구나 유목적적이고, 계획목회 도우미로 설교방, 기도방, 심방하는 안방까지, 골방마다 찾아갈 것이다. 이 공과는 성경본문을 1년 '경건의 시간' (Q.T.), 찬송가, 묵상 주제를 제시해 누구나 가정예배와 구역원, 직장동료와 함께, 그리고 많은 목회자들의 목회지침서를 대신할 것이다. 열두 해를 한결같이 사랑해 주신 독자 여러분과 동역자 여러분께 감사드린다.

교회부흥은 농부가 농사를 짓듯 사랑과 온정으로 살펴야 목적을 당성할 수 있다. 농사를 잘 지으려면 첫째, 좋은 종자를 고르고, 둘째, 좋은 땅에 심고, 셋째, 관심과 꼼꼼한 손질이 필요하다. 교회부흥은 원하는 만큼 정성을 다하여 실천하면 틀림없이 영적 풍년 농사를 기약해 줄 것이다. 좋은 교재, 훈련된 구역장이나 인도자, 구역원의 열심을 다한다면 교회마다 풍성한 결실이 나나날 것이다. "내가 곧 교회의 주역이다"라는 책임감을 가지고 최선을 다 하려면 다음과 같은 수칙을 충실히 지켜야 한다.

첫째, 하나님의 말씀을 날마다 겸손히 듣고(행 10:38),
둘째, 말씀을 매일 부지런히 읽으며(신 17:19),
셋째, 말씀을 체계적으로 공부하십시오(행 17:11; 딤후 2:15).
넷째, 말씀을 암송하십시오(시 119:11).
다섯째, 말씀을 묵상하고 적용하십시오(수 1:8).

본 교재는 평신도 지도자가 목회자 입장에서 목회해가는 심정으로 일년 열두 달, 매월 교회 성장목표를 정하여, 매일 "한 주간의 묵상 자료"(가정 예배 자료)와 함께 매일 '가정예배'와 연계한 구역 성경공부교재입니다. 쉽고 간편하게 인도자와 구역원, 온 교우가 함께 쓰는 교재로 집필했습니다. 전교우 가정에 한 권 씩 준비해 놓으시고, 가정예배 시 '주간 성경교재'로, 구역예배 시 성도들이 교재를 통해 은혜 받도록 했습니다. 이 교재를 통하여 '말씀의 생활화'로 '성경을 배워, 예수님의 좋은 일꾼'으로 성장하시기를 기도드립니다. 여러분들의 가정과 구역이 주님과 이웃으로부터 칭송 받아 진정 하나님의 은혜가 넘치며, 성령의 은총으로 섬기는 교회마다 부흥과 성장하시기를 기원합니다.

2010년 11월

구역 공과 편찬위원회 대표 신소섭 목사

구역공과 교재 사용법

- 찬송 · 묵도 · 신앙고백(사도신경) · 찬송 · 기도 -

1. 먼저 '성경' 본문을 찾아 함께 읽으십시오.
2. '요절'을 3회 큰 소리로 함께 읽고 암기합시다.
3. 공과 '교재의 목표'를 읽고 마음에 새기십시오.
4. '시작하는 말'은 구역 인도자가 읽음으로 함께 이해하십시오.
5. '오늘의 말씀'은 한 대지씩 구역원이 돌아가면서 읽으십시오.
6. '함께 읽어요'는 모든 구역원이 한 목소리로 읽으십시오.
7. '정리하는 말'은 구역장이 읽으십시오.
8. 구역원 모두에게 성령께서 함께 하사 기도로서 말씀을 우리의 생활에 적용할 수 있도록 하십시오.

-합심기도, 헌금, 가정을 위한 기도, 새 구역원 소개, 찬송, 주기도문
-※ **상기 사용법 4, 5, 6, 7번은 각 교회의 구역지침에 따라 진행하십시오.**

구역부흥은 교회부흥

성공적인 구역 운영 요령

1. 효과적인 개인전도 7가지 방법

- 영혼을 사랑하는 마음을 가져라.
- 전도 대상자를 확실히 정 하라
- 상대를 위하여 충분한 기도로 준비하라.
- 인격적인 교제를 가져라.
- 상대에게 무엇이 필요한가를 파악하라.
- 문제점에 대하여 간증으로 권유하라.
- 결신 후 최소한 3개월간을 영적으로 보살펴라.

2. 구역배가를 위한 5가지 기도제목

- 믿지 않는 가족을 위한 기도
- 병든 자를 위한 기도
- 개인이나 가정의 문제 해결을 위한 기도
- 각자의 소원 응답을 위한 기도
- 성령 충만을 위한 기도

3. 효과적인 구역원 상담의 5가지 방법

- 상대에게 되도록 많이 말할 기회를 주라
- 관심을 주변 환경에서 신앙생활로 전환시켜라
- 말씀에 입각하여 근원적인 해답을 제시하라
- 함께 기도하고 상담을 마무리 하라
- 확신을 갖고 말로 시인케 하라

4. 구역 운영 3가지 주의사항

- 이단 사설에 현혹됨을 예방하라
- 성도간의 금전 문제에 주의 하라
- 신앙적인 이야기 외에 무익하고 부덕한 말을 피하라

구역공과 교육과정(제 1, 2 학기)

학기	월	목표	과	제 목	본 문	요 절	묵상의 말씀
1 학기	1	말씀 사랑의 달	1	말씀이 곧 하나님이시라	요 1:1-5 ; 창1:1-31	요 1 : 1	창 1 : - 7:
			2	하나님과 동행한 에녹	창 5 :21-24	창 5 : 24	창 8 : -14:
			3	신앙을 회복한 아브람	창 17 :1 - 8	창 17 : 7	창 15 :-21:
			4	야곱의 꿈과 서원	창 28 :10-22	창 28: 15	창 25: -31:
			5	요셉이 형통한 비결	창 37:6-11; 39:1-6	창 39 : 2	창 38: -45:
	2	기도 열심의 달	6	여호와의 종 모세	히 11: 23-29	히11:24-25	출 1: - 7:
			7	회막에서 모세를 부르심	레 1: 1-17	레 1 : 1	레 1: - 7:
			8	생존한 갈렙과 여호수아	민 14: 26-38	민 14: 38	민 9 : - 15:
			9	고라 무리의 패역	민 16 : 1-11	유 1 :11	민 16: - 22:
	3	전도 실천의 달	10	가르쳐 행하게 하라	신 5 : 22-33	마 28: 20	신 1: - 7:
			11	모세의 후계자 여호수아	신 31:14-23	신 31: 23	신 26:- 32:
			12	여리고 성 함락	수 6 : 8-20	수 6 : 20	수 1: - 7:
			13	오직 여호와만 섬겨라	수 24:14-31	수 24: 14	수 18:- 24:
2 학기	4	성령 충만의 달	14	말씀대로 행한 기드온	삿 6 :25-40	삿 6 : 27	삿 1:- 7:
			15	나실인 삼손	삿 16: 15-31	삿 16: 28	삿 12: -18:
			16	나오미, 룻, 보아스의 신앙	룻 4: 1- 22	룻 4: 17	삿 1:-룻 4:
			17	사무엘의 신앙과 성품	삼상 1: 1-28	삼상 1: 20	삼상 1:- 7:
	5	가정 구원의 달	18	사울과 그의 가정	삼상10: 15-27	삼상10: 24	삼상 8: - 14:
			19	이스라엘 둘째 왕 다윗	삼하 2 : 1-7	삼하 2:4하	삼상 16: -22:
			20	지혜의 왕 솔로몬	대하 1: 1-13	대하 1 : 1	왕상 3: - 9:
			21	르호보암과 여로보암	왕상 11:26-43	왕상 11 : 31	왕상 10:- 16:
			22	학사 제사장 에스라	스 7 : 1-13	스 7 : 10	스 1 : - 7:
	6	이웃 돌봄의 달	23	느헤미야의 구국 기도	느 1:1- 11	느 1 : 11	느 1 : - 7:
			24	에스더의 구국 금식기도	에 2:1- 18	에 4 : 16	에 1 : - 7:
			25	동방의 큰 자 욥	욥 1:1- 22	욥 1 : 8	욥 1 :- 7:
			26	희망과 복음의 선지자 이사야	사 1 :1- 14	사 31 : 33	사 1 :- 7:
절기	53. 고난주간			십자가 고난 후에 영광	사 53: 1-12	사 53 : 5	사 51: - 57:
	54. 부 활 절			예수님의 부활을 전하자!	고전 15:35-49	고전 15 : 42	고전15:/ 눅21:-24:

* 절기 예배 공과내용은 분문 내용의 마지막 부분에 있습니다.

구역공과 교육과정(제 3, 4 학기)

학기	월	목표	과	제 목	본 문	요 절	묵상의 말씀
3 학기	7	교육 점검의 달	27	눈물의 선지자 예레미야	렘 1 :1-14	렘 31: 33	렘 1 : - 7:
			28	환상의 선지자 에스겔	겔 1 :1-14	겔37:26-27	겔 1 : - 7:
			29	기도하는 정치가 다니엘	단 1 :1- 21	단 2 : 47	단 1 : - 7:
			30	심판과 사랑을 외친 호세아	호 2 :1-13	호 2 : 23	호 1: - 10:
			31	성령 약속 예언과 요엘	욜 1 :1- 20	욜 2 : 28	호11: -욜3:
	8	신앙 수련의 달	32	공의의 선지자 아모스	암 1 :1- 15	암 5 : 24	암 1: - 9:
			33	여호와를 크게 경외한 오바댜	옵 1 : 1-11:	옵 1 : 10	왕상17:-22:; 옵 1:
			34	니느웨에 선교한 요나	욘 1: 1-17	욘 3 : 4	욘1:-4 ; 왕하14-15: 마 12:
			35	메시야 나실 곳을 예언한 미가	미 1:1-16	미 6: 8	미 1: - 7:
	9	교육 심화의 달	36	니느웨 멸망을 전한 나훔	나 1 :1-17	나 1 :15	대하 33-36 ; 나 1:-3:
			37	이신칭의를 전한 하박국	합 1: 1-17	합 2 : 4	왕하 22:-25:; 합1:-3:
			38	심판 날을 전한 스바냐	습 1 :1-18	습 3 : 17	왕하 18-21:; 습 1:-3
			39	성전 건축을 독려한 학개	학 1: 1-15:	학 1: 8	시 84-85:; 스 8:-10:; 학 1:-2:
4 학기	10	총동원 전도의 달	40	환상을 통해 전한 스가랴	슥 1:1-21	슥 9 : 9	슥 1 :-14:
			41	온전한 십일조를 가르친 말라기	말 3:1-12	말 3 : 10	마 23-24:; 말 1:-4:
			42	왕의 복음을 기록한 마태	마 1:1- 25	마 16 : 16	마 1:- 7:
			43	종의 복음을 기록한 마가	막 1:1- 11	막 10 : 45	막 10:- 16:
			44	인자 복음을 기록한 누가	눅 1:26-38	눅 23 : 47	눅 1:- 7:
	11	감사 찬양의 달	45	전도에 힘쓴 베드로 행전	행 1:1 -26	행 1 : 8	행 1:- 12:
			46	선교에 힘쓴 바울 행전	행 13:1-12	행 13 : 2	행 13:-28:
			47	교리를 가르친 바울 서신	롬 1:1-17	롬 1: 17	롬 1:- 16:
			48	유대인을 위해 쓴 히브리서	히 1: 1-14	히 11: 12	히 1:- 13:
	12	사랑 나눔의 달	49	행함을 강조한 야고보 서신	약 1: 1-27	약 2: 26	힙 12:-약 5:
			50	나그네에게 보낸 베드로서	벧전1: 1-12	벧전 1:17	벧전1:-벧후3:
			51	사랑의 요한서신과 유다서	요일 4:1-21	요일 4:11	요일1:-유1:
			52	신천신지를 예언한 계시록	계 1: 1-7	계 1 : 7	계 1:- 7:
절기	55. 감 사 절			여호와께 감사하라	시 107: 1-22	시 107:1	시 107:-118:
	56. 성 탄 절			구원의 기쁨을 전하는 성탄	눅 2: 1-20	눅 2 :14	창3; 사7:,11:, 40:; 마1:; 눅1:-2,

* 절기 예배 공과내용은 분문 내용의 마지막 부분에 있습니다.

주님과 동행하는 구역
성장하는 교회

세상을 변화시키는 52주 구역공과

주님과 동행하는 구역

주님과 동행하는 구역

구역부흥은 교회부흥

1단원 말씀 사랑의 달

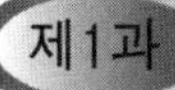

말씀이 곧 하나님이시라

찬송 / 204, 202, 200 / 통일 379, 241, 235
성경 / 요한복음 1:1-5, 창세기 1:1-31
요절 / 요한복음 1:1
"태초에 말씀이 계시니라 이 말씀이 하나님과 함께 계셨으니 이 말씀은 곧 하나님이시니라."
목표 / 하나님의 말씀을 믿고 순종하는 것이 신앙 생활의 기본임을 안다.

시작하는 말

오늘날 많은 사람들이 신앙의 대상을 바르게 알지 못하고 있습니다. 성경은 '말씀이 곧 하나님'이라고 했습니다. 그런데 우리는 하나님을 믿는다고 하면서도 그분의 말씀은 경홀히 여기며 만홀히 여깁니다. 이것이 태초부터 인간의 마음속에 들어간 사탄의 전술입니다. 사탄은 하나님의 말씀을 순종하지 않아도 인간이 손해 볼 것이 없으며 도리어 그것은 인간이 하나님으로부터 독립하여 자유를 얻는 길이라고 가르쳤습니다. 본 단원은 창세기를 통해서 말씀을 순종하지 않는 것이 미신이요, 우상 숭배인 것을 배우게 됩니다. 하나님은 말씀하시고, 순종을 요구하시는 살아계신 인격적인 분이십니다. 그러면 하나님의 말씀은 무엇입니까?

오늘의 말씀

1. 하나님의 말씀은 창조적 능력입니다(요 1:1~3; 창 1:3, 6, 9)

본문 1절 말씀을 함께 읽겠습니다. “태초에 말씀이 계시니라 이 말씀이 하나님과 함께 계셨으니 이 말씀은 곧 하나님이시니라.” 그렇습니다. 말씀이 곧 하나님이셨습니다. 창세기 1장 1절에 “태초에 하나님이 천지를 창조하시니라”고 말씀하십니다. 하나님의 말씀은 세계를 지으셨습니다. 그렇기 때문에 하나님은 세상을 사랑하셨으며, 독생자를 주실 만큼 세상을 사랑하셨습니다. 우리는 하나님이 지으신 세계에서 하나님의 말씀대로 살아가도록 자유를 주셨습니다. 하나님의 말씀은 창조의 능력이기에 ‘하나님의 말씀’을 떠나면 흑암과 불안과 공포와 절망과 죄와 악과 저주 아래 놓이게 됩니다. 하나님의 말씀대로 살아가는 것이 믿음 생활이요, 하나님을 기쁘시게 하는 일인 것입니다(히 11:3, 6).

· 함께 읽어요 : 히브리서 11장 3절, 6절

“3 믿음으로 모든 세계가 하나님의 말씀으로 지어진 줄을 우리가 아나니 보이는 것은 나타난 것으로 말미암아 된 것이 아니니라.” “6 믿음이 없이는 하나님을 기쁘시게 하지 못하나니 하나님께 나아가는 자는 반드시 그가 계신 것과 또한 그가 자기를 찾는 자들에게 상 주시는 이심을 믿어야 할지니라.”

2. 하나님의 말씀은 빛의 근원입니다(요 1:4~5; 창 1:3-4)

요한복음 1장 4절을 함께 읽겠습니다. “그 안에 생명이 있었으니 이 생명은 사람들의 빛이라”고 했습니다. 주님은 요한복음 12장 36절에서 “너희에게 아직 빛이 있을 동안에 빛을 믿으라. 그리하면 빛의 아들이 되리라……”고 말씀하셨습니다. 빛은 ‘그리스도’이십니다. 그리스도는 세상에 빛으로 오셨지만 어두운 세상이 깨닫지 못했습니다. 그리스도는 말씀으로 만물을 무(無)로부터 하나씩, 하나씩 차례대로 창조하신 분이십니다. 창조는 성부의 계획에 의해서 성자 하나님의 역할과 사역으로 이루어진 것입니다. 삼위일체의 신성 가운데 빛으로 오신 그리스도는 만물을 창조하셨던 분이십니다. 말씀이요 빛이신 그리스도의 창조가 그분의 역할이요, 사역이었습니다. 다음 성경 말씀을 함께 읽겠습니다.

· 함께 읽어요 : 요한복음 1장 3절

"3 만물이 그로 말미암아 지은 바 되었으니 지은 것이 하나도 그가 없이는 된 것이 없느니라."

3. 하나님의 말씀은 '영생의 말씀'입니다(요 6:68; 창 1:26-28)

요한복음 6장에서 예수님께서는 5병 2어로 5천명을 먹이시고, 자신이 '하늘에서 내려온 떡이니 사람이 이 떡을 먹으면 영생하리라'는 말씀과 함께 '내가 줄 떡은 곧 세상의 생명을 위한 내 살이니라.' 그리고 "내 살을 먹고 내 피를 마시는 자는 영생을 가졌고, 마지막 날에 내가 그를 살리리니"(요 6:54) 라는 말씀을 할 때 여럿이 듣고 '이 말씀은 어렵도다. 누가 들을 수 있느냐?' 하면서 제자 중에 많은 사람이 떠나갑니다. 예수께서 열 두 제자에게 이르시되 '너희도 가려느냐?' 하시니 68절에서 "시몬 베드로가 대답하되 주여 영생의 말씀이 주께 있사오니 우리가 누구에게로 가오리까?"라고 고백합니다. 예수님의 입으로 하시는 하나님의 말씀은 곧 '영생의 말씀'입니다. 말씀과 세계는 끊을 수 없고 우리가 하나님의 말씀으로 지으신 세계에 살고 있는 것입니다. 그러므로 인생은 하나님의 뜻대로 그 아들 예수를 믿는 믿음으로 사는 것이 '하나님의 일'이요(요 6:26), 믿음으로 살아 우리를 지으신 하나님을 기쁘시게 해드려야 하는 것입니다(히 11:6). 오늘도 하나님의 정확 무오한 말씀으로 살아가는 것이 바로 '믿음'이요, 인생의 참 목적이요, 방향이며, 행복의 길인 것입니다. 다음 성경 말씀을 묵상하면서 의미를 되새겨 봅시다.

· 함께 읽어요 : 창세기 1장 28절

"28 하나님이 그들에게 복을 주시며 하나님이 그들에게 이르시되 생육하고 번성하여 땅에 충만 하라, 땅을 정복하라, 바다의 물고기와 하늘의 새와 땅에 움직이는 모든 생물을 다스리라 하시니라."

정리하는 말

사랑하는 성도 여러분! 신앙생활이란 말처럼 쉽게 되는 것이 아닙니다. 남에게 해를 끼치지 않고 살기만 하면 되는 것이 아닙니다. 만유를 지으시고 다스리시는 하나님의 말씀대로 살며, 그분의 뜻을 순종하고 실천하며 살아가야 제대로 살아가는 것입니다. 금년 한해 하나님의 말씀대로 순종하면서 주님과 동행하며 살아가시기를 소원합니다.

평가와 결심

1. 하나님의 말씀은 첫째 무엇입니까(요 1:1-3)?(3)
   ① 점괘 ② 축복의 방망이 ③ 창조적 능력 ④ 도덕의 법칙
2. 하나님의 말씀은 둘째 무엇입니까? (요 1:4-5, 빛의 근원)
3. 하나님의 말씀은 셋째 무엇입니까?(2)
   ① 사망의 법 ② 영생의 말씀 ③ 심판 율 ④ 에너지

주간 경건의 시간 <1> · 날마다 말씀과 함께

요일 / 내용	주일/월(Mon)	화(Tue)	수(Wed)	목(Thu)	금(Fri)	토(Sat)
찬송	21동 / 23동	202 / 241	205 / 236	196 / 174	197 / 178	198 / 284
성경	창 1: / 창 2:	창 3:	창 4:	창 5:	창 6:	창 7:
적용	태초에 / 천지와 만물	여자의 후손	가인과 아벨	하나님의 형상	여호와께 은혜	노아 셈 함 야벳

* 계획은 사람이 하지만 이루는 이는 하나님이시다. <영·미 격언>

*매일 찬송 숫자에서, 앞 숫자는 새 찬송가 / 그 옆은 전 통일찬송가 장수입니다. 숫자 다음에 '동'자가 첨부된 것은 새 찬송가 장수와 통일찬송가 장수가 같다.

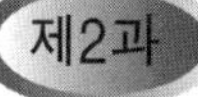
제2과

하나님과 동행한 에녹

찬송 / 199, 191, 187 / 통 234, 427, 171
성경 / 창세기 5:21-24
요절 / 창세기 5:24
"에녹이 하나님과 동행하더니 하나님이 그를 데려가시므로 세상에 있지 아니하였더라."
목표 / 하나님과 동행한 에녹처럼 하나님과 동행하는 삶의 태도를 기른다.

시작하는 말

창세기 5장에는 두 개의 계보가 나옵니다. 하나님의 형상대로 지음 받은 인간이 범죄 함으로써 세상의 인류는 여자의 후손과 뱀의 후손, 즉 하나님을 따르는 무리와 하나님을 떠난 무리로 나뉘게 되었습니다. 곧 셋의 후손과 가인의 후손으로 지목됩니다. 오늘날 인류도 크게 두 무리로 나누어지는데 하나님과 동행하는 무리와 주님을 떠난 무리로 나누어 집니다. 교회는 믿음과 사랑과 소망의 공동체로 주님과 동행하는 자들이 늘 하나님께 예배드림으로 영적 힘을 얻어 전도와 봉사를 하며 행복한 삶을 살아가는 것입니다. 본 단원에서는 자녀 낳고 주님과 동행하며 살다가 영원히 하나님과 동행하는 삶을 산 에녹을 공부합니다.

오늘의 말씀

1. 에녹은 하나님과 함께 동행하여 걸었습니다(:21-24)

셋의 계보는 가인의 계보가 가인의 7대손은 라멕에 이르러 최 절정에 달했듯이 역시 셋의 7대손인 에녹에 이르러 최절정에 달합니다. 라멕의 후예들은 목축과 음악, 그리고 무기 생산으로 자기 보호와 만족을 위한 모든 것을 공급했습니다. 그들은 철저히 하나님을 배격하고 자신들의 힘으로 세상을 살아갔습니다. 반면에 에녹은 어떤 특별한 업적도 남기지 않았지만 그는 하나님과 동행하며 살았습니다. 말하자면 하나님과 함께 걸었습니다. 에녹은 그의 평생을 하나님과 함께 그분의 뜻대로 살았던 것입니다. 에녹의 행적은 60세에 므두셀라를 낳고, 300년을 하나님과 동행하면서 자녀를 낳았습니다. 경건이란 하나님처럼 사는 것, 즉 하나님의 뜻대로 사는 것이지 어떤 특별한 일을 성취하는 것이 아닙니다.

· 함께 읽어요 : 창세기 5장 21~23절

"21 에녹은 육십오 세에 므두셀라를 낳았고 22 므두셀라를 낳은 후 삼백 년을 하나님과 동행하며 자녀들을 낳았으며 23 그는 삼백육십오 세를 살았더라."

2. 에녹은 하나님을 기쁘시게 하며 살았습니다(히 11:5)

히브리서 기자는 '믿음으로 에녹은 죽음을 보지 않고 옮겨졌으니, 그는 옮겨지기 전에 하나님을 기쁘시게 하는 자라'는 증거를 받았다고 말합니다. 그런데 하나님을 기쁘시게 하는 것은 '믿음'으로만 가능합니다. 그러므로 에녹은 믿음으로 하나님을 기쁘시게 했던 것입니다. 에녹의 믿음은 행함으로 온전케 된 믿음이었기에 하나님을 기쁘시게 할 수 있었던 것입니다.

그래서 유다는 그의 편지에서 에녹의 경건에 대하여 한 가지를 더 첨부하여 언급합니다. 에녹이 그의 시대에 살면서 '하나님의 메시지를 전했다'는 것입니다. 롯은 죄악의 성인 소돔과 고모라에 거하면서 그들의 불법을 보고 들으며, 그것에서 더 나아가 그들에 대한 하나님의 심판의 메시지를 전했던 것입니다(유 1:14). 또한 에녹은 잘못된 일에 참여하지 않을 뿐 아니라 적극적으로 그들을 책망하는 의로운 사람이었습니다. 그는 메시야의 강림에 대하여 잘 알았고 죄인들을 심판한다는 사실도 잘 알았습니다. 그는 죄악된 인간들에게 하나님의 심판의 말씀이 전해져야 함을 알았습니다. 에녹의 신앙은 하나님을 향한 열정으로 뭉친 신앙이었습니다. 그에게도 삶의 우여곡절이 많았을 것입니다. 그러나 그의 신앙은 시종여일하게 조금도 흔들림이나 변함이 없었습니다. 사랑하는 성도 여러분! 신앙은 환경에 따라 약해지거나 변해서는 안 됩니다. 처음 받은 신앙을 끝까지 지키는 것이 중요합니다. 그래야 구원에 이르고 영생의 나라에 들어갈 수 있기 때문입니다. 이 사실을 확실히 믿으시기 바랍니다.

· 함께 읽어요 : 마태복음 10장 22절

"22 또 너희가 내 이름으로 말미암아 모든 사람에게 미움을 받을 것이나 끝까지 견디는 자는 구원을 얻으리라."

3. 에녹은 평범한 삶 속에서 신앙을 실천했습니다(창 5:22-24)

에녹은 그의 삶에 화려함이나 큰 사업과 영향력을 끼친 삶이 아니었습니다. 그저 '하나님과 동행하며 자녀를 낳았다'는 것은 아주 평범한 삶 속에서 신앙생활을 했다는 것입니다. 그는 언제나 삶의 우선순위에 하나님을 모시며 그분과 동행하면서 살았습니다. 어른들을 모신다는 것이 얼마나 어려운 일인가를 모셔본 사람은 압니다. 그저 같이 있어주면서 항상 어르신에게 관심을 쏟아주어야 합니다. 혹시 실수를 저질러도 그저 웃고 인정해 주어야 합니다. 그런데 에녹은 항상 하나님과 어디든 같이 가고 동행할 준비가 되어있었고, 그분과 함께 걸으며 살았습니다. 그의 삶은 크게 감동적인 것도 없고, 놀랄만한 것도 없었습니다. 사랑하는 성도 여러분! 우리의 삶이 위대한 것 없고, 지극히 보잘 것 없이 평범한 삶일지라도 그 속에서 하나님을 잊지 않고 심중에 모시면서 삶의 제일 우선순위에 모시며 살아간다면 여러분의 신앙은 빛을 발할 것입니다.

· 함께 읽어요 : 창세기 5장 24절

"에녹이 하나님과 동행하더니 하나님이 그를 데려가시므로 세상에 있지 아니하였더라."

정리하는 말

사랑하는 성도 여러분! 열정을 가지고 멋지게 신앙생활을 하고 싶은 의욕이 여러분들 속에 잠재해 있을 것입니다. 오늘 본문을 통하여 여러분은 에녹이 평범하게 하나님과 동행하는 신앙의 위대함을 깨달았을 것입니다. 여러분도 언제 어디서든 무엇을 하든지 하나님의 경고하심을 마음에 꼭 기억하고 평범한 일상생활에서 어떤 일을 당해도 흔들림이나 변함이 없는 신앙을 소유하시어 복된 삶을 누리시기를 바랍니다.

평가와 결심

1. 에녹의 신앙의 특징은 첫째 무엇이었습니까?
   (창 5:22, 24, 하나님과 동행하는 삶이었음)
2. 에녹의 신앙의 특징은 둘째 무엇이었습니까?
   (히 11:5, 하나님을 기쁘시게 하는 삶)
3. 에녹의 신앙의 특징은 셋째 무엇이었습니까?
   (창 5:22-25, 평범한 삶에서 신앙을 유지함)

주간 경건의 시간 <2> · 날마다 말씀과 함께

요일 / 내용	주일/월(Mon)	화(Tue)	수(Wed)	목(Thu)	금(Fri)	토(Sat)
찬송	27동 / 28동	240 / 231	246 / 221	254 / 186	260 / 194	259 / 193
성경	창8: / 창9:	창 10:	창 11:	창 12:	창 13:	창 14:
적용	향기 흠향 / 언약의 증거	지상의 세 인종	바벨탑을 쌓고	아브람을 부르심	롯과 아브람	롯의 사로잡힘

* 가벼운 마음이 오래 산다. <윌리엄 셰익스피어, 1564-1616, 영국 시인, 극작가 >

1단원 말씀 사랑의 달

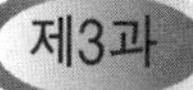

신앙을 회복한 아브람

찬송 / 333, 341, 342 / 통 381, 367, 395
성경 / 창세기 17:1-8
요절 / 창세기 17:7
"내가 내 언약을 나와 너 및 네 대대 후손 사이에 세워서 영원한 언약을 삼고 너와 네 후손의 하나님이 되리라."
목표 / 언약의 말씀으로 신앙을 회복하여 하나님과 동행하는 삶의 태도를 기른다.

시작하는 말

신앙은 내리막길이 있으면 오르막길도 있는 법입니다. 신앙의 내리막길의 특징은 하나님의 말씀이 들리지 않는다는 것입니다. 신앙의 조상 아브람도 가나안 땅에 거한지 10년이나 되어도 그의 아내 사래가 자식이 낳지 못하자 '하나님의 언약'은 점점 멀어져 가는 것 같았습니다. 그러자 마음이 약해져 그 아내 사라의 말을 듣고 그의 몸종 하갈을 취하여 자식을 낳아 '이스마엘'(ישמעאל : 이쉬마엘/'하나님께서 들으시길') 이라 했습니다. 이 일 후 13년 동안 하나님은 침묵하셨습니다. 인간의 방법과 수단이 잘 되는 것 같아도 하나님의 언약을 무시하면 안 됩니다.

오늘의 말씀

1. 아브람이 의기소침하고 있을 때 찾아오셨습니다(창 17:1-)

본문 1절에 아브람이 99세 때라고 분명히 못박고 있는 것은 바로 앞절 창세기 16장 16절의 86세와의 간격을 보여주기 위함입니다. 눈 먼 자식 하나 없던 가정에 '이스마엘'을 안고 희희낙락하던 13년 동안 그 기간 동안에는 하나님은 나타나심도, 말씀도 없으셨습니다. 그동안 아브람은 무엇을 하고 살았을까요? 아마 하나님의 언약을 잊어버린 채 육신의 손자인 이스마엘을 품에 안고 세상적인 즐거움을 바라보고 그의 온갖 정열과 관심을 그 손자에게 쏟고 살았을 것입니다. 사랑하는 성도 여러분! 지금 여러분은 세상적인 관심과 연락에 파묻혀서 하나님과 교제가 없는 상태로 세월을 보내고 있지는 않습니까? 하나님을 찾아 만나세요.

· 함께 읽어요 : 요한일서 2장 16절
"이는 세상에 있는 모든 것이 육신의 정욕과 안목의 정욕과 이생의 자랑이니 다 아버지께로부터 온 것이 아니요 세상으로부터 온 것이라."

2. 하나님은 자신을 전능하신 하나님으로 소개하십니다(창 17: 1하-2)

우리는 예배드릴 때마다 사도신경처럼 '전능하사 천지를 만드신 하나님'으로 고백하지만 실제 생활에서는 아무런 생각이나 부담 없이 하나님 없이 살아갑니다. 말하자면 우리들의 신앙이 침체되면 말만 앞세우며 실천이 없는 삶 즉 '실천적 무신론자'로 살아간다는 것입니다. 전능하신 하나님이란 '능력 있는 하나님'이란 뜻으로 하나님의 확실한 보증을 요청하는 자리에서 종종 나타나는 칭호였습니다(창 28:3; 35:11; 43:14; 48:3; 49:25). 이 말씀을 하심은 언약의 후손을 반드시 주시겠다는 것을 아브람에게 확인시켜 주시기 위함이었습니다. 우리가 신앙적으로 흐리멍덩하게 불완전한 삶을 살아가는 것은 '여호와 하나님의 전능하심'을 확신하지 못하고 살아가기 때문입니다.

· 함께 읽어요 : 창세기 28장 3절
"전능하신 하나님이 네게 복을 주시어 네가 생육하고 번성하게 하여 네가 여러 족속을 이루게 하시고"

3. 하나님 앞에서 행하는 완전한 삶을 살아야 합니다(창 17:1하, 5-8)

본문 1절 마지막 부분에서 '너는 내 앞에서 행하여 완전 하라'고 하십니다. 이 말은 아브람이 하나님 앞에서 제대로 살지 못했다는 것을 반영합니다. 그렇기에 그의 삶이 완전하지 못했습니다. 예수님께서는 마태복음 5장 48절에서 "그러므로 하늘에 계신 너희 아버지의 온전하심과 같이 너희도 온전 하라"고 하셨습니다.

성도가 세상에서 정말 온전한 삶을 살아갈 수 있을까요? 사도 바울은 로마서 12장 1절에서 "그러므로 형제들아 내가 하나님의 모든 자비하심으로 너희를 권하노니 너희 몸을 하나님이 기뻐하시는 거룩한 산 제물로 드리라. 이는 너희가 드릴 영적 예배니라"고 했습니다. 여기서 '산제사'란 본래 제사 드리기 위해 잡은 희생 제물을 뜻하는 말 '뒤시아'(δυσία)에 살아가다는 말 '자오'(ζοώ)가 붙어 나실인들 같이 하나님께 바쳐진 자로서 일생을 '거룩하게 살아가는 것'을 가리킵니다(고후 7:1).

현대를 살아가면서 정말 하나님의 뜻대로 그 말씀대로 순종하며 살아간다는 것은 제단 위에 쪼개어 완전히 죽어진 제물처럼 죽은 자처럼 살지 않으면 불가능하다는 것을 의미하기도 합니다. 에녹처럼 자신의 삶은 단순한 자녀를 생산하는 일 이외에 모든 시간과 정열을 하나님과 함께 걸어가는데 초점을 맞추고 살아야 합니다. 이것을 한 마디로 '동행'이라는 말로 표현했을 뿐입니다. 사랑하는 성도 여러분! 이제 우리가 사나 죽으나 주의 뜻만 행하며, 주님과 동행하는 복된 삶을 살아가는 성도들이 되시기를 부탁드립니다.

· 함께 읽어요 : 빌립보서 1장 20절

"나의 간절한 기대와 소망을 따라 아무 일에든지 부끄러워하지 아니하고 지금도 전과 같이 온전히 담대하여 살든지 죽든지 내 몸에서 그리스도가 존귀하게 되게 하려 하나니"

정리하는 말

하나님의 뜻을 행하며 그 말씀을 순종하면서 온전하게 살아간다는 것은 정말 어렵다는 것을 아브람의 신앙의 침체를 보면서 느끼게 됩니다. 신앙의 조상이라는 아브람도 전능하신 여호와 하나님께서 찾아오심으로 언약을 다시 기억하고 그의 신앙을 회복했습니다. 겸손히 엎드려 여호와 하나님을 구하면 그분은 찾아오셔서 언약을 상기시켜주시고, 침체된 신앙을 회복시켜 '임마누엘 하나님'이 되십니다. 자신의 모든 것을 제단에 바쳐진 제물처럼 희생을 통해 신앙을 회복하시기를 바랍니다.

평가와 결심

1. 아브람의 신앙의 정체 기간은 언제부터 언제까지였습니까?
   (창 16:16-17:1, 아브람의 나이 86세에서 99세까지 13년간)
2. 하나님은 자신을 어떤 하나님으로 소개하고 있습니까?
   (창 17:1 하반 절, 전능하신 하나님)
3. 신앙 회복 후에 어떠한 삶을 살아가야 합니까?
   (창 17:1 하반 절, 하나님 앞에서 완전한 삶)

주간 경건의 시간 <3> · 날마다 말씀과 함께

요일 / 내용	주일/월(Mon)	화(Tue)	수(Wed)	목(Thu)	금(Fri)	토(Sat)
찬송	29동 / 28동	385 / 435	384 / 434	391 / 446	406 / 464	405 / 458
성경	창15: / 창16:	창 17:	창 18:	창 19:	창 20:	창 21:
적용	여호와 믿으니 / 이스마엘	언약과 할례	약속과 웃음	롯과 천사 만남	아브라함의 그랄 행	이삭의 출생

* 그리스도인은 인간의 가장 고상한 모형이다. <에드워드 영, 1683-1765, 영국 시인>

제4과

야곱의 꿈과 서원

찬송 / 338, 354, 186 / 통 364, 394, 176
성경 / 창세기 28:10-22
요절 / 창세기 28:15
"내가 너와 함께 있어 네가 어디로 가든지 너를 지키며 너를 이끌어 이 땅으로 돌아오게 할지라. 내가 네게 허락한 것을 다 이루기까지 너를 떠나지 아니하리라 하신지라."
목표 / 야곱의 삶처럼 하나님께 서원기도하며 동행하는 태도를 가지게 한다.

시작하는 말

개인이나 국가를 막론하고 야곱처럼 환난과 고통을 당할 때 사람을 탓하고 신(神)을 원망하기 쉽지만 야곱이 밧담 아람으로 가게 되는 이 사건 뒤에는 숨은 하나님의 의지와 뜻이 있었던 것입니다. 실로 세속적인 욕망과 집착이 남달리 강한 야곱이었지만 그것까지도 언약의 전승을 통한 구속사의 한 가닥이라는 사실을 알아야 합니다. 결국 야곱은 피난길에 루스라는 곳에 이르러 돌베개를 하고, 노숙을 하는 장소에까지 하나님은 찾아오십니다. 야곱은 아침 일찍이 일어나 꿈속에서 나타나신 여호와께 예배하며 서원을 하고, 그곳을 '벧엘'이라 불렀습니다.

오늘의 말씀

1. 인생에서 현재의 상태는 고난과 역경의 때입니다(28:10-12)

11절 말씀에 "한 곳에 이르러는 해가 진지라 거기서 유숙하려고 그곳의 한 돌을 가져다가 베개로 삼고 거기 누워 자더니"라고 했습니다. 야곱은 아버지 이삭을 속이고, 형님 에서가 받을 축복을 빼앗고, 형의 분노를 피하여 도망치는 길, 쫓겨 가는 길은 참 고달픈 길이었습니다. 밤이 되어 한 곳에 이르렀습니다. 야곱은 이런 '한 곳'에 이르러 그는 뜻밖의 경험을 하게 됩니다. 가장 고달플 때 잠이 들어 꿈에 보니 사닥다리가 땅 위에 서 있습니다. 그 꼭대기가 하늘에 닿았고 또 본즉 '하나님의 사자'들이 그 위에서 오르락내리락 했습니다. 사랑하는 성도 여러분! 지금 여러분은 바라보던 마지막 촛불마저 꺼져버리고 캄캄할 때에 불안이 엄습하고 있지는 않습니까? 이런 때야말로 주님께서 조용히 여러분을 부르시는 때입니다. 환난과 고통의 삶에는 숨은 뜻이 있습니다.

· 함께 읽어요 : 로마서 5장 3-5절

"3 다만 이뿐 아니라 우리가 환난 중에도 즐거워하나니 이는 환난은 인내를, 4 인내는 연단을, 연단은 소망을 이루는 줄 앎이로다. 5 소망이 우리를 부끄럽게 하지 아니함은 우리에게 주신 성령으로 말미암아 하나님의 사랑이 우리 마음에 부은바 됨이니"

2. 가장 어려울 때 여호와 하나님이 나타나십니다(창 28:12-15)

본문 28장 12절에 "꿈에 본즉 사닥다리가 땅위에 섰는데, 그 꼭대기가 하늘에 닿았고, 또 본즉 하나님의 사자가 그 위에서 오르락내리락 하고"라고 했습니다. 인생이 아무리 곤한 잠을 자고 있어도 여호와 하나님은 꿈을 꾸게 하시고 비전을 보게 하십니다. 환난과 고통의 연속인 세상이지만 하늘까지 이어주는 사닥다리야말로 인생길에 희망과 비전인 것입니다. 이 사닥다리는 신앙인들에게는 바로 '예수 그리스도의 십자가'인 것입니다. 이 사닥다리는 땅위에 섰지만 하늘 위 하나님께 가까이 나아갈 수 있는 길이 되고 있음을 의미하고 있습니다. 여기 보세요. '오르락내리락'이라고 했으니, 곤한 잠을 자고 있는 동안 하늘의 천사가 내려와 잠이 깨기까지 저를 지켜보고 계셨던 것입니다. 가장 어려울 때 이미 우리 가까이 와 계시는 주님을 발견하시기 바랍니다. 함께 계시는 주님을 발견하시기를 바랍니다. 깨어있는 영성이란 이미 성령으로 임재하여 있는 하나님을 구체적으로 깨닫는 것입니다. 이사야 43장 1절 하반절에 "너는 두려워 말라 내가 너를 구속하였고, 내가 너를 지명하여 불렀나니 너는 내 것이라"고 했습니다. 가장 어려울 때 하늘의 사닥다리는 희망이요, 꿈이요 영원한 주님의 십자가인 것입니다. 예수 그리스도는 흑암 중에 있는 인생의 등불이요. 희망이요. 꿈입니다. 여러분이 가장 어려울 때 찾아오셔서 희망과 비전을 주시는 예수 그리스도를 만나고, 늘 함께 하시는 보혜사 성령님과 항상 동행하시기를 바랍니다.

· 함께 읽어요 : 요한복음 14장 26절

"보혜사 곧 아버지께서 내 이름으로 보내실 성령 그가 너희에게 모든 것을 가르치고 내가 너희에게 말한 모든 것을 생각나게 하리라."

3. 환난 때에 기도한 것, 곧 그 서원을 지켜야 합니다(창 28:16-22)

오늘날 성도들이 은혜 받는 데는 곧잘 성공합니다. 그러나 받은 은혜를 잘 간직하고 보존하는 데는 약합니다. 말하자면 받은 은혜를 귀한 줄 모르고 발로 짓밟는 것입니다. 에스겔 34장 18절에 "너희가 좋은 꼴을 먹는 것을 작은 일로 여기느냐 어찌하여 남은 꼴을 발로 밟았느냐…." 우리는 흔히 '하나님 저를 살려주시기만 하면 이것저것 제가 다 하겠습니다.' 하고서 살려주면 서원한 것을 지키지 아니합니다. 성도 여러분! 서원한 것 꼭 지키셔서 하나님을 기쁘시게 하고 복된 삶을 유지해 가시기 바랍니다.

· 함께 읽어요 : 시편 50편 14-15절

"14 감사로 하나님께 제사를 드리며 지존하신 이에게 네 서원을 갚으며, 15 환난 날에 나를 부르라 내가 너를 건지리니 네가 나를 영화롭게 하리로다."

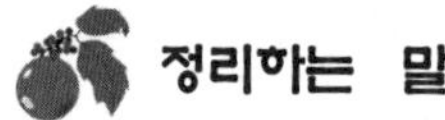

정리하는 말

오늘날 성도들의 삶을 보면 성도가 가야 할 길, 지켜야 할 언약과 약속을 어기고 순리를 거스르면서 살아가기에 삶이 더 힘들고, 재미가 없습니다. 또한 '길'이요 '진리'요 '생명'이신 그리스도를 등지고 걸어가기에 빛이 보이지 않습니다. 사랑하는 성도 여러분! 주님을 향해 희망과 꿈과 목표를 분명히 가지셔서 복된 인생 살아가시기를 바랍니다.

평가와 결심

1. 피난 가는 야곱처럼 인생의 현재 상태는 대개 어떻습니까?
   (창 28:101-12 고난과 역경의 상태)
2. 인생에서 어떤 때에 여호와 하나님이 나타나십니까?
   (창 28:13-15, 가장 어렵고 힘들 때)
3. 신앙생활에서 성공했다고 생각할 때 명심할 것이 무엇입니까?
   (창세기 28:16-22, 서원한 것을 기도한대로 지켜야 함)

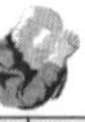

주간 경건의 시간 <4> · 날마다 말씀과 함께

요일 / 내용	주일/월(Mon)	화(Tue)	수(Wed)	목(Thu)	금(Fri)	토(Sat)
찬송	27동 / 25동	338 / 364	393 / 447	95 / 82	246 / 221	268 / 202
성경	창25: / 창26:	창 27:	창 28:	창 29:	창 30:	창 31:
적용	명분 팔라 / 너와 함께	별미와 떡	반드시 하나님께	여호와를 찬송	너로 인해 복 주심을	벧엘의 하나님

* 자신들의 의견을 결코 철회하지 않는 자들은 진리보다 자기 자심들을 더 사랑하는 자들이다. <조셉 주베르, 1754-1824, 프랑스 도덕가>

요셉이 형통한 비결

찬송 / 338, 354, 186 / 통 364, 394, 176
성경 / 창세기 37:6-11; 39:1-6
요절 / 창세기 39:2
"여호와께서 요셉과 함께 하시므로 그가 형통한 자가 되어 그의 주인 애굽 사람의 집에 있으니"
목표 / 하나님이 함께하심으로 형통한 요셉의 삶의 비결을 배운다.

시작하는 말

창세기에 나오는 4대 족장인 아브라함, 이삭, 야곱, 요셉의 생애를 연구해 보면 그들은 어딘지 모르게 그들의 인생에서 실패하고 어려움을 겪을 때에도 다시 회복하는 오뚝이 같은 신앙을 발견하게 됩니다. 여러분은 이러한 원동력이 무엇에 있다고 생각하십니까? 그들도 우상이나 재물욕이나 정욕의 위기에도 있었고, 실패의 늪에서 허우적댈 때도 있었습니다. 그러나 그들은 그 속에서도 다시 일어나 원초적인 본능으로 하나님을 향한 멋진 신앙의 전진을 계속했습니다. 오늘 본문에서 요셉의 생애를 통해 그들의 차별화된 신앙을 발견하시기 바랍니다.

오늘의 말씀

1. 인생은 크고 멋진 비전과 꿈이 있어야 합니다(37:5-11)

창세기 37장 5절에 "요셉이 꿈을 꾸고 자기 형들에게 말하매 그들이 그를 더욱 미워하였더라"고 했습니다. 요셉은 꿈의 사람이었습니다. 이상이 높은 사람은 꿈이 많습니다. 9절에도 요셉은 다시 꿈을 꾸고 '또 꿈을 꾼즉 해와 달과 열 한 별이 내게 절하더이다'라고 이야기 했다가 형들에게 호된 꾸지람을 듣습니다. 이때 형들은 시기하되 그의 아버지는 그 말을 마음에 간직해 두었다고 했습니다. 사랑하는 성도 여러분! 여러분도 마음에 품은 큰 이상을 말하게 되면 시기나 어려움을 당하게 되지만 말을 하고 그 이상을 향해 혼신을 다하게 되면 언젠가 이루어지는 것입니다. 꿈을 숨기기보다는 알리고 최선을 다하시기를 바랍니다.

· 함께 읽어요 : 창세기 37장 7절

"7 우리가 밭에서 곡식 단을 묶더니 내 단은 일어서고 당신들의 단은 내 단을 둘러서서 절하더이다."

2. 꿈의 사람은 삶 속에서 고난 중에도 인내해야 합니다(창 39:1-3)

요셉은 애굽으로 끌려가서 바로의 시위대장 보디발의 집에 팔려 종의 신분으로 살게 되었지만 그 현실을 받아들이고, 결코 자신을 팔아버린 형들을 원망하지 않았습니다. 바로 여기에 형통한 인생을 살아가는 비결이 있습니다. 꿈과 이상을 지니고 살다보면 현실과의 갈등을 경험하게 됩니다. 그러나 이때 그 고난과 역경, 핍박을 잘 참아내고 꿈을 버리지 않아야 합니다. 오히려 하나님이 주신 꿈을 간직하고 최선을 다해야 하는 것입니다. 주인인 보디발도 그를 신임하고 가정 총무의 일을 맡길 정도였습니다(39:4). 여러분! 꿈이 있는 사람, 성공의 비밀을 간직한 사람은 자신의 운명과 싸우며 자신을 훈련해 갈 줄 아는 사람입니다.

요셉은 철저하게 섬김의 훈련, 절제의 훈련, 고난의 훈련을 쌓았습니다. 사랑하는 성도 여러분! 우리들도 이렇게 실천만하면 하나님께서 우리들에게도 형통케 하실 것을 믿으시기 바랍니다.

· 함께 읽어요 : 창세기 39장 2-3절

"2 여호와께서 요셉과 함께 하시므로 그가 형통한 자가 되어 그의 주인 애굽 사람의 집에 있으니 3 그의 주인이 여호와께서 그와 함께 하심을 보며 또 여호와께서 그의 범사에 형통하게 하심을 보았더라."

3. 하나님이 함께 하시면 형통한 사람이 됩니다(창 39:4-6)

오늘날 많은 신자들은 부흥 집회나 기도원 집회 등지에서 은혜를 사모하다가 방언이나 신유의 은사를 받았다면 그때부터 '그러면 그렇지, 하나님이 나와 함께 하셨으니 무엇이든 내가 원하는 대로 해보자.' 그러면서 하나님을 마치 종처럼 부리려 듭니다. 무엇이든 이루어진다는 복의 방망이처럼 휘두르려고 합니다. 자기가 잘나서 은사를 받은 것처럼, 성공하고 형통한 것처럼 교만에 빠져 자신의 잘난 것 자랑에 침이 마릅니다.

하나님이 요셉과 함께 하시고 범사에 형통할 수 있었던 근본적인 원인은 그의 신앙과 성실한 삶을 하나님이 인정하시고 그와 동행해 주셨기 때문입니다. 하나님의 은혜를 받은 자만이 가장 행복하고 형통한 삶을 살아갈 수 있는 것입니다. 그런데 하나님이 요셉과 함께 하시고 그를 형통케 하셨다면 아예 종으로 팔려가지 않게 하셨어야 한다는 것이 일반적인 생각입니다. 그러나 그것은 하나님의 뜻과 의중을 모르는 오해입니다. 하나님은 사랑하는 당신의 자녀들에게 인생의 모든 일을 경험하게 하시면서 바로 주어진 환경 속에서 훈련하시고 계신다는 사실을 알아야 합니다. 이스라엘 백성들을 광야에서 그의 자녀들을 독수리 날개에 업어서 훈련시키셨던 사실을 깨달아 아시기 바랍니다.

· 함께 읽어요 : 신명기 32장 11-12절

"11 마치 독수리가 자기의 보금자리를 어지럽게 하며 자기의 새끼 위에 너풀거리며 그의 날개를 펴서 새끼를 받으며 그의 날개 위에 그것을 업는 것 같이 12 여호와께서 홀로 그를 인도하셨고 그와 함께 한 다른 신이 없었도다."

정리하는 말

오늘날 성도들의 삶을 보면 성도로서 해야 할 일은 등한시 하면서 은사만 받겠다고 설쳐대는 분들이 있습니다. 어렵고 힘들 때 신앙의 자세가 흐트러지지 않고 겸손하고 성실하게 훈련 과정을 또박 또박 이수해 가는 병사처럼 오늘 내게 맡겨진 일들을 잘 감당해 갈 때 하나님께서 형통한 길을 열어주시는 것입니다. 요셉에게 함께하셔서 형통케 하신 그 길이 사랑하는 성도 여러분들에게도 열려지시기를 바랍니다.

평가와 결심

1. 요셉이 형통한 비결 첫째는 무엇입니까?
   (창 37:6-11 꿈과 비전을 가짐)
2. 요셉이 형통한 비결 둘째는 무엇입니까?
   (창 39:1-3, 고난 중에 인내 함)
3. 요셉이 형통한 비결 셋째는 무엇입니까?
   (창세기 39:4-6, 하나님이 함께 하시고 형통케 하심)

주간 경건의 시간 <5> · 날마다 말씀과 함께

요일 / 내용	주일/월(Mon)	화(Tue)	수(Wed)	목(Thu)	금(Fri)	토(Sat)
찬송	25동 / 74동	266 / 200	320 / 350	336 / 383	370 / 455	388 / 441
성경	창37: / 창39:	창 40:	창 41:	창 42:	창 43:	창 45:
적용	요셉의 꿈 / 유혹 물리침	요셉의 해몽	바로의 꿈	형들과 상봉	베냐민을 데리고	요셉의 용서

* 개인의 의견은 약하나 대중 의견은 거의 전능의 힘을 가지고 있다.

<헨리 워드 비쳐, 1813-1887, 미국 목사>

2단원 기도 열심의 달

제6과

여호와의 종 모세

찬송 / 441, 440, 439 / 통일 498, 497, 496
성경 / 히브리서 11:23-29
요절 / 히브리서 11:24-25
"24 믿음으로 모세는 장성하여 바로의 공주의 아들이라 칭함을 거절하고 25 도리어 하나님의 백성과 함께 고난 받기를 잠시 죄악의 낙을 누리는 것보다 좋아하고"
목표 / 모세의 위대한 삶은 기도의 산물임을 알고 기도의 삶을 실천하도록 한다.

시작하는 말

여러분! 모세의 어떤 점이 훌륭합니까? 대부분 그가 이스라엘 백성들을 인도하여 홍해를 육지 같이 건넜고, 시내 산에서 십계명을 받았으며, 범죄한 이스라엘 백성들의 용서를 위해 '자기 이름을 생명책에서 지워 달라'고 할 만큼 애국 애족심이 뛰어난 점을 지닌 이스라엘의 지도자라는 사실을 말할 것입니다. 그러나 출애굽기에 나타난 그의 위대함은 그의 '기도하는 모습'에서 그가 위대한 영적 지도자임을 발견하게 될 것입니다. 모세가 철저하게 하나님과 동행한 비결은 무엇입니까?

오늘의 말씀

1. 하나님의 백성과 함께 고난 받기를 좋아했습니다(히 11:23~25)

출애굽기 5장에 보면 모세와 아론이 바로 앞에 가서 '이스라엘 백성을 보내라'고 말했을 때, 바로는 '여호와가 누구이기에 내가 그의 목소리를 듣고 이스라엘을 보내겠느냐?'고 합니다. 그로 인해 오히려 이스라엘 백성들에게 돌아온 것은 과중한 중노동과 채찍뿐이었습니다. 백성들은 모세와 아론을 돌로 치려고 했습니다. 사실 모세는 ①하나님의 명령대로 순종한 것뿐이요, ②이스라엘 백성을 구원하려고 한 것뿐이요, ③자신의 목숨을 돌보지 않고 희생적으로 일한 것뿐인데, 돌아온 것은 백성들에게 부담만 안겨주었을 때 모세의 답답함은 어떠했겠습니까? 그러나 모세는 죄악의 낙을 누리는 것보다 하나님의 백성과 고난 받기를 더 좋아했습니다. 이것이 바로 기도생활에서 얻은 결과요. '주님과 동행하는 방법'이었던 것입니다(히 11:6). 기도로 주님과 동행하시기 바랍니다.

· 함께 읽어요 : 히브리서 11장 6절
"6 믿음이 없이는 하나님을 기쁘시게 못하나니 하나님께 나아가는 자는 반드시 그가 계신 것과 또한 그가 자기를 찾는 자들에게 상 주시는 이심을 믿어야 할지니라."

2. 결정적인 순간에 항상 기도해서 해답을 얻었습니다(출 14:26~31)

홍해와 애굽 군대들 틈에서 이스라엘 백성들은 두려워 떨고 하나님과 모세를 원망했습니다. 그러나 원망과 불평하는 이스라엘 백성들은 '기도의 사람' 모세가 있었기에 문제 해결 함을 받고 승리의 노래를 부를 수 있었던 것입니다. 백성들이 원망하고 불평하는 동안 밤새 '모세의 기도의 손'은 하늘을 향해 펼쳐져 있었습니다. 여호와께서는 밤새 동풍을 불게 하셔서 저쪽 반대편에서부터 바닷길을 마련하셔서 새벽에 홍해를 가르신 것입니다. 모세가 여호와께 부르짖었더니 마라의 쓴물을 달게 했습니다(출 15:25). 40주야를 시내 산에서 계명을 받았고, 하산하면서 범죄한 '이스라엘을 진멸하고 너로 큰 나라가 되게 하겠다'고 하실 때 모세는 백성을 위한 중보의 기도를 통해 여호와의 뜻을 돌이켰습니다.

· 함께 읽어요 : 출애굽기 32장 14절
"14 여호와께서 뜻을 돌이키사 말씀하신 화를 그 백성에게 내리지 아니하시니라."

3. 믿음으로 유월절과 피 뿌리는 예식을 정했습니다(출 12:13-14)

출애굽기에서 가장 중요한 사건이 있습니다. 그것은 홍해를 건넌 사건보다 '유월절 예식'을 정해 이스라엘 백성에게 피 뿌림으로 구원과 생명의 길을 연 출애굽기 12장의 기사입니다. 애굽에 내린 10가지 재앙 중에 마지막 열째 재앙은 애굽 땅에 있는 모든 처음 난 것은 왕 위에 앉아 있는 바로의 장자로부터 맷돌 뒤에 있는 몸종의 장자와 모든 가축의 처음 난 것까지 죽이는 처참한 재앙이었습니다. 마지막 재앙이 선포되고, 그 밤에 애굽 사람들이 사는 진과 이스라엘 진에 죽음의 천사가 각 가정을 방문 할 때에 세상에 전무후무한 큰 통곡이 있었습니다.

그 때에 이스라엘 가정은 여호와 하나님께서 미리 처방을 가르쳐주셨습니다. 그달 열흘에 각 가족의 식구를 따라 흠 없고 일 년 된 수컷으로 양이나 염소를 취하여 열 나흗날까지 간직하였다가 해질 때에 ① 그 양을 잡고, 그 피를 양고기를 먹을 집 좌우 인방과 좌우 문설주에 뿌리고 아침까지 한 사람도 자기 집 문 밖에 나가지 말라고 했습니다. 그리고 ② 그 밤에 고기를 불에 구워 무교병과 쓴 나물과 아울러 먹으라고 했습니다.

여호와께서 애굽 사람들에게 재앙을 내리려고 지나가실 때에 문 인방과 좌우 문설주의 피를 보시면 여호와께서 그 문을 넘으시고 멸하는 자에게 너희 집에 들어가서 너희를 치지 못하게 하실 것이라고 했습니다. 이 예식을 지킨 이스라엘의 가정들은 그 밤에 죽음의 천사가 그냥 넘어간 것입니다. 그래 '유월절'(逾越節:넘을 유, 넘을 월)이라 부릅니다.

· 함께 읽어요 : 출애굽기 12장 13절

"13 내가 애굽 땅을 칠 때에 그 피가 너희가 사는 집에 있어서 너희를 위하여 표적이 될지라. 내가 피를 볼 때에 너희를 넘어 가리니 재앙이 너희에게 내려 멸하지 아니하리라."

정리하는 말

여러분! 모세의 위대함은 반석을 세게 쳐서 물을 펑펑 쏟아지게 하는 기적의 행동이 아닙니다. 삿대질을 하며 금방이라도 돌을 들어 치려는 군중 앞에서 조용히 참고 새기며, 밤새 하늘을 향해 든 '기도의 손', 여호와께서 이스라엘을 멸하시고자 하실 때에 '생명책에서 자기 이름을 지워 달라'고 할 만큼 간절한 기도! 그 기도가 모세의 위대함입니다. 그 기도를 배우는 여러분이 되시기를 부탁드립니다.

평가와 결심

1. 모세의 위대함 첫째가 무엇입니까?(히 11:23-25)
   (왕궁의 영화보다 백성과 함께 고난 받기를 좋아하였음)
2. 모세의 위대함 둘째가 무엇입니까?(출 32:14, 위기마다 기도함)
3. 모세의 위대함 셋째가 무엇입니까?(출 12:13-14)
   (유월절 절기를 통해 피 뿌림의 예식을 정하였음)

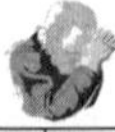

주간 경건의 시간 <6> · 날마다 말씀과 함께

요일 내용	주일/월(Mon)	화(Tue)	수(Wed)	목(Thu)	금(Fri)	토(Sat)
찬송	74동 / 87동	428 / 488	429 / 489	430 / 456	432 / 462	433 / 490
성경	출 1: / 출 2:	출 3:	출 4:	출 5:	출 6:	출 7:
적용	하나님 경외 / 모세 태어나다	모세를 부르심	모세의 이적 행함	바로에게 간 모세	모세와 아론	바로 앞에 선 모세

* 자연과 지혜는 언제나 같은 말을 하고 있다. <유베날, 60-140, 로마 풍자시인>

2단원 기도 열심의 달

회막에서 모세를 부르심

찬송 / 434, 435, 436 / 통 491, 492, 493
성경 / 레위기 1:1-17
요절 / 레위기 1:1
"여호와께서 회막에서 모세를 부르시고 그에게 말씀하여 이르시되"
목표 / 하나님께서 회막(성막, 성전)에서 모세를 부르심을 이해하도록 한다.

시작하는 말

출애굽기를 통해서 지도자 모세는 시내 산에서 이스라엘에게 장차 어떻게 살아가야 할지를 가르쳐 주는 '율법'을 받았습니다. 또한 여호와께서 회막에서 부르셔서 하나님을 만나는 방법인 '제사' 곧 5대 제사 제도를 받아 이스라엘 백성들에게 가르쳤습니다. 오늘은 하나님을 만나 동행하는 방법의 일환으로 모세에게 지시하신 5대 제사를 살펴보겠습니다. 제사 제도는 하나님을 떠난 인간이 어떻게 하나님을 만나 은혜와 복을 받게 되는가 하는 방법을 구체적으로 제시하고 있습니다. 레위기는 우리를 '그리스도께로 인도하는 교사나 보호자가 되도록 쓰여진 책'이며, '희생 제물을 다루고 있는 위대한 책'입니다. 본 단원에서 하나님을 만나기 위한 방법인 '5대 제사'를 배우게 됩니다.

오늘의 말씀

1. 번제를 통해 하나님과 정상적인 관계를 이루어야 합니다(레 1:3-17)

출애굽기 끝에 성막을 완성하고 나니 그 성막 안에 하나님의 영광이 나타났습니다. 레위기에서는 그 성막을 통하여 하나님께 드리는 제사를 말하고 있습니다. '번제'는 자원하여 드려지는 제사로 '구속' 곧 '하나님과의 화해'를 상징합니다. '번제물'은 우리를 위하여 대속 희생 제물로 죽으신 그리스도에 대한 상징입니다. 그리스도는 죄에 대한 하나님의 공의와 심판을 대신 지셨고, 우리를 죄와 사망으로부터 구원하시기 위하여 속전을 지불하셨습니다. 그리스도는 우리를 위한 구속을 이루셨으며, 우리를 하나님과 화목하게 하셨습니다. 그래서 이제 사람은 하나님께 나아가게 되었으며, 하나님과 화목할 수 있게 되었습니다. '제사 드림', 곧 신약의 예배를 통하여 '하나님과 동행'할 수 있게 된 것입니다.

· 함께 읽어요 : 로마서 12장 1~2절

"1 그러므로 형제들아 내가 하나님의 모든 자비하심으로 너희를 권하노니 너희 몸을 하나님이 기뻐하시는 거룩한 산 제물로 드리라. 이는 너희의 드릴 [1]영적 예배니라."

2. 소제와 화목제를 이해하고 드려야 합니다(레 2:1-3; 3:1-5; 히 4:15; 롬 5:1)

소제(Burnt Offering)는 '하나님께 영광과 충성을 바치는 표'와 '순수하고 온전한 순종의 뜻'으로 고운 가루로 예물을 삼아 드려졌습니다. ① 고운 가루에 기름을 섞어 만든 무교병이나 기름 바른 무교 전병을 드립니다. ② 고운 가루에 누룩을 안 넣고 기름을 섞어 조각으로 나누고 번철에 구워 드립니다. ③ 고운 가루를 기름에 섞어 솥에 삶은 것을 드리도록 했습니다. 소금(간 맞추고 부패를 막음-성도의 사명)을 넣고, 누룩(부패의 상징)은 넣지 말라고 했습니다. 화목제는 '하나님과의 특별한 친교를 위해' 하나님과의 화평과 교제의 표시로 드려졌습니다. 또한 소제의 곡식처럼 그리스도는 곡식이 빻아지듯이 하나님과 인류를 위해 자신의 모든 것을 내어주시고 십자가에서 희생하신 것입니다.

화목 제물은 ① 흠이 없는 수컷이나 암컷, ② 머리에 안수하고, ③ 회막

1) '영적'(*λογικὴν/ λογικός*:로기코스) 예배란 '합당한' 예배, '마땅한' 예배를 말한다.

문에서 잡고, ④ 제사장은 그 피를 사면에 뿌리고, ⑤ 아론의 자손은 단 위 불 위에 있는 나무의 번제물 위에서 불태워 드렸습니다. 제물처럼 희생되셔서 그리스도는 하나님과 인간이 친교 할 수 있는 유일한 길이 되신 것입니다.

· 함께 읽어요 : 히브리서 9장 12절

"염소와 송아지의 피로 하지 아니하고 오직 자기의 피로 영원한 속죄를 이루사 단번에 성소에 들어가셨느니라."

3. 속죄제와 속건제를 이해하고 드려야 합니다(레 4:1-12; 5:14-19)

앞에 언급한 '번제', '소제', '화목제'는 자원하는 제사지만, '속죄제'와 '속건제'는 의무적으로 드려야 하는 제사입니다. 속죄제(Sin Offering)는 오직 제사장에 의해서만 집행되듯 죄 사함은 오직 대제사장이신 예수 그리스도에 의해서만 이루어짐을 알아야 합니다. 제사장이나 족장, 백성 모두 먼저 ① 자기 죄를 깨달아야 합니다. ② 제물을 드려야 합니다. ③ 오직 피로서만 죄 사함을 얻게 되는 것입니다.

속건제(Guilt Offering)는 하나님과 이웃을 적대 관계에 놓이게 한 죄를 해결하고 보상하는 것입니다. 이 제사의 뜻은 그리스도의 죽음은 죄의 치명적인 파괴성을 제거합니다.

속죄제와 속건제는 제물의 기름 부분을 불살라 드렸습니다. 제사장이 그 나머지 부분을 먹었습니다. 이것은 속죄제와 속건제가 비슷하다는 것을 암시합니다(레 6:17; 7:7). 속죄를 위하여 속건제물의 기름과 피를 하나님께 드릴 때 제사장은 거룩한 곳에서 고기를 먹어야 했습니다.

모든 기름 부분과 콩팥을 화제로 불살라 드리는 것은 속건제뿐 아니라 속죄제와 화목제의 경우에도 같았습니다(레 3:9, 4:8-10).

· 함께 읽어요 : 레위기 1장 4절

"그는 번제물의 머리에 안수할지니 그를 위하여 기쁘게 받으심이 되어 그를 위하여 속죄가 될 것이라."

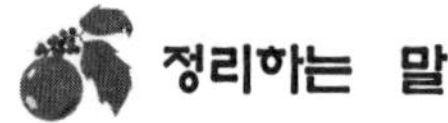

정리하는 말

사랑하는 성도 여러분! 구약의 여러 가지 제사는 하나님께서 인간의 죄악을 용서하시고, 화해의 의미로 받으시는 것입니다. 여러 가지 제사가 나오는데, 하나님께서는 '번제'를 가장 기뻐 받으셨습니다. 소제, 화목제, 속죄제, 속건제 모두 드려져야 했지만 온전한 헌신, 완전한 생활을 의미하는 번제를 하나님이 더 기뻐 받으셨다는 것을 의미합니다. 성도 여러분! 하나님이 기뻐 받으시는 헌신의 제사 드리시기를 바랍니다.

평가와 결심

1. 5대 제사 중 하나님이 가장 기뻐하신 제사는 무엇이었습니까?
   (레 13-17, 온전한 헌신, 완전한 생활을 의미하는 번제)
2. 번제와 함께 자원하여 드려야 할 두 가지 제사는 무엇입니까?
   (레 2:1-3, 3:1-5, 소제<곡식으로 드림>, 화목제)
3. 의무적으로 드려져야 할 두 가지 제사는 무엇 무엇입니까?
   (레 4:1-12, 5:14-19, 속죄제와 속건제)

주간 경건의 시간 <7> · 날마다 말씀과 함께

요일 / 내용	주일/월(Mon)	화(Tue)	수(Wed)	목(Thu)	금(Fri)	토(Sat)
찬송	36동 / 37동	438 / 495	442 / 499	443 /	444 /	445 / 502
성경	레 1: / 레 2:	레 3:	레 4:	레 5:	레 6:	레 7:
적용	번제 제물/ 소제 예물	화목제의 희생	속죄제의 규례	속죄제의 죄목들	제사장의 준수사항	속건제와 제사장

* 자유의 주장은 신의 주장이다. <W. L. 보울즈>

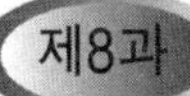

제8과

생존한 갈렙과 여호수아

찬송 / 347, 400, 493, 399 / 통 382, 463, 545
성경 / 민수기 14:26-38
요절 / 민수기 14:38
"그 땅을 정탐하러 갔던 사람들 중에서 오직 눈의 아들 여호수아와 여분네의 아들 갈렙은 생존 하니라.
목표 / 언약의 말씀을 기초한 신앙으로 긍정적 신앙의 태도를 가지게 한다.

시작하는 말

가나안 땅을 그렇게 그리워했건만 광야에서 출생한 2세들과 출애굽 백성 중에 여호수아와 갈렙만이 들어갔고, 모세조차도 들어가지 못했습니다. 본문 민수기 14장에는 위대한 모세의 중보의 기도가 나옵니다. 국가와 교계나 교회적으로 당하는 극도의 위기와 어려움과 긴장을 당할 때 우리가 해야 할 첫 번째 과제가 기도입니다. 범죄한 이스라엘 백성들을 쓸어버리시겠다고 하시는 말씀을 듣고, 모세는 하나님의 영광을 위해 하나님의 인자와 광대하심을 따라 백성의 죄를 사해주실 것을 기도합니다. 이스라엘에 당면한 위기와 해결책은 무엇이겠습니까?

오늘의 말씀

1. 이스라엘 백성들의 완악함은 도에 지나쳤습니다(민 14:10-12)

이스라엘 백성들은 신앙을 떠났습니다. 모세를 돌로 치려고 했습니다.

이때 여호와의 영광이 회막에서 이스라엘 모든 자손에게 나타나셨습니다. 위기 중에 여호와께서 극적으로 개입하신 것입니다. 이스라엘 백성들은 극도의 불신에 차있었습니다. 하나님의 펴신 팔과 권능으로 홍해의 기적, 광야에서 만나와 메추라기와 반석의 물로 생존함도 다 잊어버렸습니다. 신자에게 있어서 망각은 가장 큰 저주인 것입니다. 적들 가운데서 살아남게 하신 하나님의 놀라우신 사랑을 체험하고도 그들은 불신으로 눈이 어두워져서 보이는 게 없었습니다. 그들의 완악함은 우상을 섬겼고, 이들 전부를 멸해 버리시겠다는 하나님의 경고를 받았습니다.

· 함께 읽어요 : 민수기 14장 11-12절

"11 여호와께서 모세에게 이르시되 이 백성이 어느 때까지 나를 멸시하겠느냐 내가 그들 중에 많은 이적을 행하였으나 어느 때까지 나를 믿지 않겠느냐 12 내가 전염병으로 그들을 쳐서 멸하고 네게 그들보다 크고 강한 나라를 이루게 하리라."

2. 이스라엘과 하나님 사이의 중보자가 등장합니다(레 14:11-19)

이스라엘을 택하시고 그들을 나라와 민족으로 성장케 하신 하나님께 극도의 실망을 보여주시는 장면입니다. 안타까운 모세는 중보의 자리에 서게 됩니다. 중보란 두 편 사이에 서서 일을 주선하는 사람을 가리킵니다. 모세는 이스라엘과 하나님 사이에 서서 극도의 긴장과 위기, 고통의 무게를 맛보면서 하나님께 기도하고 있습니다. ① 하나님의 영광을 위해서 사해주시기를 기도하고 있습니다. ② 하나님의 인자와 광대하심을 따라서 백성들의 죄를 사하시도록 기도합니다. 범죄한 인간들에 대한 사죄는 그분의 측량할 수 없는 인자하심에 기초됩니다. 모세는 끈질기게 "이 백성의 죄를 사하시되 애굽에서부터 지금까지 이 백성을 사하신 것 같이 사하시옵소서라고 할 때 네 말대로 사하노라"고 했습니다(20절). 따지고 보면 십자가에 달리셔서 인간들의 모든 죄를 다 사하시기 위해서 간구하시며 대속의 보혈을 흘리신 예수 그리스도의 위대한 구속 때문에 온 인류가 구원과 생명을 얻은 것입니다. 중보이신 주 예수 그리스도의 십자가의 그 은혜와 그 사랑을 찬송하고 찬양하시기 바랍니다.

· 함께 읽어요 : 민수기 14장 19-20절

"19 구하옵나니 주의 인자의 광대하심을 따라 이 백성의 죄악을 사하시되 애굽에서부터 지금까지 이 백성을 사하신 것처럼 사하시옵소서. 20 여호와께서 이르시되 내가 네 말대로 사하노라."

3. 생존해 가나안에 들어간 자는 여호수아와 갈렙뿐입니다(14:26-38)

생각하면 애굽에서 영광의 탈출을 시켜 온갖 기적과 이적을 보이심으로 구출하셨던 그들에게 하나님께서 이제 마지막 가나안 입국을 허락지 않으신다는 것은 말도 안 되는 일입니다. 므리바의 물가에서 반석을 두 번 쳐 여호와의 거룩함을 나타내지 아니한 모세마저 가나안 입국이 거절되었습니다. "너희 중에서 20세 이상으로서 계수된 자 곧 나를 원망한 자 전부가 여분네의 아들 갈렙과 여호수아 외에는 내가 맹세하여 너희에게 살게 하리라한 땅에 결단코 들어가지 못하리라"(29-30)고 했습니다. 오히려 "너희가 사로잡히겠다고 말하던 너희의 유아들은 내가 그들을 인도하여 들이리니 그들은 너희가 싫어하던 땅을 보려니와 너희의 시체는 광야에 엎드리질 것이요"(31-32)라고 했습니다. 사랑하는 성도 여러분! 하나님과 함께 걷고 동행한다는 것은 힘이나 배짱이 아니라, 오직 믿음으로 가능한 것을 밝히 보여주는 말씀입니다. 여호수아와 갈렙 같은 긍정적인 신앙으로 가파른 세상을 이겨 가시기를 바랍니다.

· 함께 읽어요 : 요한 1서 5장 4절

"4 무릇 하나님께로부터 난 자마다 세상을 이기느니라. 세상을 이기는 승리는 이것이니 우리의 믿음이니라. 5 예수께서 하나님의 아들이심을 믿는 자가 아니면 세상을 이기는 자가 누구냐?"

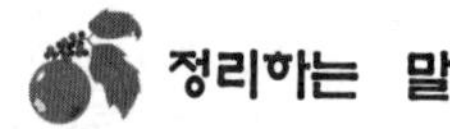

정리하는 말

이스라엘 백성들의 불신과 완악함을 보면서 깨닫는 것은 오늘날 우리도 그보다 더 불신앙과 완악함 속에 살고 있다는 것을 깨닫게 됩니다. 20세 이상으로 사로잡히겠다고 한 그 유약한 자들은 하나님께서 가나안에 입국시키셨습니다. "그들은 우리의 밥이라"고 외쳤던 여호수아와 갈렙, 믿음의 두 사람은 가나안에 들어간 것입니다. 모세의 생명을 건 중보의 기도는 우리에게 새로운 도전을 줍니다. 자국 이기주의의 국제적인 정세, 영적으로 혼란한 교계, 사회적인 불안 요소들이 있어도 전능하신 하나님, 창조주 하나님을 믿고 의지함으로 승리하시기를 바랍니다.

평가와 결심

1. 이스라엘 백성들의 신앙은 어떠했습니까?
   (민 14:10-12, 말이 아니었고 도에 지나쳤음)
2. 이스라엘 백성들과 하나님 사이에 중보로 나선 자 누구였습니까?
   (민 14:11-19, 이스라엘 지도자 모세)
3. 20세 이상으로 생존해 가나안에 들어간 자는 누구누구입니까?
   (민 14:29-30, 여호수아와 갈렙 두 사람)

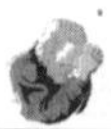

주간 경건의 시간 <8> · 날마다 말씀과 함께

요일 / 내용	주일/월(Mon)	화(Tue)	수(Wed)	목(Thu)	금(Fri)	토(Sat)
찬송	39동/ 73동	313 / 352	314 / 511	315 / 512	317 / 353	320 / 350
성경	민9: / 민10:	민 11:	민 12:	민 13:	민 14:	민 15:
적용	유월절 / 궤가 떠날 때	여호와의 손이	온 집에 충성	올라가서 취하자	주의 큰 권능	제사에 대한 규례

* 자유의 터전은 한 치씩 얻어야 한다. <토마스 제퍼슨, 1743-1826, 미국 제3대 대통령>

제9과

고라 무리의 패역

찬송 / 539, 427, 428 / 통 483, 516, 488
성경 / 민수기 16:1-11
요절 / 유다서 1:11
"화 있을진저! 이 사람들이여, 가인의 길에 행하였으며 삯을 위하여 발람의 어그러진 길로 몰려갔으며 고라의 패역을 따라 멸망 받았도다."
목표 / 직분자들, 봉사자들은 분수에 지나치지 않는 태도를 갖게 한다.

시작하는 말

본문에는 적은 수였으나 높은 반열에 있었던 자들의 불경스러운 음모가 기록되어 있습니다. 이들의 목적은 하나님께서 세우신 제사장직을 전복시키고, 멸망시키려는 것이었습니다. 그들은 모세를 향하여 공격했으며, 그의 처리가 불공평하다고 비난했습니다. 고라와 다단과 아비람과 온이 당을 지어 자신들의 분수에 만족하지 않고 대제사장직의 존귀를 얻고자 합당치 않은 야심을 갖고 있었습니다. 우월하게 되기 위해 하나님의 명에 아래서 각자의 의무는 소홀히 하고 당을 지어 세력으로 자신의 사적인 향상만을 목표 삼았기에 250인의 야심도 부합되어 고라와 당을 지어 반역을 하게 되었으니 그 결과는 멸망이었습니다.

오늘의 말씀

1. 분수를 지키려면 경쟁 의식을 버려야 합니다(16:1-2)

광야의 두 가지 교훈은 우리는 거기서 ① 사람은 어떠해야 하며, ② 하나님은 어떠하신 하나님이신가를 배우게 됩니다. 그래서 민수기 14장에서는 사람과 사람의 방법이 나오고, 15장에는 하나님과 하나님의 방법이 나오고 16장에서는 또 사람과 사람의 방법이 나오고 있습니다.

지도자 모세는 자기보다 나은 사람이 있기를 원했습니다. 그러나 고라의 일파는 "너는 내 사촌 동생으로 40년 동안 남의 집 머슴 노릇하던 놈이 무엇이 나보다 낫기에 이스라엘의 왕 노릇을 해"하며 사촌 동생을 깔보며 무시하기 시작합니다. 이것은 다른 사람과 자신을 비교하는 경쟁 의식입니다. 선의의 경쟁 의식은 하나님께서 복을 주시지만 불의한 경쟁 의식은 파멸과 불행을 자초하게 됩니다. 그러므로 사람은 자신의 분수를 깨닫고 자신에게 주어진 책임을 잘 감당해야 하는 것입니다.

· 함께 읽어요 : 데살로니가전서 4장 6절

"이 일에 분수를 넘어서 형제를 해하지 말라 이는 우리가 너희에게 미리 말하고 증거 한 것과 같이 이 모든 일에 주께서 신원하여 주심이니라."

2. 분수를 지키려면 무릎 꿇어 기도해야 합니다(16:4, 22, 45)

본문 민수기 16장 4절에 고라와 다단과 아비람과 온이 당을 지어 "분수에 지나도다. 회중이 다 각각 거룩하고 여호와께서도 그들 중에 계시거늘 너희가 어찌하여 여호와의 총회 위에 스스로 높이느냐?" 말하고 일어날 때에 4절 "모세가 듣고 엎드렸다가"라고 했습니다. 22절에는 모세와 아론 "그 두 사람이 엎드려"라고 했고, 또 45절에도 "그 두 사람이 엎드리니라"라고 했습니다. 본문에서 모세와 아론은 대제사장직을 최고 위직을 탐하는 그들을 향해 꾸짖기보다는 하나님께 엎드려 기도하고 있습니다. 자기들과 자기 후손들이 영구히 존귀를 얻지 못하게 된 것에 대하여 분노하고 있는 그들의 야심만큼 치명적이고 가증스러운 것이 없습니다. 모세는 그들을 향해 "너희가 분수에 지나도다"라고 했습니다. 사람이 자기 권리만을 주장하며 분수를 지키지 않으면 싸움이 일어나 마침내 불행을 가져오는 것입니다. 신앙인은 무엇보다도 먼저 자기 분수를 알아야 합니다.

· 함께 읽어요 : 민수기 16장 45절

"너희는 이 회중에게서 떠나라. 내가 순식간에 그들을 멸하려 하노라 하시매 그 두 사람이 엎드리니라."

3. 분수를 지키려면 생명을 사랑해야 합니다(28:16-22)

하나님이 금송아지를 섬기는 이스라엘 백성들을 멸하려 하실 때 모세는 "그들의 죄를 사하시옵소서. 그렇지 아니하시오면 원하건대 주께서 기록하신 책에서 내 이름을 지워 버려 주옵소서"(출 32:32) 라고 부르짖었습니다. 고라 무리는 회중을 회막문에 모아 놓고 모세와 아론을 대적합니다. 교만하고 패역한 그들을 다 멸하시겠다고 할 때에 "모든 육체의 생명의 하나님이여 한 사람이 범죄 하였거늘 온 회중에게 진노하시나이까?"(22절) 하며 그들을 사랑하고 불쌍히 여겼습니다. '너희가 백성들을 죽였다'고 원망하므로 "너희는 이 회중에게서 떠나라 내가 순식간에 그들을 멸하려 하노라" 할 때도 엎드려 기도했습니다. 그리고 아론을 명하여 향로에 제단불을 담아다가 백성을 위해 속죄하라고 했습니다. 그렇게 했어도 염병에 죽은 자가 1만 4천 7백 명이나 되었습니다. 모세야말로 어렵고 힘든 일일을 만날 때마다 하나님 앞에서나 사람 앞에서 분수를 알고 지키는 자였습니다. 아무리 똑똑하고 많이 배웠어도 인간은 여전히 인간입니다. 육신을 입은 인간은 하나님의 거룩함에 이르기 힘듭니다. 사랑하는 성도 여러분! 성도로서의 분수를 지키면서 살아가시기를 바랍니다.

· 함께 읽어요 : 이사야 55장 9절

"9 이는 하늘이 땅보다 높음 같이 내 길은 너희의 길보다 높으며 내 생각은 너희의 생각보다 높음이니라."

정리하는 말

성도 여러분! 어쩌면 우리는 고라와 다단과 아비람과 온과 같은 패역한 무리들과 다를 바 없는 사람들입니다. 우리는 모세와 아론처럼 사건을 만날 때마다 하나님 앞에 엎드려 기도하며 문제마다 하나님이 해결해 주시기를 바라야 합니다. '주 떠나가시면 내 생명이 헛되네'(446장)라는 찬송가의 가사처럼 주님이 떠나시면 인간은 헛된 것에 불과합니다. 여러분은 주어진 분수를 지키며 살아가시기 바랍니다.

평가와 결심

1. 분수를 지키려면 첫째 어떻게 해야 하겠습니까?
(민 16:1-2, 경쟁의식을 버려야합니다)
2. 분수를 지키려면 둘째 어떻게 해야 하겠습니까?
(민 16:4, 22, 45, 엎드려 기도해야 합니다)
3. 분수를 지키려면 셋째 어떻게 해야 하겠습니까?
(민 16:22, 모세처럼 생명을 사랑해야 합니다)

주간 경건의 시간 <9> · 날마다 말씀과 함께

요일 / 내용	주일/월(Mon)	화(Tue)	수(Wed)	목(Thu)	금(Fri)	토(Sat)
찬송	93동 / 91동	446 / 500	449 / 377	450 / 376	451 / 504	452 / 505
성경	민 16: / 민 17:	민 18:	민 19:	민 20:	민 21:	민 22:
적용	고라 다단 아비람/ 아론의 지팡이	십일조의 십일조	정결케 하는 잿물	반석을 두 번 치매	불 뱀을 달아매라	발람과 발락

* 목회는 무릎으로 하는 것이다. <황금 예화>

3단원 전도 실천의 달

가르쳐 행하게 하라

찬송 / 502, 505, 507 / 통 259, 268, 273
성경 / 신명기 5:22-33
요절 / 마태복음 28:20
"내가 너희에게 분부한 모든 것을 가르쳐 지키게 하라. 볼지어다. 내가 세상 끝 날까지 너희와 항상 함께 있으리라 하시니라."
목표 / 가르쳐 지키게 하라는 말씀의 명령을 순종하는 태도를 기른다.

시작하는 말

신명기에 나오는 모세가 이스라엘 백성들에게 십계명을 선포하고 '가르쳐 지키게 하라'는 명령을 했습니다. 부활하신 주께서는 승천하시기 전 '분부한 모든 것을 가르쳐 지키게 하라'는 명령을 남기셨습니다. 전자가 이스라엘 백성들이 가나안 땅에 들어가 지켜야 할 법도들과 십계명이었다면, 후자는 주님이 예비하신 영원한 천국에 들어갈 천국 백성들이 실천해야 될 지상 최대의 명령이기 때문인 것입니다.

매주일 우리는 예배에 참석해서, 방송이나 매스컴을 통해서 말씀을 듣습니다. 우리는 말씀을 듣는 대로 기억하고 순종해야 할 것입니다.

오늘의 말씀

1. 본문의 핵심은 하나님을 경외하고 사랑하라는 것입니다(신 6:4-5)

신명기에 나오는 모세 설교의 핵심은 '하나님 사랑'입니다. 하나님께서 인간에게 율법을 주신 것은 인간에 대한 당신의 마음을 보여주기 위해서입니다. 율법은 자기 백성들을 향한 하나님의 뜻과 열정을 보여줍니다. 하나님은 사람을 사랑하시며 백성에게 가장 좋은 것이 무엇인가에 초점을 맞추고 있습니다. 성경은 인간을 향한 하나님의 마음을 계시해 주고 있습니다. 성경은 하나님께서 얼마나 사람을 사랑하시는 지 얼마나 사람을 도우시기 원하는 지는 보여줍니다.

사도 요한은 '하나님은 사랑이시라'고 소개하면서 우리가 사랑 안에 거하고, 하나님 안에 거해야 한다고 했습니다.

· 함께 읽어요 : 요한1서 4장 16절

"16 하나님이 우리를 사랑하시는 사랑을 우리가 알고 믿었노니, 하나님은 사랑이시라 사랑 안에 거하는 자는 하나님 안에 거하고 하나님도 그의 안에 거하느니라."

2. 강조점은 말씀을 가르치고 행하라는 것입니다(신 5:31-33)

사람들은 가르치기를 좋아합니다. 그러나 가르친 대로 실행하고 지키기란 말처럼 쉬운 것은 아닙니다. 하나님은 사람이 복을 받고 성령이 충만하고 복된 삶을 살아가려면 하나님의 말씀을 사랑하고 순종하라고 하십니다. 성경은 하나님을 사랑하고 순종하는 사람들에게 모든 것이 합력하여 선을 이루게 될 것이라 했습니다(롬 8:28). 오늘날 우리가 설교를 듣듯이 지금 이스라엘 백성들이 '순종과 예배에 대한 모세의 설교'를 듣고 있으며, 우리는 이 말씀을 듣고 순종해야 한다는 사실을 기억하십시오. 그렇다면 지키고 실천해야 될 내용이 무엇입니까?

① 좌로나 우로 치우치지 말아야 합니다. 지시하는 계명들을 좇아야 합니다(32절). ② 하나님의 모든 계명들을 순종해야 합니다.

이 명령은 오늘날 우리 성도들이 똑 같이 순종해야 한다는 사실입니다. 말씀을 순종하는 것이 제사(예배드림)보다 낫다고 했습니다.

· 함께 읽어요 : 사무엘상 15장 22절

"22 사무엘이 이르되 여호와께서 번제와 다른 제사를 그의 목소리를 청종하는 것을 좋아하심 같이 좋아 하시겠나이까? 순종이 제사보다 낫고 듣는 것이 숫양의 기름보다 나으니"

3. 하나님의 말씀을 순종하면 복이 임합니다(신 5:33, 6:24-25)

오늘날 많은 신자들은 물질적인 복만을 선호합니다. 그러나 성경에서 말하고 있는 복은 만사가 잘 되는 복이요, 형통의 복입니다. 하나님의 말씀은 하나님의 백성들이 잘 살아가는 방법이며, 행복의 진입로이며, 길입니다. 본문에서는 ① 약속된 땅에서 살게 될 것이고, ② 거기서 번성할 것이며, ③ 그 날이 장구할 것이라(33절)고 했습니다.

하나님의 말씀을 지키며 순종하는 자에게는 그의 삶이 풍성함을 경험하게 될 것입니다. 그를 파멸시키고자 하는 모든 원수들을 정복하게 될 것입니다. 구약성경에서 에녹은 자녀를 낳으며 365년을 하나님과 동행하면서 살다가 살아서 승천했습니다. 노아는 120년 동안 방주를 지었습니다. 그리고 그의 가족을 통해 인류를 살려내는 중시조의 역할을 했습니다.

엘리야는 선지 생도들을 가르치면서 위대한 엘리사 제자에게 두루마기를 남기고, 살아서 승천했습니다. 하나님은 당신의 자녀들에게 인생의 모든 일을 경험하게 하시면서 바로 주어진 환경 속에서 훈련하시고 계신다는 사실을 알아야 합니다. 이스라엘 백성 곧 그의 자녀들을 광야에서 독수리 날개에 업어서 훈련시킨 것처럼 순종하여 복 받게 하려함입니다.

· 함께 읽어요 : 신명기 32장 11-12절

"11 마치 독수리가 자기의 보금자리를 어지럽게 하며 자기의 새끼 위에 너풀거리며 그의 날개를 펴서 새끼를 받으며 그의 날개 위에 그것을 업는 것 같이 12 여호와께서 홀로 그를 인도하셨고 그와 함께 한 다른 신이 없었도다."

정리하는 말

오늘날 성도의 삶을 보면 성도로서 해야 할 일을 등한히 여기면서 은사만 받겠다고 설쳐대는 분들이 있습니다. 어렵고 힘들 때 신앙의 자세가 흐트러지지 않고 겸손하고 성실하게 훈련 과정을 또박또박 이수해 가는 병사처럼 오늘 내게 맡겨진 일들을 잘 감당해 갈 때 하나님께서 형통한 길을 열어주시는 것입니다. 모세와 이스라엘 백성에게 함께하신 형통한 길이 사랑하는 성도 여러분들에게도 열려지시기를 바랍니다.

평가와 결심

1. 모세 설교 말씀의 핵심은 무엇입니까?
(신 6:4-5, 하나님을 경외하고 사랑하라)
2. 오늘 주시는 말씀의 강조점은 무엇입니까?
(신 5:31-33, 말씀을 가르치고 행하라는 것임)
3. 하나님 말씀을 순종한 결과는 무엇입니까?
(신 5:33, ① 언약의 땅 주심, ② 번성하고, ③ 그 날이 장구할 것임)

주간 경건의 시간 <10> 날마다 말씀과 함께

요일 / 내용	주일/월(Mon)	화(Tue)	수(Wed)	목(Thu)	금(Fri)	토(Sat)
찬송	145동 / 89동	266 / 200	320 / 350	336 / 383	370 / 455	388 / 441
성경	신 1: / 신 2:	신 3:	신 4:	신 5:	신 6:	신 7:
적용	천 배나 많게/ 네 손에 붙이심	너희를 위해 싸우시리라	지켜 행하라	오늘 날 여기	마음 성품 힘 다해	하나님의 은혜

* 인간을 슬기롭게 하는 두 힘은 인내력과 관대함이다.

<에펙테투스, 60?-120?, 로마 스토아 철학자>

3단원 전도 실천의 달

제11과

모세의 후계자 여호수아

찬송 / 441, 440, 439 / 통일 498, 497, 496
성경 / 신명기 31:14-23
요절 / 신명기 31:23
"여호와께서 또 눈의 아들 여호수아에게 명령하여 이르시되 너는 이스라엘 자손들을 인도하여 내가 그들에게 맹세한 땅으로 들어가게 하리니 강하고 담대 하라. 내가 너와 함께 하리라 하시니라."
목표 / 모세의 후계자 여호수아의 강하고 담대한 삶을 배워 실천하도록한다.

시작하는 말

여러분! 모세는 이스라엘의 지도자로서 이스라엘 백성들을 출애굽시켜 척박한 땅 광야를 지나면서 어린애 같은 백성들을 시중들었습니다. 그의 나이 120세로 더 이상 출입하기 어려웠습니다. 하나님께서는 모세와 여호수아를 회막으로 부르셨습니다. 그리고 "너희는 강하고 담대 하라. 두려워하지 말라…· 너와 함께 하고 떠나지 아니하시며 버리지 아니하실 것이라"고 말씀했습니다. 그리고 '이스라엘에 증거 될 노래'를 지으라고 모세에게 명령했습니다. 이것은 하나님께 배신하지 않겠다고 맹세하도록 하는 노래를 백성에게 가르치라는 것입니다.

오늘의 말씀

1. 이스라엘 백성의 배신을 예고하셨습니다(14-23절)

인생에서 남에게 배신을 당한다는 것처럼 참 힘들고 어려운 일은 없을 것입니다. 떡잎 같은 이스라엘 백성들을 애굽에서 영광의 탈출을 시키셔서, 홍해를 건너 광야에서 만나와 메추라기로 먹이시고, 반석을 쳐서 생수를 마시도록 하셨건만 그들은 모세와 아론을 대적하고, 하나님을 배신했습니다. 그 도가 지나쳤습니다. 하나님께서는 그들을 염병으로 쓸어버리려고까지 했습니다. 겸손함이 지면의 모든 사람보다 승한 모세의 중보기도가 그들을 살아남게 하신 것입니다. 이제 모세가 기력이 진하여 출입하기 어려웠습니다. 회막에서 그들을 부르셨습니다.

① 모세와 여호수아는 회막 문에서 하나님의 존전에 참예하도록 부름받아 순종했습니다. ② 하나님은 자비를 베푸사 저들을 만나주셨습니다(15절). ③ 하나님은 모세에게 그가 죽고 나면 이스라엘과 저들의 하나님 간에 그토록 고심하여 체결했던 계약이 깨지리라 말씀하십니다. ④ 하나님은 모세에게 한 노래를 백성에게 가르치도록 명령했습니다.

그 노래는 모세가 영감을 받아서 지은 것으로 저들에게 경고해 주시고, 신실한 하나님께 영원한 증거로 남아 있을 것입니다(19절). 그래서 저들을 회개시키며 배신으로부터 돌이키는데 도움이 될 수 있었습니다.

· 함께 읽어요 : 신명기 31장 21절

"그들이 수많은 재앙과 환난을 당할 때에 그들의 자손이 부르기를 잊지 아니한 이 노래가 그들 앞에 증인처럼 되리라. 나는 내가 맹세한 땅으로 그들을 인도하여 들이기 전 오늘 나는 그들이 생각하는 바를 아노라."

2. 증인이 될 언약궤와 노래입니다(22~30절)

모세는 레위인들에게 언약궤 곁에 놓으라고 당부하고 있습니다. 계약이 있는 한 이스라엘은 하나님의 뜻을 몰랐다는 핑계를 댈 수가 없게 될 것이기 때문입니다. 법궤 안에는 십계명의 돌 판을 보관하도록 했고(출 25:16), 그 곁에 모세가 설교한 신명기 5장~26장의 모세의 법을 두라고 했습니다. 여기서 십계명과 모세의 법을 같은 권위로 인정하고 있습니다. 모세가 죽은 다음에는 모세의 법이 증거가 되어 이스라엘을 경고하게 될 것입니다. 본문에는 노래가 모두 증거로 이해되고 있습니다. 백성들에게 노래가 필요한 이유를 설명하고 있습니다.

① 약속의 땅에 들어가 유혹과 위협에 직면할 것이기 때문입니다.

② 백성들에게 경고를 줄 노래가 필요했기 때문입니다.

③ 하나님께 그들의 마음과 어떤 행동을 하리라는 것을 아셨기 때문입니다. 모세는 경고와 증거의 노래를 쓰라는 하나님의 명령에 순종하여, 그는 경고와 증거의 노래를 썼고, 그것을 백성들에게 가르쳤습니다.

· 함께 읽어요 : 신명기 31장 22절
"그러므로 모세가 그 날 이 노래를 써서 이스라엘 자손들에게 가르쳤더라."

3. 여호수아를 새 지도자로 임명했습니다(31:23)

모세에게 명령하신 하나님께서는 이제 여호수아를 임명해서 임무를 부여했습니다. 그 명령은 분명하고 강력했습니다. '강하고 담대 하라'는 것이었습니다. 이스라엘이 장차 어떠하리라는 계시가 주어진 상태에서 이 말씀은 더욱 절실히 필요했습니다. 대부분의 사람들이 실족해서 하나님을 거스른다 할지라도 여호수아는 책임을 완수해야 했습니다.

그는 개인적으로 자신의 삶과 소명에 책임을 져야 했습니다. 백성들의 지도자로서 그는 다른 모든 사람들보다 더 강하고 담대해야 했습니다. 그는 힘과 용기에 대한 역동적인 본보기가 되어야 했습니다.

· 함께 읽어요 : 신명기 31장 23절
"23 여호와께서 또 눈의 아들 여호수아에게 명령하여 이르시되 너는 이스라엘 자손들을 인도하여 내가 그들에게 맹세한 땅으로 들어가게 하리니 강하고 담대 하라. 내가 너와 함께 하리라 하시니라."

정리하는 말

여러분! 위대한 영도자 모세도 그의 기력이 다하니 이제는 후계자 여호수아에게 인계인수를 해야 될 때가 온 것입니다. 하나님의 종 모세는 하나님께 대면하여 일했던 위대한 종이었습니다. 그는 늘 하나님의 언약과 계명을 소중히 여겼으며, 이스라엘 백성들이 모세가 죽은 후에 분명히 배신할 것을 말씀 하시면서 율법에 관한 명령을 주신 것입니다. 그것을 노래로 지어 백성들에게 가르쳤습니다. 순종하면 복을 받습니다.

평가와 결심

1. 모세가 죽은 후 이스라엘 백성들의 예고내용은 무엇입니까?
   (신 31:16, 그 땅 이방 신들을 따르며 여호와를 버리고, 언약을 어길 것이라)
2. 이스라엘 백성들에게 무엇이 증거가 되리라고 하였습니까?
   (신 31:22-30 언약궤와 율법)
3. 이스라엘 자손들을 인도할 새 지도자로 누구를 세웁니까?
   (신 31:23, 눈의 아들 여호수아)

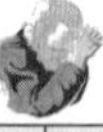

주간 경건의 시간 <11> · 날마다 말씀과 함께

요일 / 내용	주일/월(Mon)	화(Tue)	수(Wed)	목(Thu)	금(Fri)	토(Sat)
찬송	89동 / 88동	400 / 463	401 / 457	404 / 458	406 / 464	407 / 465
성경	신26: / 신27:	신 28:	신 29:	신 30:	신 31:	신 32:
적용	유리하는 아람인/ 저주받을 죄	순종해서 받을 복	언약을 길이 지켜라	회개하면 놓이리라	후계자로 여호수아	모세의 마지막 노래

* 직업은 시간의 낫이다. <나폴레옹 보나파르트, 1769-1821, 프랑스 황제>

3단원 전도 실천의 달

여리고 성의 함락

찬송 / 360, 353, 436 / 통 389, 391, 401
성경 / 여호수아 6:8-20
요절 / 여호수아 6:20
"이에 백성은 외치고 제사장들은 나팔을 불매 백성이 나팔 소리를 들을 때에 크게 소리 질러 외치니 성벽이 무너져 내린지라 백성이 각기 앞으로 나아가 그 성에 들어가서 그 성을 점령하고."
목표 / 하나님의 명령대로 순종하며 살아가는 태도를 기른다.

시작하는 말

가나안 땅에 입성한 이스라엘에게 여리고 성은 어떠한 성을 포위하거나 공격해 본 일이 없는 이스라엘 백성에게는 난공불락의 성이었을 것입니다. 그러나 지도자 여호수아의 지시에 따라 묵묵히 하나님의 명령대로 7일 동안 성을 돌되 하루에 한번씩, 일곱째 날은 7번을 돌도록 한 이 명령에 이스라엘 백성들은 순종했습니다. 여리고 성 공략에는 군사적인 방법이 사용되지 않고 여리고 성을 돌되 마지막 날 나팔을 불며 마지막 날에 큰소리치는 유치하기 그지없는 방법이었습니다. 그러나 말없이 지도자 여호수아의 명령에 순종한 이스라엘에게 전무후무한 대승리를 안겨주었던 것입니다. 여리고 성을 무너뜨린 기적의 배후에는 누가 있습니까?

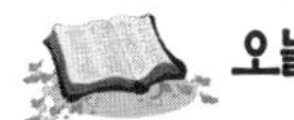

오늘의 말씀

1. 직분을 맡은 자들이 하나님의 말씀에 순종합니다(수 6:6-9)

기독교 고고학자들이 여리고 성이 안쪽으로 무너져 내려 함락된 것은 불가능한 것으로 봅니다. 그러나 인간적인 방법, 군사적인 방법으로 함락될 수 없었던 여리고 성이 무너진 것은 신앙의 지도자가 하나님의 방법을 그대로 시달하고, 그대로 순종한데에 그 비법이 있었던 것입니다.

① 첫째 지도자 여호수아의 순종입니다(6-9절). 그는 인간의 사고로 이해가 안가는 하나님의 명령을 묵묵히 백성들에게 전달했습니다.

② 둘째 제사장들의 순종입니다(8절). 여리고 함락 작전에서의 제사장들의 임무는 나팔을 불고, 언약궤를 메는 역할을 했습니다.

③ 셋째 군사들의 순종입니다(9절). 행군 대열 맨 앞에 무장한 군인들은 행진의 통로를 확보하고 위험물을 제거하는 전위대 역할을 했던 것입니다. 큰 돌을 치우며, 방해물들을 제거해야 했습니다. 이들 모두 여호와의 명령에 한결같이 순종했습니다. 결과는 승리였습니다.

· 함께 읽어요 : 여호수아 6장 9절

"9 그 무장한 자들은 나팔 부는 제사장들 앞에서 행진하며 후군은 궤 뒤를 따르고 제사장들은 나팔을 불며 행진 하더라."

2. 하나님께서 여리고 성을 주신 것입니다(수 6:10-16)

백성에게 요구되는 것은 순종입니다. 하나님은 섭리하시고 인도하시고 주장하십니다. 성을 무너뜨리는 것은 인간의 능력이나 기술이나 행위라고 할 수 없습니다. 모든 일의 결국은 하나님이십니다. 바울은 "나는 심었고 아볼로는 물을 주었으되 오직 하나님께서 자라게 하셨나니"(고전 3:6)라고 했습니다. 하나님이 하십니다. 하나님이 능력과 권능으로 여리고 성을 무너뜨리어 이스라엘에게 주신 것입니다.

여호수아는 모든 지시에 이어 특별한 주의 사항을 말했습니다. 그것은 아무 말도 하지 말라는 것입니다. 곧 침묵하라는 것입니다. 이 침묵은 하나님의 능력이 나타나기 전까지 지켜야 할 사항이었습니다.

다음과 같이 반복해서 강조되었습니다. ① 외치지 말라. ② 음성을 들리게 하지 말며, ③ 입에서 아무 말도 내지 말라고 했습니다. 이것은 제사장들의 나팔 소리에 귀를 기울이도록 하려는 배려 때문일 것입니다. 제사장들의 양각 나팔 소리는 '하나님의 음성'을 상징한다는 사실을 기억하십시오. 하나님의 백성들은 하나님의 음성(양각 나팔 소리)과 언약궤가 인도하는 대로 따라야 한다는 것을 가르쳐 줍니다.

· 함께 읽어요 : 여호수아 6장 13절

"13 제사장 일곱은 양각 나팔 일곱을 잡고 여호와의 궤 앞에서 계속 행진하며 나팔을 불고 무장한 자들은 그 앞에 행진하며 후군은 여호와의 궤 뒤를 따르고 제사장들은 나팔을 불며 행진 하니라."

3. 하나님께서는 자신이 말씀하신 것을 기억하십니다(수 6:15-19)

여리고 성을 함락하기 전에 여호수아는 이스라엘 백성에게 세부적인 사항을 전달합니다. 그 중에 ① 하나님께서는 가나안 사람들의 죄를 기억하고 계셨습니다. 그들의 지은 죄를 기억하시고 계셨습니다. 또한 하나님께서는 자신의 약속을 분명하게 기억하고 계셨습니다. 예전에 정탐꾼들을 도운 그 성의 기생 라합을 구원하도록 했습니다. 하나님께서는 인간의 믿음과 헌신을 기억하고 갚아주십니다. 우리는 이것을 알아야 합니다. ② 하나님께서는 유혹의 요소들을 제거하도록 개인적인 소유로 전리품들을 가지지 말 것을 당부합니다. 금, 은, 동, 철로 만든 제품을 모두 구별하여 여호와께 전부 드리도록 부탁을 했습니다. 이러한 쇠붙이들은 앞으로 지어질 성막들의 제구들을 만드는데 사용되어 질 것들이었습니다.

· 함께 읽어요 : 여호수아 6장 17절, 19절

"17 이 성과 그 가운데에 있는 모든 것은 여호와께 온전히 바치되 기생 라합과 그 집에 동거하는 자는 모두 살려 주라 이는 우리가 보낸 사자들을 그가 숨겨 주었음이니라. 19 은금과 동철 기구들은 다 여호와께 구별될 것이니 그것을 여호와의 곳간에 들일 지니라 하니라."

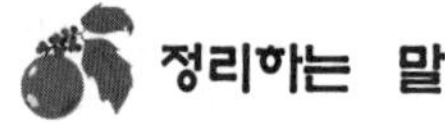

정리하는 말

사랑하는 성도 여러분! 본문의 여리고 성 점령이란 중대한 사건은 이스라엘 백성들의 출애굽 시의 홍해의 도하 작전과 요단 강 도하 작전과 더불어 여호와 하나님의 놀라운 작품이었습니다. 죄악 세상인 애굽에서 탈출하여 광야와 같은 세상을 지나 홍해와 요단 강을 건너서 천국에 들어가야 할 우리들에게 주시는 권능의 하나님의 방법을 소개해 주신 것입니다. 오늘도 난관들을 하나님의 방법으로 승리하시기를 바랍니다.

평가와 결심

1. 하나님의 직분 자들이 지켜야 할 태도는 무엇이었습니까?
   (수 6:6-9, 온전한 순종과 헌신입니다)
2. 묵묵히 여호와의 명령을 순종한 이들의 결과는 무엇입니까?
   (수 6:10-16, 대 승리로 여리고 성 얻음)
3. 승리의 함락 후에 지켜야 할 것들은 무엇입니까?
   (수 6:15-19, 먼저 죄를 회개하고, 유혹에서 이겨야함)

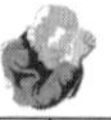

주간 경건의 시간 <12> · 날마다 말씀과 함께

요일 / 내용	주일/월(Mon)	화(Tue)	수(Wed)	목(Thu)	금(Fri)	토(Sat)
찬송	39동 / 37동	400 / 463	401 / 457	404 / 458	406 / 464	407 / 465
성경	수1: / 수2:	수 3:	수 4:	수 5:	수 6:	수 7:
적용	여호와의 종/ 여리고 정탐	요단강 건넘	12돌 길갈에 세움	가나안 땅 첫 유월절	여리고 성 함락	아이 성에 쫓김

* 직업을 행복으로 깨닫는 사람은 행복하다. <영국 격언>

제13과

오직 여호와만 섬겨라

찬송 / 370, 374, 400 / 통 455, 423, 463
성경 / 여호수아 24:14-31
요절 / 여호수아 24:14
"그러므로 이제는 여호와를 경외하며 온전함과 진실함으로 그를 섬기라 너희 조상들이 강 저쪽과 애굽에서 섬기던 신들을 치워 버리고 여호와만 섬기라."
목표 / 여호수아의 명령대로 섬길 자 여호와만을 섬기는 태도를 기른다.

시작하는 말

오늘 본문의 내용은 여호수아의 고별 설교입니다. 여호수아의 고별 설교 내용은 '봉사'를 주제로 하고 있습니다. 인간의 최고의 봉사는 '여호와 섬김의 예배'인 것입니다. 신앙체험은 새로운 진리 계시로 새로운 봉사로 연결되어야 합니다. 우리들이 하나님을 위해서 하는 봉사가 오히려 짐이 되는 것은 성경 말씀을 진리의 계시로 받지 못하고, 하늘의 능력을 받지 못하기 때문입니다. 여호수아는 지금 백성들 앞에서 과거를 회상하고 새로운 다짐을 이끌어내고 있는 것입니다. 과연 우리가 섬길 자는 누구입니까? 오직 당신의 백성을 인도하시고 보호해 주시는 여호와 하나님이십니다. 위대하신 여호와를 어떻게 섬길 것입니까?

오늘의 말씀

1. 과거 여호와 하나님의 계시의 내용을 알아야 합니다(수 24:2-13)

본문 앞에 2-13절까지 말씀을 요약해 보면 "내가 …. 이끌어 내어 내가 보내었고, 내가 인도하여 내었느니라. 내가 …. 내가 ….."

여호수아가 과거 역사를 상기시키는데 하나님의 대명사가 17회나 나옵니다. 이스라엘은 역사의 출발부터 전능하신 하나님의 인도하심과 능력의 모든 힘을 입었습니다. 신약성경에서 이 진리는 우리의 구원과 연결되어있음을 보게 됩니다. 곧 예수 그리스도 안에서 첫째, 계시가 나오고 그 다음에 체험이 나옵니다. 다음에 봉사가 나옵니다. 여기에서(엡 2:4-6, 2:7-9, 2:10) 봉사의 연결성을 볼 수 있습니다. 우리의 생활과 구원에 비추어볼 때, 우리가 여기서 볼 수 있는 계시는 우리들이 현재 하나님의 은혜로 주님 안에 있는 것은 전부 주님의 은혜요 덕분이라는 사실입니다. 만세 전에 택하시고, 선한 일을 시작하신 이가 주님 오실 날까지 계속 일하시고, 그 덕분으로 받은 복이 곧 구원입니다.

· 함께 읽어요 : 에베소서 2장 8절

"8 너희는 그 은혜에 의하여 믿음으로 말미암아 구원을 받았으니 이것은 너희에게서 난 것이 아니요 하나님의 선물이라."

2. 현재 받은 바 구원의 체험을 증거하여야 합니다(수 24:14-24)

이스라엘의 지도자 여호수아는 그의 체험을 근거로 백성들에게 신앙의 대상을 분명하게 '선택하라'는 것입니다. 그렇기에 앙드레 지드는 "선택의 당위가 나에게는 언제나 견디기 힘든 일이었다"고 술회했는지도 모릅니다. 문제는 '이것이냐? 저것이냐?'의 선택에서 중간이 허용되지 않는다는데 있습니다. 신앙에서 중간이 없습니다. 여호수아는 백성들을 향하여 "너희가 섬길 자를 오늘 택하라"고 한 것은 현재 받은 구원의 체험을 깨닫고 전해야 한다는 것입니다. 이어서 여호수아는 "오직 나와 내 집은 여호와를 섬기겠노라." 이렇게 자신의 신앙을 확실하게 보여주고 있습니다. 그때 백성은 "우리가 결단코 여호와를 버리고 다른 신들을 섬기기를 하지 아니하리라"고 확언을 합니다. 하나님 여호와께서 우리와 우리 조상들을 인도하여 애굽 땅 종 되었던 집에서 올라오게 하시고, 우리가 행한 모든 길과 우리가 지나온 모든 백성들 중에서 우리를 보호하셨고, 이 땅에 거주하던 아모리 족속을 쫓아내셨으니, 우리도 '여호와만 섬기리라'고 합니다. 사랑하는 성도 여러분! 우리의 신앙은 항상 과거와 현재를 이어주는 구원의 체험을 간증하고 증언할 수 있어야 합니다.

예수 그리스도의 위대한 십자가의 구속 때문에 온 인류가 구원과 생명을 얻은바 십자가의 은혜와 사랑을 찬송하고 찬양하시기 바랍니다.

· 함께 읽어요 : 베드로전서 1장 7, 9절

"7 너희 믿음의 확실함은 불로 연단하여도 없어질 금보다 더 귀하여 예수 그리스도께서 나타나실 때에 칭찬과 영광과 존귀를 얻게 할 것이니라. 9 믿음의 결국 곧 영혼의 구원을 받음이라."

3. 성도의 교육과 예배와 봉사는 끈으로 이어져야 합니다(24:25-31)

여러분! 현재 상태의 무기력으로 어떻게 전능하신 하나님의 마음을 기쁘시게 할 수 있겠습니까? 오직 그리스도의 보혈의 은혜와 하나님의 전적인 사랑을 간직해야 가능하기 때문입니다. 어떻게 죄인 된 인간이 떳떳하게 하나님 앞에 서며, 인간을 위대하게 만들 것입니까? 예수님은 제자들을 가르치시고, 예배하도록 친히 본을 보이셨고, 봉사를 실천하셨습니다. 모세는 이를 노래로 만들어 부르도록 했습니다. 여호수아는 백성들에게 자신의 체험을 바탕으로 그들에게 가르쳤고, 실천하도록 다짐을 받고 있는 것입니다. 예수 그리스도는 어제나 오늘이나 동일하시게 희로애락의 현장과 삶 속에 보여주셨습니다. 사랑하는 성도 여러분! 하나님과 함께 걷고 동행한다는 것은 힘이나 배짱이 아니고, '오직 믿음'으로 가능한 것을 밝히 보여주는 말씀입니다. 여호수아와 갈렙 같은 긍정적인 신앙과 순종으로 가파른 세상을 이겨 가시기를 바랍니다.

· 함께 읽어요 : 요한 1서 5장 4절

“4 무릇 하나님께로부터 난 자마다 세상을 이기느니라. 세상을 이기는 승리는 이것이니 우리의 믿음이니라.”

정리하는 말

광야에서 자란 이스라엘 백성들의 불신과 완악함을 보면서 깨달아야 합니다. 오늘날 우리도 과거에 받은 계시, 현재의 간증과 함께 교육, 예배, 봉사가 균형 잡힌 신앙생활로 매일 매순간 여호와만 섬기며, 주 하나님만을 믿고 의지함으로 매순간 승리하시기를 바랍니다.

평가와 결심

1. 여호수아가 가르친 신앙의 삶은 첫째 어떠해야 하겠습니까?
   (수 24:2-13, 과거 하나님의 계시를 알아야 함)
2. 여호수아가 가르친 신앙의 삶은 둘째 어떠해야 하겠습니까?
   (수 24:14-24, 현재 받은바 구원의 체험을 전해야 함)
3. 여호수아가 가르친 신앙의 삶은 셋째 어떠해야 하겠습니까?
   (민 24:25-31, 교육과 예배와 봉사가 끈으로 이어져야 함)

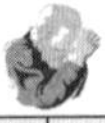

주간 경건의 시간 <13> · 날마다 말씀과 함께

요일 / 내용	주일/월(Mon)	화(Tue)	수(Wed)	목(Thu)	금(Fri)	토(Sat)
찬송	21동 / 25동	313 / 352	314 / 511	315 / 512	320 / 350	317 / 353
성경	수18: / 수19:	수 20:	수 21:	수 22:	수 23:	수 24:
적용	실로 회막/ 나머지지파 지경	도피성 제도	레위인의 성읍	두 지파 반의 기업	여호수아의 유언	백성에게 다짐받음

* 진리는 언제나 가장 강한 주장이다. < 그리스 격언 >

말씀대로 행한 기드온

찬송 / 86, 85, 325 / 통 86, 85, 360
성경 / 사사기 6:25-40
요절 / 사사기 6:27
"이에 기드온이 종 열 사람을 데리고 여호와께서 그에게 말씀하신 대로 행하되 그의 아버지의 가문과 그 성읍 사람들을 두려워하므로 이 일을 감히 낮에 행하지 못하고 밤에 행하니라."
목표 / 말씀대로 순종하고 실천하는 태도를 갖게 한다.

시작하는 말

사사기는 신정국가에서 여호와 하나님의 부르심을 받아 국가의 비상적인 난국들을 해결해 나간 12사사들의 행적을 기록하고 있습니다. 그 중에 본문은 여호와께서 사사 기드온에게 나타나셔서 소명을 주셨고, 그를 이스라엘의 구원자로 삼으셨으며, 그 같은 사실에 대한 확증을 명확한 방법으로 보여 주셨다는 내용입니다. 기드온을 통해 일하신 하나님의 역사하심과 그 결과로, 성령 충만의 역사를 체험하시기 바랍니다.

오늘의 말씀

1. 기드온은 하나님의 임재하심과 역사하심이 있었습니다(삿 6:25-29)

본문 25절에 "네 아버지에게 있는 수소 곧 7년 된 둘째 수소를 끌어오고, 네 아버지에게 있는 바알의 제단을 헐며 그 곁의 아세라 상을 찍고"라고 했습니다. 기드온이 하나님의 일을 하기 전에 먼저 가문의 우상들을 척결하는 모습을 봅니다. 그리고 산성 꼭대기에 여호와를 위하여 규례대로 한 제단을 쌓고 그 둘째 수소를 잡아을 우상을 찍은 나무로 번제를 드리라고 했습니다. 하나님의 사명을 감당할 종들이 먼저 해야 될 일은 우상들을 부숴버리고 가정의 복음화를 이루어야 합니다.

그리고 여호와께 결단의 예배를 드려야 합니다. 제사 중에 '번제'는 제물 모두를 다 태워 드려지는 제사입니다. 주님의 일을 감당하려는 자들은 우상을 버리고, 주님께 헌신하며 성령충만의 역사를 체험해야 합니다.

· 함께 읽어요 : 로마서 12장 1절

"그러므로 형제들아 내가 하나님의 모든 자비하심으로 너희를 권하노니 너희 몸을 하나님이 기뻐하시는 거룩한 산 제물로 드리라 이는 너희가 드릴 영적 예배니라."

2. 달라진 기드온에게 무엇이 달라졌습니까?(삿 6:30-33)

① 아버지가 달라졌습니다. 기드온이 가문의 수호신 격인 바알의 제단을 헐고 아세라 신상을 찍은 기드온을 그의 아버지 요아스가 변호하고 있는 모습을 보게 됩니다. 아버지 요아스는 둘러선 모든 자에게 "너희가 바알을 위하여 구원하겠느냐? 그를 다투는 자는 아침까지 죽임을 당하리라 바알이 신일진대 그의 제단을 파괴하였은즉 그가 자신을 위해 다툴 것이라."(31절)고 말합니다. 가문의 우상을 파괴한 기드온은 이제 바알과 아세라의 대적이 된 것입니다. 그렇습니다. 하나님을 향하여 일하십시오. 세상 편에 서지 마십시오. 세상을 먼저 변화시키려 들지 마세요. 내가 먼저 변화되면 내 주변도 변화되는 것입니다.

② 기드온의 이름이 달라졌습니다. 그가 바알의 단을 훼파하였지만 그가 무사한 것을 보고 그 날에 기드온을 '여룹바알'(바알과 맞선다는 뜻)이라 불렀습니다. 성경에 야곱도 '이스라엘'(하나님과 겨루어 이겼다)

이라 그 이름이 바뀌었습니다. 이름이 변하면서 그들의 인격과 삶이 변화되었습니다. 사랑하는 성도 여러분! 여러분은 '성도'라는 이름에 걸맞게 살아가십니까? 성도라는 이름값을 제대로 하면서 성령 충만의 역사를 체험하며 살아가시기를 주님의 이름으로 부탁드립니다.

· 함께 읽어요 : 창세기 32장 28절
"그가 이르되 네 이름을 다시는 야곱이라 부를 것이 아니요 이스라엘이라 부를 것이니 이는 네가 하나님과 및 사람들과 겨루어 이겼음이니라."

3. 기드온이 어떻게 용기를 얻게 되었습니까?(삿 6:34-40)

본문 34절을 함께 읽겠습니다. "여호와의 영이 기드온에게 임하시니 기드온이 나팔을 불매 아비에셀이 그의 뒤를 따라 부름을 받으니라."

① 여호와의 영(성령)이 기드온에게 임했습니다. 하나님의 일꾼들은 부름 받아 제대로 일하기 위해서는 먼저 성령 충만해야 합니다. 초대 예루살렘 교회 7집사를 세울 때 성령과 지혜가 충만하여 칭찬받는 사람 일곱을 택합니다(행 6:3). 하나님의 일꾼들이여! 성령 충만하기를 바랍니다.

② 하나님의 뜻이 임하는 것을 확인했습니다. 본문 26절에서 40절까지 기사는 하나님의 뜻이 기도한 대로 응답해 주시는가를 알아보기 위하여 양털로 실험을 해봅니다. 기드온의 기도대로 두 번이나 이루어짐을 목격하고 그는 확신을 가지게 됩니다. 성도들은 불신자들 앞에서 하나님께서 확실히 역사하심을 보여주어야 합니다. 그리스도 안에서 새 생명을 얻은 자만이 성령 충만의 역사를 실천하며 살아갈 수 있는 것입니다. 먼저 성령 충만하고 새 생명을 얻어 '생명 나눔 운동'에 동참하시기를 바랍니다.

· 함께 읽어요 : 사사기 6장 40절
"40 그 밤에 하나님이 그대로 행하시니 곧 양털만 마르고 그 주변 땅에는 다 이슬이 있었더라."

정리하는 말

사랑하는 성도 여러분! 기드온에게 임한 말씀이 여러분에게 임하였다면 여러분은 어떻게 하시겠습니까? 여러분들은 무슨 일을 하던 말씀대로 행하여 하나님의 임재하심과 역사하심을 통해 가정과 사회가 변하고 변화되기를 기도하십시오. 그리고 응답하심을 따라서 하나님이 주신 귀중한 생명으로 하여금 성령 충만하며 살아가시기를 진심으로 바랍니다.

평가와 결심

1. 기드온에게 무엇이 임하였습니까?
   (삿 6:25-29, 하나님의 임재하심과 역사하심)
2. 결과적으로 기드온에게 무엇이 어떻게 달라졌습니까?
   (삿 6:30-33, ① 아버지가 달라짐 ② 이름이 여룹바알로 바뀜)
3. 기드온이 어떻게 용기를 얻게 되었습니까?
   (삿 6:34-40, ① 여호와의 영이 임함 ② 기도응답을 통해서)

주간 경건의 시간 <14> · 날마다 말씀과 함께

요일 / 내용	주일/월(Mon)	화(Tue)	수(Wed)	목(Thu)	금(Fri)	토(Sat)
찬송	23동 / 39동	446/ 500	449 / 377	450 / 376	451 / 504	452 / 505
성경	삿1: / 삿2:	삿 3:	삿 4:	삿 5:	삿 6:	삿 7:
적용	사사 옷니엘 / 사사 배경 직분	에훗의 승리	드보라와 바락	승리의 노래	사사 기드온	300명의 용사

* 진리를 탐구하는 것이 인간의 가장 고상한 직업이요. 그의 선포는 본분이니라.

<스텔 부인, 1766-1817, 프랑스 작가>

제15과 나실인 삼손

찬송 / 370, 382, 383/ 통 455, 432, 433
성경 / 사사기 16:15-31
요절 / 사사기 16:28
"삼손이 여호와께 부르짖어 이르되 주 여호와여 구하옵나니, 나를 생각하옵소서. 하나님이여 구하옵나니, 이번만 나를 강하게 하사 나의 두 눈을 뺀 블레셋 사람에게 원수를 단번에 갚게 하옵소서하고"
목표 / 가르쳐 지키게 하라는 주님의 명령을 순종하는 태도를 기른다.

시작하는 말

하나님께서는 이스라엘의 범죄가 날로 심해지자 블레셋을 들어 심판하십니다. 무려 40년 동안 압박을 받게 하시다가 잉태치 못하는 부인으로 하여금 아기를 낳게 하시고 그가 장성하여 구원자가 되게 하셨습니다. 천사의 수태고지는 세례 요한이나 예수 그리스도의 경우와 비교됩니다. 하나님의 구원 계획은 바로 '나실인'이란 '구별된 자'라는 뜻으로 특별히 하나님께 봉사하도록 구별된 자를 통해 이루십니다. 하나님께서 삼손을 통해 이루시고자 하시는 놀라운 구원 계획을 살펴봅니다.

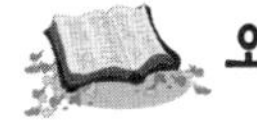

오늘의 말씀

1. 삼손의 일생을 통한 하나님의 섭리는 무었입니까?(삿 6:4-5)

① 삼손은 소라 땅 단 지파의 마노아의 아들로 태어납니다. ② 삼손은 이삭, 야곱, 에서, 사무엘, 세례 요한과 같이 기도 끝에 얻은 아

들입니다. 그는 태중에 있을 때 성별되어 '나실인'으로 선택되었습니다.

③ 삼손은 이스라엘 사사로서 20년 동안 일한 특별한 사사였습니다.

④ 그는 여호와의 신에 감동되어 딤나에서 사자를 맨손으로 죽였습니다. ⑤ 삼손은 블레셋 사람 일천 명을 나귀턱뼈로 죽이는 괴력을 발휘했습니다(삿 15:9-15). ⑥ 삼손은 소렉 골짜기의 들릴라와 사랑에 빠졌습니다. 들릴라의 유혹에 넘어가서 나실인의 규정인 머리에 삭도를 대지 말라는 비밀을 들리라에게 알려주어 머리카락이 잘려 버렸습니다. ⑦ 삼손은 블레셋 사람에게 붙잡혀 두 눈을 뽑히고 연자 맷돌을 돌리는 신세가 되었습니다. ⑧ 삼손은 블레셋 방백들의 잔치에 참석한 삼천 명 앞에서 조롱을 당했습니다. 그는 마지막으로 하나님께 기도하여 힘을 얻게 됩니다. 그리고 삼손은 연회석 중앙의 기둥을 쓰러뜨려 삼손은 그들과 함께 죽지만 압사시켜 원수들을 갚았습니다(삿 16:28-31).

· 함께 읽어요 : 사사기 16장 30절

"삼손이 이르되 블레셋 사람과 함께 죽기를 원하노라하고 힘을 다하여 몸을 굽히매 그 집이 곧 무너져 그 안에 있는 모든 방백들과 온 백성에게 덮이니 삼손이 죽을 때에 죽인 자가 살았을 때에 죽인 자보다 더욱 많았더라."

2. 삼손은 정욕을 이기지 못하여 실패를 자초했습니다(삿 16:15-20)

삼손을 생각할 때마다 우리가 생각하고 느껴야 할 신앙적 교훈이 있습니다. 정욕을 절제하지 못하면 인간의 고통과 계율을 어겨 비참한 최후를 맞은 삼손을 보고 교훈을 얻어야 합니다. 성도의 강장제와 같은 믿음의 힘과 성결성을 하루 아침에 무너트리는 정욕과 하나님의 말씀을 무시했던 태도, 이것은 우리의 가장 큰 적임을 알아야 합니다. 그는 ① 나실인의 서약으로 성결하게 된 사람이었습니다. 민수기 6장에 의하면 '나실인'은 독주를 마시거나 죽은 자의 몸에 손을 대어서는 절대로 안 되며 헌신의 표시로서 머리를 깍지 않아야 했습니다. 삼손의 부모는 하나님을 경외하였으며 그의 경외심을 아들에게도 전해주고 그런 삶을 살도록 애를 썼지만 삼손은 경건한 삶을 스스로 버리고 정욕에 빠져 여호와를 떠난 불쌍한 사람으로 전락했습니다.

· 함께 읽어요 : 사사기 16장 20절

"20 들릴라가 이르되 삼손이여 블레셋 사람이 당신에게 들이 닥쳤느니라하니 삼손이 잠을 깨며 이르기를 내가 전과 같이 나가서 몸을 떨치리라하였으나 여호와께서 이미 자기를 떠나신 줄을 깨닫지 못하였더라."

3. 삼손이 머리를 깎이고 최후 기도로 함께 죽었습니다(삿 16:22-31)

삼손이 커다란 힘을 잃었던 이유와 삼손의 실패를 잘 알고 있습니다. 하나님은 그에게 구별된 성령을 주어서 당대에 삼손의 힘과 재치를 따를 자가 없었습니다. 그러한 힘과 재능을 잃어버리게 되었던 원인은 하나님께서 그를 떠나심이었습니다. 그가 이방인과 결혼하고 정욕에 빠짐으로써 하나님의 말씀과 부모의 가르침을 따르지 아니했기 때문입니다. 들릴라의 무릎을 베고 잠들어 성별된 삼손은 계율을 어기고 정욕을 다스리지 못했습니다. 결국 들릴라와의 육체적 사랑과 블레셋의 계략 때문에 머리를 깎입니다. 그런 삼손은 능력을 잃고 패잔병의 신세가 되며, 눈까지 뽑혀 버린 맹인이 됩니다. 조롱을 받게 되었고 회개를 했지만 이전의 능력으로 회복할 수 없었습니다. 그것이 삼손의 최후의 기도 응답이었습니다.

· 함께 읽어요 : 사사기 16장 31절

"31 그의 형제와 아버지의 온 집이 다 내려가서 그의 시체를 가지고 올라가서 소라와 에스다올 사이 그의 아버지 마노아의 장지에 장사하니라. 삼손이 이스라엘의 사사로 이십년 동안 지냈더라."

정리하는 말

오늘날 성도들의 삶을 보면 성도로서 기도해야 할 때에 기도하지 않기 때문에 전능하신 하나님께서 떠나시는 것입니다. 하나님께서 선택한 백성은 경건한 생활을 해야 합니다. 자신에게 부여된 능력을 무모하게 사용하여 유혹과 타협해 죄와 더불어 살지 말아야 합니다. 끝까지 사명을 다해야 합니다. 택한 백성은 기도해야 힘이 생깁니다. 기도 생활로 유혹을 이기고 자신과 죄와 세상을 이기시기를 간절히 축원합니다.

평가와 결심

1. 삼손의 출생과 성장에서 특별한 점은 무엇입니까?
   (삿 13:3-5, 기도로 태어나 나실인으로 성별되게 자람)
2. 삼손의 실패의 원인은 무엇이었습니까?
   (삿 16:17-20, 들릴라와의 정욕에 빠져 그에게서 여호와가 떠남)
3. 삼손이 실토한 내용과 그 당한 결과는 무엇입니까?
   (삿 16:17-20, ① 머리 깎이면 힘이 탈진해 적군에게 사로잡힘,
   ② 눈알이 뽑히고 건물이 무너져 함께 죽음)

주간 경건의 시간 <15> · 날마다 말씀과 함께

요일 / 내용	주일/월(Mon)	화(Tue)	수(Wed)	목(Thu)	금(Fri)	토(Sat)
찬송	93동 / 91동	362 / 481	363 / 479	364 / 482	365 / 484	366 / 485
성경	삿12: / 삿13:	삿 14:	삿 15:	삿 16:	삿 17:	삿 18:
적용	입다 입산 압돈/삼손의 출생	삼손과 딤나 여자	블레셋을 친 삼손	가사에 간 삼손	미가 집의 제사장	미가와 단지파

* 법은 주권 중의 주권이다. < 루이 14세, 1638-1715, 프랑스 왕>

제16과

나오미, 룻, 보아스의 신앙

찬송 / 298, 299, 301 / 통일 35, 418, 460
성경 / 룻기 4:1-22
요절 / 룻기 4:17
"그의 이웃 여인들이 그에게 이름을 지어 주되 나오미에게 아들이 태어났다하여 그의 이름을 오벳이라 하였는데 그는 다윗의 아버지인 이새의 아버지였더라."
목표 / 나오미의 가정 일상생활에서 서로 아끼고 사랑하는 진솔한 삶을 배운다.

시작하는 말

사랑하는 성도 여러분! 룻기는 소수의 인물을 등장시켜 이방인과 여성의 문제를 알기 쉽게 풀어 서로 아끼고 사랑하라는 감동적인 교훈을 주고 있습니다. 그러면서도 예수 그리스도의 족보를 알려줍니다. "보아스는 룻에게서 오벳을 낳고, 오벳은 이새를 낳고, 이새는 다윗 왕을 낳으니라"(마 1:5-6)는 계보를 밝혀주는 중대한 책입니다. 평범한 여인 나오미와 이방 여인으로서 자부가 된 룻의 아름다운 믿음과 사랑과 순종의 이야기는 읽는 이에게 잔잔하면서도 깊고 진한 감동을 줍니다. 이 진한 감동의 원천을 통해 주시는 은혜를 나누고자 합니다.

오늘의 말씀

1. 모압에서 베들레헴까지 이어진 믿음과 사랑(룻 1:1~22)

본서는 사사 시대의 한 가정 이야기를 다룬 것으로, 하나님께서 그 어렵고 패역한 시대에 평범한 한 가정 속에서 어떻게 역사하셨는가를 보여주고 있습니다. 나오미의 가정에 불어 닥친 고통과 슬픔 때문에 하나님에 대한 인식도 부정적으로 굳어져 있었습니다(21절). 하나님은 자신에 대한 이러한 부정적인 인식을 바꾸어 가기 시작하십니다. 베들레헴(떡집이란 뜻)으로 돌아왔으나 좀처럼 변하지 않았던 이방 여인 룻의 '여호와 하나님만을 향한 신앙고백'이 현실의 실천으로 상황을 바꾸어 놓습니다. 돌아간 동서 오르바의 결정이 현명한 것 같지만 룻의 희생적인 사랑과 믿음은 정말 훌륭합니다. 오늘날 급변하는 세대 오염되어져 가는 속에서도 이길 수 있는 길은 '믿음'인 것입니다. 성도 여러분! 이 믿음 더욱 굳세게 지켜 가시기를 부탁드립니다.

· 함께 읽어요 : 요한일서 5장 4절

"4 무릇 하나님께로부터 난 자마다 세상을 이기느니라. 세상을 이긴 승리는 이것이니 우리의 믿음이니라."

2. 예루살렘에서 나오미와 룻의 아름다운 고부관계(룻 2:1~23)

보리 추수 시기(3-4월경)에 귀향한 두 과부 나오미와 룻은 생계를 해결해야 했습니다. 고향에 돌아와 할 수 있는 일이라곤 그들이 이삭을 주어 생계를 꾸릴 수밖에 다른 방도가 보이지 않았습니다. 그때에 우연이지만 룻이 기업 무를 자인 보아스의 밭에서 이삭을 줍습니다. 시모 나오미가 섬기던 여호와 하나님 신앙에 영향을 받아 하나님께 자신을 맡긴 룻의 감동적이며 신앙적인 순종은 범인의 마음을 사로잡습니다.

보아스는 이런 룻에게 이삭을 더 많이 줍도록 일꾼들을 통해 특별히 배려를 합니다. 하나님은 이 일을 통해 자신에 대한 나오미의 부정적인 의식을 수정해 주십니다. 나오미는 하나님께서 결코 자기 백성을 고통 중에 버리시는 분이 아니시라는 것을 알게 되며, 그토록 고통스러운 세월 가운데서도 하나님께서 자신을 변함없이 보살펴 주셨다는 사실을 감격적으로 고백합니다(19-20절). 돌아온 고향 예루살렘은 더 이상 고통과 슬픔을 주는 그런 곳이 아니라 평안과 은혜와 사랑을 부어주는 복된 곳임을 알게 됩니다. 믿음과 사랑의 보금자리인 고향으로 돌아오세요.

· 함께 읽어요 : 룻기 2장 12절

"12 여호와께서 네가 행한 일에 보답하시기를 원하며 이스라엘의 하나님 여호와께서 그의 날개 아래에 보호를 받으러 온 네게 온전한 상 주시기를 원하노라 하는지라."

3. 룻과 보아스의 아름다운 만남(룻 3:1-18)

나오미는 적극적으로 룻의 기업 무를 자를 보아스로 규정하고 결혼을 추진합니다. 룻은 시모의 말에 순종해 보아스의 타작마당 곡식단의 더미 끝의 침소 곁에 눕습니다. "당신의 여종 룻이오니 당신의 옷자락을 펴 당신의 여종을 덮으소서." 이 말은 결혼을 원한다는 여성다운 문학적 표현입니다. 이 말을 들은 보아스는 서두르지 않고, 자기보다 기업 무를 우선권이 있는 가까운 친척에게 가서 기업 무를 의사를 확인하겠다고 말합니다. 그가 기업 무를 것을 원치 아니하면 자기가 기업을 무르겠다고 맹세합니다. 보아스의 신중하고 노련함이 돋보입니다(12-13절). 18절을 보면 나오미는 보아스의 성실성을 확신하고 있었던 것을 알 수 있습니다. 하나님께서는 이렇게 세세하게 한 여인의 고통과 삶 속에서 역사하시고 계셨습니다. 룻이 타작마당에 왔던 것을 사람들이 모르게 하라고 지시하고 보리를 6번이나 되어줍니다. 보아스는 그의 기업 무를 자가 되어 행복한 가정을 이루고 여호와께서 잉태케 하심으로 아들을 낳게 됩니다. 18-22절은 약 900년 동안의 긴 기간을 10명의 인물을 선택해서 기록함으로써 저자는 의도적으로 하나님의 구원계획의 신실함과 연속성을 말하고 있습니다. 하나님의 구원계획이 어떻게 이어져 갔는가를 암시하는 매우 의미 깊은 내용입니다.

· 함께 읽어요 : 룻기 4장 21-22절

“21 살몬은 보아스를 낳고 보아스는 오벳을 낳았고, 22 오벳은 이새를 낳고 이새는 다윗을 낳았더라.”

정리하는 말

사랑하는 성도 여러분! 이방 여인 룻은 시모를 따라 이스라엘 여호와 하나님을 믿고 따름으로 기업을 무른 보아스를 통해 행복한 가정을 이루고, 룻은 다윗의 증조모가 됩니다. 사랑하는 성도 여러분! 어렵고 힘들 때 더욱 믿음으로 살아가야 희망이 보이는 법입니다. 룻과 같은 신앙, 나오미 같은 사랑으로 여러분들의 가문을 세워 가시기를 바랍니다.

평가와 결심

1. 나오미와 룻에게서 배울 수 있는 것은 무엇입니까?
   (룻 1:1-22, 나오미의 자부 사랑과 룻의 동족을 뛰어넘은 믿음)
2. 예루살렘에서 룻이 보여준 효성은 무엇이었습니까?
   (룻 2:1-23, 이삭을 주워 시모를 정성스럽게 공경함과 시모 순종함)
3. 룻이 만난 보아스와의 관계의 중요한 의미는 무엇입니까?
   (룻 3:1-18, 기업 무를 자로서 자손을 이어주는 법을 순종함)

주간 경건의 시간 <16> · 날마다 말씀과 함께

요일 / 내용	주일/월(Mon)	화(Tue)	수(Wed)	목(Thu)	금(Fri)	토(Sat)
찬송	73동 / 88동	74 / 74	75 / 47	78 / 75	79 / 40	80 / 101
성경	삿19: / 삿20:	삿 21:	룻 1:	룻 2:	룻 3:	룻 4:
적용	레위인 첩 / 이스라엘 패배	베냐민을 위한 애곡	나오미와 룻	이삭 줍는 룻	보아스와 룻	다윗의 조상 룻

* 개개인은 죽을지라도 진리는 영원하다. <J. 제럴드-연설->

제17과

사무엘의 신앙과 성품

찬송 / 93, 141, 140 / 통 93, 132, 130
성경 / 사무엘상 1:1-28
요절 / 사무엘상 1:20
"한나가 임신하고 때가 이르매 아들을 낳아 사무엘이라 이름 하였으니 이는 내가 여호와께 그를 구하였다 함이더라."
목표 / 사무엘의 신앙과 성품을 통해 기도쉬지않는 삶의 태도를 배운다.

시작하는 말

오늘은 사무엘상을 공부하게 됩니다. 사무엘상은 이스라엘이 지파 중심적인 사사 시대를 마감하고 중앙 집권적인 왕정 체제로의 전환 과정이 기록되어 있습니다. 본서 전반부에 등장하는 사무엘은 최후의 사사이며(1:1-7:17), 후반부에 등장하는 사울은 최초의 왕이 됩니다(8:1-21:13).

믿음의 용사들을 기록한 히브리서 11장에는 사무엘을 '믿음으로 행한 믿음의 사람이었다'고 언급하고 있습니다(히 11:32-34). 위대한 인물 사무엘의 전 생애를 살펴보면서 하나님 나라를 건설할 일꾼들의 신앙과 인격을 배워가야 할 것입니다.

오늘의 말씀

1. 사무엘은 메시야를 바라보는 신앙을 소유했습니다(행 2:24)

구약성경에서 '메시야'란 '기름 부음 받은'이라는 뜻의 형용사로서 하나님께서 특별한 목적을 위하여 구별하신 사람을 묘사하는 데 사용 되었습니다. 그런데 70년 포로 생활을 마감하고, 해방을 선포한 고레스 왕이나 엘리사(왕상 19:16) 선지자, 그리고 시편 105편 15절에서 선지자를 가리키는 용어로 사용되기도 했습니다. 그런데 구약에서 그 한 가지 지향점은 하나님으로부터 기름 부음을 받은 자들이 예시하는 바는 메시아 예수 그리스도를 의미하는 것이었습니다. 예수 그리스도야말로 진정한 왕이요, 제사장이요, 선지자의 직분을 충분히 감당하신 분이십니다. 구약 시대의 가장 큰 선지자라 할지라도 바라보고 지향한 그분이 바로 유일하게 메시야 예수 그리스도이신 것입니다. 성도 여러분! 말세 끝에 처한 우리 성도들이 메시야만을 바라보는 바른 신앙을 소유하시기를 간절히 부탁드립니다.

· 함께 읽어요 : 사도행전 3장 24절
"또한 사무엘 때부터 이어 말한 모든 선지자도 이 때를 가리켜 말하였느니라."

2. 탁월한 믿음의 인물이었습니다(히 11:32-34)

사무엘은 그의 출생부터 어머니 한나의 기도와 나실인에 대한 서원으로 인해 하나님이 은혜를 주셔야 가능했던 믿음의 삶을 살았습니다. 그리고 서원한대로 어려서부터 성전에서 자라면서 하나님의 말씀과 기도로 양육 받았습니다. 그는 어머니의 서원대로 평생 나실인이었으므로 하나님께 헌신한다는 의미를 지닌 나실인의 삶을 살아나갔을 것입니다. 그러한 사람이 곧 그의 믿음을 잘 설명해 주는 것입니다. 그는 '백성을 위한 기도를 쉬는 죄를 범하지 않겠다'고 했습니다(삼상 12:23).

백성에게 뇌물을 받거나 판결을 굽게 한 일이 없다고 선언합니다. 그리고 백성이 그것을 인정하는 것을 볼 때(삼상 12:3~4), 사무엘이 백성을 다스리는 일에 있어서도 믿음으로 행했음을 알 수 있습니다. 정직하고 성실하게 행정을 해나가고, 말에도 실수가 없는 삶을 살았기에 사무엘은 이스라엘의 존경받는 지도자가 되었습니다(삼상 25:11).

시편 기자는 그의 기도생활은 응답받는 기도였다고 증언하고 있습니다(시 99:6). 그런가하면 역대기 기자는 그가 성전 관리를 위해서도 크게 기여를 한 사람이라고 기록합니다(대상 9:22). 이 모든 삶의 기본은 그의 믿음 생활에 있었던 것입니다. 사랑하는 성도 여러분! 사무엘처럼 믿음과 삶이 일치하는 성숙된 믿음 생활 하시기를 바랍니다.

· 함께 읽어요 : 사무엘상 15장 22절
"22 사무엘이 이르되 여호와께서 번제와 다른 제사를 그의 목소리를 청종하는 것을 좋아하심 같이 좋아 하시겠나이까? 순종이 제사보다 낫고 듣는 것이 숫양의 기름보다 나으니"

3. 하나님이 인정하는 지도자였습니다(렘 15:1)

사무엘은 하나님으로부터 이스라엘과 하나님 사이 중요한 중재자로서 인정받은 사람이었습니다. 예레미야 선지자는 과거 모세가 중보자의 역할을 잘 감당했다고 언급합니다. 거기에 사무엘도 그런 역할을 했다고 기록합니다(렘 15:1). 이스라엘 백성들이 사무엘에게 왕을 요구할 때에 그것을 자신의 실정에 대한 탄핵으로 받아들이고, 사무엘이 불쾌한 심기를 가졌던 때에도 하나님은 그에게 백성들이 사무엘을 반대하는 것이 아니라 하나님을 배반하는 것이라고 위로하십니다. 이는 하나님께서 사무엘을 인정하신다는 대목입니다. 하나님께 인정을 받으면 사람들에게 인정을 받지 못한다 해도 승리한 인생입니다. 사랑하는 성도 여러분! 사람의 인정을 받기보다는 하나님께 인정을 받는 삶을 살아가시기를 바랍니다. 하나님께 충성하세요. 임마누엘 하나님께서 함께 하십니다.

· 함께 읽어요 : 예레미야 15장 1절
"1 여호와께서 내게 이르시되 모세와 사무엘이 내 앞에 섰다 할지라도 내 마음은 이 백성을 향할 수 없나니 그들을 내 앞에서 쫓아 내 보내라."

정리하는 말

사랑하는 성도 여러분! 인물은 그냥 자라는 것이 아니라 기도와 눈물로 준비되어 키워나가는 것임을 알아야 합니다. 출애굽 전 애굽에서의 어둡고 침울한 시대에 모세를 세우심과, 사사 시대와 왕정 시대의 교차로에서 사무엘을 에브라임 산지, 두 아내를 가진 엘가나의 불안전한 가정에서 위대한 인물 사무엘을 준비하시고 계신 하나님의 놀라운 섭리를 기억하시기 바랍니다. 이 시대에 성도님들을 부르시고 세우셔서 소속된 곳, 기관이나 속회에서 일하게 하신 하나님께 감사드리시기 바랍니다.

평가와 결심

1. 사무엘 선지자의 위대한 점 첫째가 무엇입니까?
   (행 3:24, 메시야를 바라보는 신앙을 소유한 점)
2. 사무엘 선지자의 위대한 점 둘째가 무엇입니까?
   (히 11:32-34, 믿음으로 이기고, 공의를 행하고, 담대함)
3. 사무엘 선지자의 위대한 점 셋째가 무엇입니까?
   (렘 15:1, 하나님께 인정함을 받음)

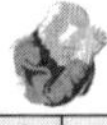

주간 경건의 시간 <17> · 날마다 말씀과 함께

요일 / 내용	주일/월(Mon)	화(Tue)	수(Wed)	목(Thu)	금(Fri)	토(Sat)
찬송	23동 / 25동	407 / 465	408 / 466	413 / 470	414 / 475	415 / 471
성경	삼상1:/삼상2:	삼상 3:	삼상 4:	삼상 5:	삼상 6:	삼상 7:
적용	엘가나의 아내/ 한나의 기도	사무엘을 부르심	망하는 엘리 가문	블레셋과 언약궤	언약궤 돌아옴	아비나답 집의 법궤

* 인간은 누구나 진보하지 않으면 퇴보한다. <에드워드 기본, 1737-1790, 영국 역사가>

5단원 가정 구원의 달

사울과 그의 가정

찬송 / 357, 358, 369 / 통 397, 400, 487
성경 / 사무엘상 10:15-27
요절 / 사무엘상 10:24
"사무엘이 모든 백성에게 이르되 너희는 여호와께서 택하신 자를 보느냐 모든 백성 중에 짝할 이가 없느니라하니 모든 백성이 왕의 만세를 외쳐 부르니라."
목표 / 하나님의 기대에 어긋난 개인과 가정 몰락함의 교훈을 배운다.

시작하는 말

사울의 가문은 이스라엘의 열두 아들 중 막내 지파인 베냐민 지파였습니다. 그러나 사울의 가문은 몰락한 지파 중에서도 뼈대 있는 집안에서 왕이 될 만한 자질, 집안 교육, 명문가의 가풍 등으로 이미 하나님으로부터 준비되어 오고 있었습니다. 외모도 잘 생겨 출중하고, 키가 큰 신체가 장골이었습니다. 사울(שׁאול)이란 이름의 뜻은 '요청하다'에서 나온 '요구', '요청'이란 의미를 갖고 있습니다. 하나님은 사울을 이스라엘 사사 시대에서 왕정 시대로 바뀌는 중대한 시기에 초대 왕으로 삼습니다.

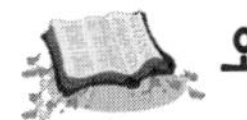

오늘의 말씀

1. 이스라엘의 왕이 되기 이전 사울입니다(삼상 9:1~5; 10:24~27)

사울은 베냐민 지파 사람 기스의 아들이었습니다. 베냐민 지파는 야곱의 막내아들의 후손 지파로서 이 지파에서 뒷날 바울이라 칭하는 사울이 나오기도 했습니다. 부친 기스 집안은 종과 나귀를 소유하고 그 가문이 부요한 지역 인사였습니다. 왕이 되기 전의 사울의 성품은 적어도 아버지의 명령을 따라 잃어버린 나귀를 찾으러 갔을 때 걱정하는 아버지의 심정까지 헤아리는 효심 깊고, 성실하고 예의 바른 인물이었습니다. 그는 준수하고 뛰어난 용모였습니다. 그럼에도 왕으로 기름부음 받았음에도 불구하고 겸손하고 인내심을 지닌 자였습니다.

부모의 명령에 최선을 다하는 사울의 발걸음은 마침 사무엘과 만나게 되는 계기를 얻습니다. 이는 사울을 향한 하나님의 인자하심이었습니다.

· 함께 읽어요 : 사무엘상 9장 2절

"2 기스에게 아들이 있으니 그의 이름은 사울이요 준수한 소년이라 이스라엘 자손 중에 그보다 더 준수한 자가 없고 키는 모든 백성보다 어깨 위만큼 더 컸더라."

2. 이스라엘 초대 왕 사울입니다(삼상 11:6~11; 13:11~12; 15:10~11)

사무엘은 지금까지 마지막 사사요, 선지자요, 제사장으로서 하나님의 신탁을 받은 대리인으로 이스라엘을 지도했었습니다. 당시 이스라엘은 블레셋의 압박을 받으면서 사무엘을 통한 하나님의 신정 정치(神政政治)를 거부했습니다. 여호와의 언약궤마저 블레셋과의 전쟁 와중에 블레셋 진영에 빼앗기고 없는데다 사무엘의 아들들의 실정으로 이스라엘 장로들은 사무엘에게 이방 나라들처럼 왕정 제도를 도입할 것을 촉구했습니다. 그리하여 주전 1020년경 사울은 이스라엘과 주변 시대 상황으로 말미암아 초대 왕으로 기름부음을 받았습니다. 선지자 사무엘을 통하여 왕으로 등극하게 된 그의 왕정 출발은 일단 하나님의 허락 하에 새 시대를 열게 된 것입니다. 왕으로 출발한 그의 초기 통치는 성공적이었습니다. 기질적으로 이스라엘을 괴롭히던 블레셋 군대를 퇴치하고, 암몬과 아말렉에 대해서도 응징을 가하여 이스라엘에게 새 용기와 국가적

자존심을 세워주었습니다. 초기 이스라엘 왕정의 이 같은 국가관의 고취, 단결력의 고양에 사울이 적격 인물이었기에 초대 왕으로 세우셨던 것입니다. 성도 여러분! 우리들에게도 이렇게 역사하십니다. 하나님의 마음에 들면 들어 쓰시사 당신의 인물을 적재적소에 파송하십니다.

· 함께 읽어요 : 사무엘상 11장 6, 11절

"6 사울이 이 말을 들을 때에 하나님의 영에게 크게 감동되매 그의 노가 크게 일어나 11 이튿날 사울이 백성을 삼 대로 나누고 새벽에 적진 한가운데로 들어가서 날이 더울 때까지 암몬 사람들을 치매 남은 자가 다 흩어져서 둘도 함께 한 자가 없었더라."

3. 말년에 사울은 철저히 몰락했습니다(삼상 16:14; 18:8~9; 31:3~6)

겸손으로 출발하여 성공적인 왕정에도 불구하고 재위 기간 중에 나타나기 시작한 사울의 몰락의 징후는 몇 가지 원인에서 기인합니다.

① 이전 질서의 대변자인 사무엘과의 불화, ② 권좌 생활에서 생긴 탐욕, ③ 다윗의 등장 등은 그의 몰락을 가져온 시작이자 귀결점들입니다.

겸손하고 성실했던 초기의 사울은 왕이 된 후 시간이 흐르면서 인내심 결여와 불순종이라는 면면들을 나타내기 시작했습니다.

특히 제사장 위치인 사무엘의 직무에 대한 침해는 양자 간의 갈등을 가져왔으며, 계속되는 경거망동은 하나님으로 하여금 그를 퇴위시키도록 하는 계획까지 초래했습니다. 더구나 다윗에 대한 질투와 권력에의 애착은 마침내 그를 무당과도 접촉하게 만들었고, 끝내는 길보아 산 전투에서 아들 요나단, 아비나답, 말기수아가 죽고 사울은 적군의 화살을 맞은 상태에서 그는 자결함으로 생을 마쳤습니다.

· 함께 읽어요 : 사무엘상 31장 6절

"6 사울과 그의 세 아들과 무기를 든 자와 그의 모든 사람이 다 그날에 함께 죽었더라."

정리하는 말

이스라엘의 사사 시대와 왕정 시대를 이어 초대 왕으로 세움 받았던 사울 왕은 하나님의 신이 떠나간 후 악신이 그를 번뇌케 했고, 불순종으로 하나님께 버림을 받았습니다. 하나님의 법을 어기고 욕심으로 살아가던 그는 하나님께 기름을 받았더라도 범죄의 대가로 적군의 화살에 맞아 중상을 입고 이방인에 의해 죽는 수치를 받지 않기 위해 병기 든 소년에게 자신을 죽여 달라 합니다만 거절당하여 자결했습니다. 이스라엘 초대 왕 사울의 시대는 막을 내리고, 하나님께 택함을 받은 다윗의 시대가 도래 하게 됩니다. 초지일관 겸손하고 순종하시기를 바랍니다.

평가와 결심

1. 이스라엘 왕이 되기 전 사울은 어떤 사람이었습니까?
   (삼상 10:24-27, 겸손했고 인내심이 많았으며 효심이 강했음)
2. 이스라엘 초대 왕 사울의 치적은 어떠했습니까?
   (삼상 11:6-11, 국가의 자존심 세움, 국가관의 고취, 단결력 고양)
3. 사울왕의 말기의 몰락의 원인은 무엇이었습니까?
   (삼상 31:6, ① 사무엘과 불화 ② 권좌에서의 탐욕 ③ 다윗의 등장)

주간 경건의 시간 <18> · 날마다 말씀과 함께

요일 / 내용	주일/월(Mon)	화(Tue)	수(Wed)	목(Thu)	금(Fri)	토(Sat)
찬송	73동 / 74동	313 / 352	314 / 511	315 / 512	325 / 359	317 / 353
성경	삼상8:/삼상9:	삼상 10:	삼상 11:	삼상 12:	삼상 13:	삼상 14:
적용	사무엘 아들들/ 사울과 사무엘	사울이 왕으로 뽑힘	암몬 족속 치다	사무엘의 가르침	사무엘이 사울 책망	제사에 대한 규례

* 진리는 가장 진실한 시기다. < A. 카울리, [데비데이즈] >

5단원 가정 구원의 달

이스라엘 둘째 왕 다윗

찬송 / 341, 342, 357 / 통 367, 395, 397
성경 / 사무엘하 2:1-7
요절 / 사무엘하 2:4 상반절
"유다 사람들이 와서 거기서 다윗에게 기름을 부어 유다 족속의 왕으로 삼았더라."
목표 / 다윗 왕처럼 하나님의 사랑을 극진히 받는 성공의 비결을 배운다.

시작하는 말

다윗은 이새의 여덟 번째 아들로서 아브라함의 14대 손이기도 합니다. 그의 이름 '다윗'(דוד : 다위드)은 '하나님에게서 사랑을 받는 자'라는 뜻을 지니고 있습니다. 다윗은 그의 이름의 뜻대로 일생을 하나님의 극진한 사랑 속에 살다간 신앙의 인물이었습니다. 그러기에 마태복음 첫 장 첫 절에서 "아브라함과 다윗의 자손 예수 그리스도의 계보라"라고 밝히고 있습니다. 목동으로 출발을 해서 이스라엘의 둘째 왕이 되어 역사에 길이 남은 다윗의 인생의 족적을 살펴봄으로써 하나님의 극진한 사랑을 받는 비결과 특별한 교훈이 무엇인가를 살펴보겠습니다.

오늘의 말씀

1. 하나님의 택하신 왕 다윗입니다(삼하 2:1-4)

다윗은 인물 됨됨이가 매우 준수했습니다. 하나님의 택하심을 받은 다윗은 하나님의 사람 사무엘로부터 왕이 되도록 기름부음을 받았습니다. 당시의 다윗은 여호와의 신에 크게 감동되어 있었습니다(삼상 16:12-13). 왕으로서 기름부음을 받았지만 사울 왕의 생전에 왕으로 즉위하지 않았습니다. 사울 왕으로부터 갖은 핍박과 수모를 당하면서 생명의 위협까지 받았지만 참고 견딤으로써 성왕(聖王)이 되도록 하는 밑거름으로 삼았습니다(삼상 16:1-7). 그래서 성경에서 유일하게 그는 '하나님의 마음에 합한 자'라는 평가를 받았습니다(행 13:22). 그는 헤브론에서 7년간 유다를 다스리고, 이스라엘 전체 왕이 되어 수도를 예루살렘으로 옮기고 40년간 국토를 확장시키고 선정을 베풀었습니다.

· 함께 읽어요 : 역대상 12장 38절
"이 모든 군사가 전열을 갖추고 다 성심으로 헤브론에 이르러 다윗을 온 이스라엘 왕으로 삼고자 하고 또 이스라엘의 남은 자도 다 한 마음으로 다윗을 왕으로 삼고자 하여"

2. 다윗에게도 옥의 티가 있었습니다(삼하 11:2-4)

이스라엘 전체의 왕이 되어 예루살렘에서 12년간 통치하니 나라는 정치적, 경제적으로 안정을 누리게 되었습니다. 타고난 지도력과 신앙에의 경건성 모두를 지니고 있던 다윗은 이 통치의 안정기에 충신 우리아의 아내를 범하고 이 죄를 은폐하려고 그를 전장 최전방에 보내 적에게 죽게 했습니다. 그는 간음죄도 부족해 살인죄까지 연쇄적으로 저지르고 말았습니다(삼하 11장). 이때 나단 선지자의 호된 책망을 들은 다윗은 자신의 잘못을 깨닫고 밤마다 침상을 적시며 눈물로 회개를 했습니다. 응당 받아야 할 하나님의 심판의 선고를 받아드렸습니다. 이로 인해 집안에 칼이 떠나지 아니해 유혈의 참극을 겪어야 했고, 아내들이 백주에 간음을 당하는 수모를 겪어야 했습니다.

· 함께 읽어요 : 사무엘하 12장 10절

"10 이제 네가 나를 업신여기고 헷 사람 우리아의 아내를 빼앗아 네 아내로 삼았은즉 칼이 네 집에서 영원토록 떠나지 아니하리라 하셨고"

3. 다윗은 그리스도의 조상의 계보에 올랐습니다(마 1:1; 렘 23:5-6)

인간으로서 다윗이 범죄 했음에도 불구하고 하나님은 그의 씨를 통하여 영원한 왕 곧 메시야를 내실 것이라는 당신의 약속을 이루어 나가셨습니다. 그리스도는 다윗의 후손이요, 아브라함의 42대 손이 됩니다. 다윗은 오실 그리스도의 왕적 특성을 상징하는 인물로서 계시록에서는 예수가 곧 다윗이요, 다윗이 곧 예수라는 사실로 동일시되기도 합니다(계 22:16).

다윗은 왕으로서 기름부음을 받아서 왕으로 등극하기까지 그가 겪어야 했던 수난은 말로 다 표현하지 못할 정도로 심했습니다. 그러나 인내하고 기름부음 받은 사울을 하나님께서 기름 부어 세우신 이스라엘의 왕으로서 존경하고 사랑했습니다. 또한 요나단과의 언약을 잊지 않고 신실하게 지켰습니다. 다윗은 사람과 하나님 앞에서 언제나 경건하고 신실한 신앙인이었던 것입니다. 이스라엘 왕으로 세우신 하나님께서 그와 함께 하심으로 다윗의 왕권은 더욱 강성해졌습니다. 다윗 왕국의 강성해짐은 하나님의 은혜였습니다. 다윗 왕국은 장차 이루어질 그리스도의 왕권과 그의 나라를 예표 합니다. 다윗은 하나님의 공평과 의로 다스림으로 강성해졌습니다. 그러한 다윗의 왕권을 그 자손에게 영원히 소유케 하겠다고 언약하셨는데, 이 언약은 그리스도의 영원한 왕권을 의미합니다. 성도는 그리스도의 나라에서 영원한 생명을 누리게 될 것입니다. 여러분들 모두 새 예루살렘에서 그리스도의 왕권을 함께 누릴 수 있기를 바랍니다.

· 함께 읽어요 : 역대상 11장 5절

"5 여부스 원주민이 다윗에게 이르기를 네가 이리로 들어오지 못하리라하나 다윗이 시온 산 성을 빼앗았으니 이는 다윗 성이더라."

정리하는 말

성도 여러분! 다윗은 법궤를 예루살렘으로 옮겨오다가 웃사가 죽음으로 오벧에돔의 집에 보내졌다가 두 번째 옮겨왔습니다. 왜냐하면 성전을 건축하고, 법궤를 성전에 안치시키고 싶었기 때문입니다. 그러나 하나님은 다윗에게 성전 건축 재료만 준비하게 하고 건축은 솔로몬에게 허락하셨습니다. 사랑하는 성도 여러분! 그리스도의 계보에 오른 다윗처럼 하나님을 향한 뜨거운 열심과 사랑으로 살아가시기 바랍니다.

평가와 결심

1. 사울 왕의 뒤를 이어 누가 왕위에 올랐습니까?
   (삼하 2:1-4, 이새의 여덟 째 아들 다윗)
2. 다윗의 큰 실수가 무엇입니까?
   (삼하 11:1-5, 우리아의 아내 밧세바를 범함)
3. 다윗이 누구의 계보에 올랐습니까?
   (마 1:1, 메시아이신 예수 그리스도의 계보)

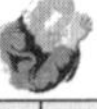

주간 경건의 시간 <19> · 날마다 말씀과 함께

요일 / 내용	주일/월(Mon)	화(Tue)	수(Wed)	목(Thu)	금(Fri)	토(Sat)
찬송	83동 / 86동	446 / 500	449 / 377	450 / 376	451 / 504	452 / 505
성경	삼상16/삼상17:	삼상 18:	삼상 19:	삼상 20:	삼상 21:	삼상 22:
적용	베들레헴 이새 / 골리앗 다윗	사울의 시기 다윗	요나단의 온정	다윗과 요나단	도망하는 다윗	아둘람 굴

* 개종 정신과 진리에 대한 사랑과는 불가분의 관계이다. <조지 포스터, d. 1792, 영국 여행가>

5단원 가정 구원의 달

제20과

지혜의 왕 솔로몬

찬송 / 250, 249, 254 / 통 182, 249, 186
성경 / 역대하 1:1-13
요절 / 역대하 1:1
"1 다윗의 아들 솔로몬의 왕위가 견고하여 가며 그의 하나님 여호와께서 그와 함께 하사 심히 창대하게 하시니라."
목표 / 솔로몬의 성전 건축, 순종의 삶을 배우도록 한다.

시작하는 말

이스라엘 왕국은 초대 왕 사울, 다윗, 솔로몬으로 이어지는 통일 왕국을 이루었습니다. 그 후에는 남북의 분열 왕국 시대를 맞습니다. 솔로몬은 이스라엘의 셋째 왕이자 동서고금에서 지혜로운 임금이기도 합니다. 그의 이름 솔로몬(שלמה: 쉘로모)의 뜻은 '평화'라는 의미를 지니고 있습니다. 그는 '하나님의 사랑을 받는 자'라는 뜻의 '여디디야'라는 별명을 가지고 있기도 합니다. 가장 큰 업적은 부왕 다윗이 피를 많이 흘렸기에 그를 배제하고 선왕 다윗 대에 모여진 많은 금은보화, 그리고 자신이 마련한 건축 재료들로 웅장한 성전 건축을 하고 봉헌합니다.

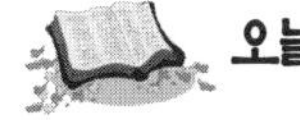

오늘의 말씀

1. 솔로몬은 성전을 건축한 왕입니다(왕상 6:37-38)

인류를 창조하신 하나님께서는 에덴동산에 인류를 두시고, 그곳 자체가 성소가 되어 하나님께서 임재 하시어 인간과 함께하시는 장소가 되도록 하셨습니다. 불순종으로 에덴동산에서 쫓겨나 인간은 제단을 통해 하나님께 제사지내며 여호와의 이름을 부르고 예배함으로써 하나님과 교통하다가, 광야 생활을 마치고 가나안에 들어가 안정된 왕정 생활을 하게 되자 다윗은 왕궁에 거하면서 초라한 성막을 보며, 그의 요청에 의한 응답으로 그의 아들 솔로몬을 통해 성전 건축을 하게 했습니다.

솔로몬 성전은 그 어느 시대 성전보다 웅장하고 아름다운 것이었습니다. 봉헌식 때 하나님의 영광의 찬란함이 나타났습니다. '평화'라는 이름을 가진 솔로몬은 성전 건축의 적격자로 그의 임무를 완성했습니다.

· 함께 읽어요 : 열왕기상 6장 38절

"38 열한째 해 불월 곧 여덟째 달에 그 설계와 식양대로 성전 건축이 다 끝났으니 솔로몬이 칠 년 동안 성전을 건축하였더라."

2. 솔로몬은 지혜를 구한 왕입니다(왕상 3:11-12)

솔로몬 왕의 또 다른 중요한 특징은 그가 전에도 후에도 없었던 지혜의 사람이라는 데 있었습니다. 그는 왕이 된 후 기브온 산당에서 일천 번제를 드리고서 밤에 꿈을 꾸었습니다. 그때 하나님께서 나타나셔서 "네가 무엇이든지 구하라"고 했습니다. 그때 솔로몬은 "종은 작은 아이라 출입할 줄을 알지 못하고 백성은 많아 셀 수도 기록할 수도 없사오니 듣는 마음을 종에게 주사 주의 백성을 재판하여 선악을 분별하게 하옵소서"(왕상 3:9)라고 구하매 그 말씀이 하나님의 마음에 들었습니다. 솔로몬은 잠언 3천과 노래 일천 다섯을 만들었다고 합니다. 그 일부인 잠언이나 전도서, 아가, 시편의 일부(참조 72편, 127편 등)를 통해 알 수 있습니다. 솔로몬은 자기의 연약함을 강조하며 지혜를 구했듯이 성도 여러분들도 세상을 살아나가는 삶의 지혜를 구하셔서 부하고 복되고, 영화를 누리시며 살아가시기를 바랍니다.

· 함께 읽어요 : 열왕기상 3장 9절

"9 누가 주의 이 많은 백성을 재판할 수 있사오리이까? 듣는 마음을 종에게 주사 주의 백성을 재판하여 선악을 분별하게 하옵소서."

3. 솔로몬은 강성한 왕국을 이룬 왕이었습니다(왕상 9:17-19)

형제였지만 반대파요, 정적이었던 아도니야의 세력을 물리치고 왕위에 오른 솔로몬은 이스라엘 왕국의 전 역사에 가장 융성한 통일 왕국을 이룬 왕이었습니다. 성전과 왕궁을 20년 만에 건축한 것 외에도 밀로와 예루살렘 성과 하솔과 므깃도와 게셀에 성과 요새를 건축했으며, 많은 국고성과 병거 성들, 마병의 성들을 건축하고 그 땅에 남아있던 자손들을 노예로 삼기도 했습니다. 또한 오빌의 금을 가져와 솔로몬의 시대는 은이 귀하지 않았고, 금을 많이 사용했던 유일한 시대였습니다.

또한 솔로몬은 국가의 영토를 과거 하나님이 이스라엘을 위해 주기로 약속하신 곳을 거의 다 차지하는 군사적 성과를 이루기도 하여, 이스라엘 전 역사에 있어 가장 넓은 영토를 다스렸습니다. 그래서 솔로몬 왕은 지혜와 함께 부귀영화를 통해 세계적인 명성을 얻게 되었습니다(왕상 4:29-34).

결국 그의 이러한 국가의 부강은 한편으로 외국과의 통혼을 통한 화해 정책과 외국과의 풍성한 교역에 기인하기도 합니다. 그러나 그의 말년에 남쪽 유다는 르호보암이, 북쪽 이스라엘은 여로보암이 다스리는 비참한 형국을 경험하게 되는데, 이는 그의 삶의 부정적인 요인이기도 합니다.

· 함께 읽어요 : 열왕기상 10장 7-8절

"7 내가 그 말들을 믿지 아니하였더니 이제 와서 친히 본즉 내게 말한 것은 절반도 못되니 당신의 지혜와 복이 내가 들은 소문보다 더하도다. 8 복 되도다 당신의 사람들이여! 복 되도다 당신의 이 신하들이여! 항상 당신 앞에 서서 당신의 지혜를 들음이로다."

정리하는 말

사랑하는 성도 여러분! 솔로몬 왕은 그 지혜가 출중한 왕이었습니다. 더구나 그것이 하나님의 은사로 주어진 것이었다는 점에서 그 가치가 빛이 납니다. 하나님은 자기를 낮추며 자기 백성을 잘 다스리기 위하여 지혜를 달라고 구하는 솔로몬에게 그 지혜를 주셨고, 또한 그 외에 다른 모든 부와 영광도 풍성하게 주셨습니다. 성도 여러분들에게도 삶 가운데, 이러한 하나님의 지혜의 문이 열려 지시기를 소망합니다.

평가와 결심

1. 솔로몬 왕의 가장 큰 업적은 무엇입니까?
   (왕상 6:37-38, 예루살렘 성전 건축한 일)
2. 솔로몬의 장점이자 강점이 무엇이었습니까?
   (왕상 3:6-13, 겸손히 백성을 다스리기 위한 지혜를 구한 일)
3. 솔로몬의 위대한 일반적인 치적이 무엇입니까?
   (왕상 9:17-19, 왕궁과 국고 성, 병거 성 및 요새 건축과 부국강병)

주간 경건의 시간 <20> · 날마다 말씀과 함께

요일 / 내용	주일/월(Mon)	화(Tue)	수(Wed)	목(Thu)	금(Fri)	토(Sat)
찬송	88동 / 93동	266 / 200	320 / 350	336 / 383	370 / 455	388 / 441
성경	왕상3:/왕상4:	왕상 5:	왕상 6:	왕상 7:	왕상 8:	왕상 9:
적용	솔로몬 왕비 / 솔로몬 신하들	성전 건축 준비	솔로몬의 성전건축	솔로몬의 궁전 건축	언약궤 옮김, 연설	솔로몬의 교역

* 진리는 지하실에서 살고, 오류는 문 앞 층대에서 산다.

<오스틴 오말리, 1858-1932, 미국 안과 의사>

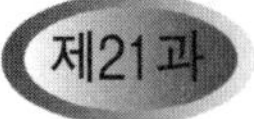

르호보암과 여로보암

찬송 / 214, 215, 216 / 통일 349, 354, 356
성경 / 열왕기상 11:26-43
요절 / 열왕기상 11:31
"여로보암에게 이르되 너는 열 조각을 가지라 이스라엘 하나님 여호와의 말씀이 내가 이 나라를 솔로몬의 손에서 찢어 빼앗아 열 지파를 네게 주고"
목표 / 솔로몬의 죄에 대한 심판을 통해 하나님의 경고하심을 알게 한다.

시작하는 말

여러분! 이스라엘의 셋째 왕인 솔로몬은 그 높은 지위, 그 놀라운 지혜, 그 헤아릴 수 없는 부귀와 영화를 생각할 때, 세상 유혹을 저버리고 하나님을 잊지 않는다는 것은 어려운 일입니다. 사람들은 그의 소유한 것만을 생각하나 그 같은 영화가 솔로몬을 타락하게 한 원인이 되기도 했습니다. 부귀영화를 한 몸에 받고도 이방 여인들을 대려다 그들과의 통혼정책 때문에 들여온 우상 숭배의 온상을 막을 길이 없었습니다. 40년간 통치했으나 그의 범죄의 결과 결국 나라는 남북으로 갈라졌습니다.

오늘의 말씀

1. 통일 왕국이 쇠퇴한 원인이 있었습니다(왕상 11:9~13, 29~33)

여로보암은 원래 천민 출신이었으나 충성스럽게 봉사하고 행동했기 때문에 주목을 받고 지위가 높아진 사람이었습니다. 선지자 아히야는 그의 새 옷을 열 두 조각으로 찢고 여로보암에게 열 조각을 취하라고 합니다. 여호와의 말씀이 이 나라를 솔로몬의 손에서 찢어 빼앗아 열 지파를 네게 주고, 하나님의 종 다윗을 위하여 한 지파를 솔로몬에게 주리니, 이는 저희가 여호와를 버리고, 시돈 사람의 여신 아스다롯과 모압의 신 그모스와 암몬 자손의 신 밀곰을 숭배하며, 여호와의 말씀을 버리고 다윗의 행함 같지 아니하여 정직한 일과 여호와의 법도와 율례를 행치 아니함이었다고 했습니다(왕상 11:29~33). 그 결과 아히야 선지자의 말씀대로 왕국이 분열되었습니다. 권력과 돈 있는 자들은 겸손히 정의에 입각하여 살아야 합니다. 선지자들의 경고에도 불구하고 이스라엘의 종교적인 배신은 결국 하나님의 심판을 받아 왕국 멸망의 원인이 되었습니다.

· 함께 읽어요 : 열왕기상 11장 33절

"33 이는 그들이 나를 버리고 시돈 사람의 여신 아스다롯과 모압의 신 그모스와 암몬 자손의 신 밀곰을 경배하며 그의 아버지 다윗이 행함 같지 아니하여 내 길로 행하지 아니하며 나 보기에 정직한 일과 내 법도와 내 율례를 행하지 아니함이니라."

2. 지은 죄로 인하여 나라가 분열하게 되었습니다(왕상 12:1~5)

이스라엘 백성들은 스스로는 알지 못했지만 그들은 하나님의 크신 계획을 수행하고 있었습니다(왕상 11:29~33). 하나님께서는 솔로몬이 하나님의 명확한 명령을 거역하는 것을 묵인하실 수 없었습니다. 솔로몬 때에 분열된 나라는 거의 3천년 동안이나 계속 분리 상태에 있을 것이며, 분열된 원인은 죄 때문이었습니다. 주님 오시면 통합될 것입니다.

르호보암이 왕위에 오르자 백성들은 솔로몬의 통치하에 부과되었던 과중한 짐을 가볍게 해 달라고 요구하지만 그 요구를 묵살합니다. 결국 여로보암과 그를 좇는 열 지파의 북 이스라엘과 다윗 왕조를 따르는 남유다로 갈라지게 됩니다. 분열 왕국의 전기 역사는 북왕국이나 남왕국 모두 하나님의 말씀을 저버리고 우상 숭배에 빠짐으로서 배교의 길로 들어서게 되었습니다. 솔로몬의 불순종을 징계하는 도구로 세워진 여로보암을 시작으로 북 이스라엘은 말씀을 거스르고 노골적으로 악을 행했으며 다윗 왕조로 이어지는 유다 역시 일시적으로 영적 개혁을 이루기도 했지만 근본적으로는 하나님을 거스르는 길에서 벗어나지 못했습니다. 이러한 비극적 역사는 인간의 죄악성과 더불어 죄를 지적 받고 심판을 당해도 스스로 영적 변화를 이루지 못하는 인간의 한계를 보여 줍니다.

· 함께 읽어요 : 열왕기상 11장 38절

"38 네가 만일 내가 명령한 모든 일에 순종하고 내 길로 행하며 내 눈에 합당한 일을 하며 내 종 다윗이 행함같이 내 율례와 명령을 지키면 내가 너와 함께 있어 내가 다윗을 위하여 세운 것같이 너를 위하여 견고한 집을 세우고 이스라엘을 네게 주리라."

3. 엘리야와 엘리사의 사역이 있습니다(왕상 17:~22; 왕하2:1-2:2)

엘리야 선지자는 하나님께서 사악한 왕 아합과 우상 숭배하는 이스라엘을 치기 위해 보내신 하나님의 '불덩어리'였습니다. 엘리야란 '여호와는 나의 하나님'이란 뜻입니다. 그의 불굴의 정신, 정열, 갈멜 산에서의 승리, 그의 깊은 절망, 회오리 바람을 타고 하늘로 들어 올려진 영광의 환희, 신약성경에는 변화 산상에서 예수님과 모세와 함께 출현했습니다.

심판과 율법과 준엄하고 불같은 엘리야 선지자에 비해 엘리사 선지자는 은혜와 사랑과 온유로 자비스럽게 일했습니다. 악한 왕후 이세벨에 의해 들어온 바알 숭배는 30년 후 엘리야와 엘리사, 그리고 예후 등에 의해서 끊어지게 되었습니다.

· 함께 읽어요 : 열왕기하 1장 12절

"12 엘리야가 그들에게 대답하여 이르되 내가 만일 하나님의 사람이면 불이 하늘에서 내려와 너와 너의 오십 명을 사를 지로다 하매 하나님의 불이 곧 하늘에서 내려와 그와 그의 군사 오십 명을 살랐더라."

정리하는 말

여러분! 남쪽 유다는 그래도 여호와 유일 신앙을 지켰지만 북쪽 이스라엘은 두 금송아지를 만들어 벧엘과 단에 두고, 애굽에서 인도한 신이라면서 백성들이 예루살렘에 올라가지 못하도록 산당을 짓고, 백성으로 제사장을 삼고, 8월 15일로 절기를 삼아 제사를 드렸습니다. 결과 북 이스라엘은 유다보다 먼저 주전 722년 앗수르에 망하고 말았습니다. 유다는 다윗을 생각하사 조금 더 존속케 하시다가 주전 586년 바벨론에 포로 잡혀가 처참한 생활로 이어집니다. 그들은 훗날 다시 돌아와 재건을 합니다.

평가와 결심

1. 강성했던 통일 왕국의 쇠퇴 원인이 무엇입니까?(왕상 11:9-13, 33)
   (여호와 유일신앙을 버리고 이방신들을 섬긴 우상숭배의 결과임)
2. 지은 죄의 결과는 무엇이었습니까?(왕상 11:26~40, 남북 왕국분열)
3. 가장 나라가 어려울 때 누구를 보냈습니까?(왕상 17:~22, 왕하 2:)
   (위대한 선지자 엘리야와 엘리사를 보내셨음)

주간 경건의 시간 <21> · 날마다 말씀과 함께

요일 / 내용	주일/월(Mon)	화(Tue)	수(Wed)	목(Thu)	금(Fri)	토(Sat)
찬송	73동 / 74동	208 / 246	209 / 247	210 / 245	211 / 346	212 / 347
성경	왕상10:/왕상11:	왕상 12:	왕상 13:	왕상 14:	왕상 15:	왕상 16:
적용	스바 여왕 / 통일왕국분열	세겜 회의	벧엘 제단 무너짐	여로보암의 운명	아비얌의 통치	바아사에 대한 예언

* 계획은 사람이 하지만 이루는 이는 하나님이시다. <영·미 격언>

제22과

학사 제사장 에스라

찬송 / 374, 375, 378 / 통 423, 421, 430
성경 / 에스라 7:1-13
요절 / 에스라 7:10
"에스라가 여호와의 율법을 연구하여 준행하며 율례와 규례와 이스라엘에게 가르치기로 결심하였더라."
목표 / 포로귀환 이후 성전재건과 에스라의 사역을 알게 한다.

시작하는 말

오늘은 에스라서를 공부하게 됩니다. 고대 근동 역사에서 바벨론을 멸망시킨 바사의 고레스 왕은 칙령을 내려 이스라엘을 포로에서 해방시켜 귀환시킵니다. 역사적으로 보면 고레스라는 인물이 부각됩니다. 그러나 성경은 이사야 선지자의 예언에 보면 "여호와께서 '그의 기름을 받은 고레스'에게 이같이 말씀하시되 내가 그의 오른 손을 붙들고 그 앞에 열국을 항복하게 하며 내가 왕들의 허리를 풀어 그 앞에 문들을 열고 성문들이 닫히지 못하게 하리라"(사 45:1)고 했습니다. 역사의 주관자는 여호와 하나님이심을 깨달으시기 바랍니다.

오늘의 말씀

1. 포로 귀환의 지도자는 에스라였습니다(스 7:1-10)

에스라는 바벨론의 포로로 끌려간 스라야의 아들로 사독 계열의 제사장입니다. 그는 율법에 정통한 서기관으로서 2차 포로 귀환 때에 유대 백성을 이끌고 예루살렘으로 귀환한 지도자 중 한 사람입니다. 그는 포로시대에 살면서도 모세의 율법에 익숙한 학자였기에 유다 백성이 포로가 될 수밖에 없었던 이유를 잘 알았고, 유다가 다시 회복할 길이 무엇인가를 잘 알았습니다. 그는 율법을 가르쳐 유다 백성들의 죄를 회개시키는 데 앞장섰습니다. 그는 이방 왕에게 신임을 얻어 그가 구하는 것을 다 받는 자였습니다. 하나님의 법을 좇아 신실하고 정직하게 행했기 때문에 하나님도 왕도 그를 통하여 유다 백성들을 고국으로 귀환시켜 백성을 바른 길로 인도하며 성전 재건 사업을 이룰 수 있었던 것입니다.

· 함께 읽어요 : 에스라 7장 6절

“6 이 에스라가 바벨론에서 올라왔으니 그는 이스라엘 하나님 여호와께서 주신 모세의 율법에 익숙한 학자로서 그의 하나님 여호와의 도우심을 입음으로 왕에게 구하는 것은 다 받는 자이더니”

2. 에스라는 종교 개혁을 주도했습니다(스 10:1-17)

에스라서는 바벨론에서의 1차 귀환(1~2장)과, 2차 귀환(7~8장) 및 그 시기에 있었던 성전재건과 예배의 회복(3~5장)을 다루고 있습니다.

에스라는 포로 귀환으로 예루살렘에 거하는 유다 백성이 하나님의 법을 어기고 이방 족속들과 통혼하여 그들의 딸들을 아내로 취함으로써 하나님 앞에 범죄 했음을 알고는 옷을 찢으며 회개했습니다. 에스라는 하나님께 유다 백성의 죄악을 고하며 마치 자기 자신이 지은 죄같이 통회하며 자복했습니다. 에스라가 회개할 때에 온 유다 백성이 에스라와 함께 통곡하며 회개했습니다. 에스라는 이방인의 딸을 아내로 맞이한 자들에게 그 여인들을 돌려보낼 것을 명했습니다. 유다 백성은 에스라의 명을 좇아 그와 같이 행했습니다. 이로써 에스라는 유다 백성 가운데 있는 죄악을 제하는 종교 개혁을 성공적으로 수행했습니다. 유다 백성이 그와 같이 범죄를 저지른 것은 하나님의 법에 대한 무지 때문이었습니다.

에스라는 무지한 유다의 죄악을 깨우치고 솔선수범하여 회개함으로써 유다의 죄악을 회개시켰던 것입니다. 사랑하는 성도 여러분! 메시지 중에 회개의 메시지처럼 소중하고 귀한 것은 없습니다. 하나님의 말씀은 영혼의 치료의 영약입니다. 육신 건강 회복의 길입니다. 에스라는 율법에 정통한 학사로서 대제사장 아론의 16대 손이었습니다. 에스라의 예루살렘 귀환은 B.C. 458년의 일입니다. 따라서 6장과 7장 사이에는 568년간의 간격이 있었음을 알 수 있습니다. 아닥사스다 왕(B.C. 464~424년, 4:7)이 이스라엘의 신앙 부흥을 위해 보내어 예루살렘으로 귀환했습니다. 한편 성전 완공 해인 B.C. 516년 이후 유다에서 발생한 사건에 대해서는 잘 알 수 없으나 스가랴서와 말라기서가 이 시기의 사건들을 기록하고 있으며, 이때 바사에서 에스더 사건이 발생했습니다(에 1:1).

· 함께 읽어요 : 에스더 1장 1절

"1 이 일은 아하수에로 왕 때에 있었던 일이니 아하수에로는 인도로부터 구스까지 백이십칠 지방을 다스리는 왕이라."

3. 에스라의 율법 교육과 부흥회가 있었습니다(스 7:10; 10:1~15)

에스라는 바벨론을 떠나 팔레스타인까지 약 1,440km의 여행길을 오는 동안 모든 난관을 금식을 통한 신앙 무장으로 이겨냈고, 평탄케 하시는 하나님의 도우심으로 무사히 예루살렘에 도착할 수 있었다고 고백합니다(8:21~23). 율법에 능통한 자로서 포로에서 귀환한 유다 백성에게 율법을 가르쳤습니다. 이방 포로생활 때문에 유다 백성은 율법에 대해 체계적인 교육을 받지 못했습니다. 백성들은 율법을 배우고 나서 자신들의 죄악을 깨닫고 통곡했습니다. 이와 같이 하나님의 말씀은 죄인에게 죄를 깨닫게 하고 회개시키는 능력이 있습니다. 에스라는 그때가 여호와의 절기이므로 백성에게 울음을 그치게 하고 초막절을 지키도록 명했습니다. 유다 백성은 참으로 오랜만에 초막절을 지킴으로써 하나님께서 조상들에게 베풀어 주신 구원의 은혜를 상기하게 되었습니다.

정리하는 말

사랑하는 성도 여러분! 북 이스라엘은 앗수르에 멸망해서 영영 조국으로 돌아오지 못했습니다. 그러나 남 유다는 바벨론에게 포로 되었지만 다시 그들은 메대와 바사에 정복되었습니다. 유대 백성들은 바사 왕 고레스의 칙령으로 조국으로 돌아오게 되었습니다. 학사이며 제사장이었던 에스라는 돌아온 자들의 율법 교육과 부흥 운동을 주도했습니다. 여러분! 하나님이 기뻐하시는 율법을 지키며, 순종하시기를 바랍니다.

평가와 결심

1. 2차 귀환 때 이스라엘 백성들의 지도자는 누구였습니까?
   (스 7:1, 학사 겸 제사장이었던 에스라)
2. 지도자 에스라의 인물은 어떤 사람이었습니까?
   (스 7:5-6, 에스라는 율법에 정통한 학사로서 대제사장 아론의 16대 손)
3. 고국에 돌아 온 지도자 에스라가 어떤 일을 하였습니까?
   (스 7:10, 10:1-15, 율법교육과 부흥회)

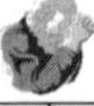

주간 경건의 시간 <22> · 날마다 말씀과 함께

요일 / 내용	주일/월(Mon)	화(Tue)	수(Wed)	목(Thu)	금(Fri)	토(Sat)
찬송	83동 / 87동	438 / 495	442 / 499	430 / 456	429 / 489	445 / 502
성경	스 1: / 스 2:	스 3:	스 4:	스 5:	스 6:	스 7:
적용	고레스 원년 / 포로 귀환 길	귀환자 명단	사마리아인 방해	전 건축 시작	성전 재건	에스라 일행

* 진리는 그렇게 절박한 태도를 취하지 않는다. <브왈로, 『시작법』 중에서>

6단원 이웃 돌봄의 달

느헤미야의 구국 기도

찬송 / 195, 202, 361 / 통 175, 241, 480
성경 / 느헤미야 1:1-11
요절 / 느헤미야 1:11
"주여 구하오니 귀를 기울이사 종의 기도와 주의 이름을 경외하기를 기뻐하는 종들의 기도를 들으시고 오늘 종이 형통하여 이 사람 앞에서 은혜를 입게 하옵소서 하였나니 그 때에 내가 왕의 술 맡은 관원이 되었느니라."
목표 / 느헤미야의 헌신적인 예루살렘 성곽재건과 영적부흥 비결을 배운다.

시작하는 말

느헤미야(נחמיה)의 이름 뜻은 '하나님이 위로하신다'는 뜻입니다. 포로 귀환 시대에 예루살렘을 재건하려는 당시의 분위기를 반영합니다. 본서의 주제는 '예루살렘 성곽 재건과 이스라엘 백성들의 영적 부흥 운동'입니다. 느헤미야가 예루살렘 귀환을 서두른 이유는 훼파된 예루살렘 성을 중건하기 위해서였고, 때는 B.C. 445년 11, 12월경입니다. 이는 에스라 귀환 후 13년 후입니다.

오늘의 말씀

1. 느헤미야는 제국의 술 관원이 되었습니다(느 1:11; 5:14~19)

느헤미야는 바사 제국 아닥사스다 왕의 술 관원이었습니다. B.C. 464~424 기간 동안 제국 왕위에 있던 아닥사스다 1세의 겨울 궁전에서 왕의 술잔을 드는 지위에 올랐습니다(느 1:1~7). 느헤미야는 이 직분을 십분 활용하여 왕의 신임을 얻고, 권력자에 가까운 신분을 누리게 되었습니다(느 12:27~13:31). 술 관원은 왕이 마시기 전 시음함으로 왕을 살해하려는 해를 입을 것을 사전에 방지하려는 직책이므로 왕과 가장 신임을 얻는 자로 그 직임을 감당하게 했습니다. 실제로 느헤미야는 왕의 깊은 신임을 얻고 있었으며, 고국의 훼파된 성곽 재건의 열망을 왕께 고하여 유다 지역 총독으로 임명을 받도록 허락을 받았습니다.

· 함께 읽어요 : 느헤미야 2장 7절
"내가 또 왕에게 아뢰되 왕이 만일 좋게 여기시거든 강 서쪽 총독들에게 내리시는 조서를 내게 주사 그들이 나를 용납하여 유다에 들어가기까지 통과하게 하시고"

2. 불굴의 재건을 한 느헤미야(느 2:5~8; 6:13~14; 1:4~7)

느헤미야는 B.C. 445년경(느 2:1) 아닥사스다 왕궁에서 패망한 조국 예루살렘에 대한 슬픈 소식을 들었습니다. 도성이 훼파되었고, 남은 유대인들이 능욕과 갖은 시련을 당한다는 소식을 듣고 금식하며, 마침내 왕에게 간청하여 예루살렘 귀향길에 오르도록 했습니다. 느헤미야는 유다 지역 총독이 되어 예루살렘에 돌아와 예루살렘 도성 재건을 시작합니다. 아닥사스다 왕의 파격적인 지원을 받고 예루살렘에 돌아왔지만 재건 사업은 순탄치가 않았습니다. 그의 파견으로 위협을 느낀 예루살렘 인근 지도자들의 반대가 극심하여 재건 사업에 큰 장애를 만났습니다. 그러나 느헤미야는 자신의 뛰어난 토목 지식과 인화력을 발휘하여 조직적이고 단계적으로 재건 사업을 이루어 나가게 했습니다. 그의 굽힐 줄 모르는 의지와 조직 관리의 탁월한 기술은 마침내 공사 52일 만에 성대한 봉헌식으로 나타났습니다(느 6:15~16).

· 함께 읽어요 : 느헤미야 6장 15~16절

"15 성벽 역사가 오십이 일 만인 엘룰월 이십오일에 끝나매 16 우리의 모든 대적과 주위에 있는 이방 족속들이 이를 듣고 다 두려워하여 크게 낙담하였으니 그들이 우리 하나님께서 이 역사를 이루신 것을 앎이니라."

3. 종교 개혁을 실질적으로 도운 느헤미야(느 1:1~10; 2:17~20)

본래 느헤미야는 정치적 지도자이지 종교 지도자는 아니었습니다. 그러나 그가 종교 지도자 에스라와 더불어 이스라엘 사회를 바로잡고 종교 조직을 새롭게 개편한 사항은 결과적으로 그의 종교 개혁자 이미지를 부각시켰습니다.

예루살렘에 귀향한 느헤미야는 성전의 도비야를 몰아내고 성전 봉사자들을 위한 십일조 제도를 뜯어 고쳤습니다. 뿐만 아니라 레위인들의 직무를 부활시켜 세속 직업을 갖지 못하도록 함과 아울러 이방인과의 잡혼 금지, 안식일의 거룩한 준수 등 모세 이래로 흐트러졌던 율법 기강을 그 정신에서부터 바로잡음으로써 근본적인 종교 개혁을 단행했던 것입니다(느 13:15~27). 느헤미야는 B.C. 444년부터 약 12년 동안 성벽공사를 진행해 오면서 세금도 내지 않도록 하고(14, 15절), 자신의 노예들도 성벽 건축 노역에 내보냈고(16절), 그는 총독으로서 권리를 일체 사용하지 않았습니다(17, 18절). 그는 총독으로서 하나님 앞에 한점 부끄럼 없다고 고백하고 있습니다(19절). 이는 사회 정의를 실천해야 될 공직자들의 삶의 태도가 어떠해야 하는가를 잘 보여주고 있습니다. 성벽이 52일 만에 완공되었다는 것은 기적과 같았습니다(15절). 그것은 하나님의 특별한 섭리와 보호 가운데 이루어진 신앙의 걸작이라 할 수 있습니다.

· 함께 읽어요 : 느헤미야 6장 15~16절

"15 성벽 역사가 오십이 일 만인 엘룰월 이십오일에 끝나매 16 우리의 모든 대적과 주위에 있는 이방 족속들이 이를 듣고 다 두려워하여 크게 낙담하였으니 그들이 우리 하나님께서 이 역사를 이루신 것을 앎이라."

정리하는 말

어느 시대나 그 시대의 역사를 이루고 이어가는 인물들이 있습니다. 이스라엘 백성의 포로 귀환 시대에 에스라와 느헤미야는 참으로 하나님께서 빼내신 시대적인 일꾼이었습니다. 자기의 관직을 고국의 예루살렘 성곽 건축에 헌신했던 이의 봉사는 길이 빛을 발하는 위대한 사업이었습니다. 자신의 관직을 이용해 사적인 욕심을 채우지 않고, 국가의 재건과 예루살렘 성곽 재건에 투자한 위대한 헌신이 있었기에 단기간 내에 반대 세력들을 꺾고 영광스러운 대업을 이룰 수 있었던 것입니다. 사랑하는 성도 여러분! 위대한 순종과 헌신으로 충성 다하시기 바랍니다.

평가와 결심

1. 느헤미야는 바사 제국의 어떤 요직의 사람이었습니까?
   (느 1:11, 왕이 가장 신임한 술 관원이었음)
2. 느헤미야가 이룬 사업은 무엇이었으며 결과는 어떠하였습니까?
   (느 2:5-8, 6:13~14, 느 1:4~7, 예루살렘 재건, 성벽 재건)
3. 느헤미야의 인격과 신앙에서 특별한 활동이 무엇이었습니까?
   (느 1:1~10, 2:17~20, 애국심과 기도에 힘쓴 믿음의 인물)

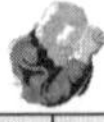

주간 경건의 시간 <23> · 날마다 말씀과 함께

요일 / 내용	주일/월(Mon)	화(Tue)	수(Wed)	목(Thu)	금(Fri)	토(Sat)
찬송	85동 / 86동	313 / 352	314 / 511	315 / 512	447 / 448	317 / 353
성경	느 1: / 느 2:	느 3:	느 4:	느 5:	느 6:	느 7:
적용	종의 기도를 / 느헤미야 요청	성을 쌓은 일꾼	산발랏을 물리침	백성들의 불평	대적 음모 물리침	귀환민의 명단

* 진리는 언제나 강한 주장이다. <그리스 격언>

제24과

에스더의 구국 금식 기도

찬송 / 208, 209, 210 / 통 246, 247, 245
성경 / 에스더 2:1-18
요절 / 에스더 4:16
"당신은 수산에 있는 유다인을 다 모으고 나를 위하여 금식하되 밤낮 삼일을 먹지도 말고 마시지도 마소서. 나도 나의 시녀와 더불어 이렇게 금식한 후에 규례를 어기고 왕에게 나아가리니 죽으면 죽으리이다 하니라."
목표 / 이스라엘 민족과 에스더의 나라 사랑을 위한 금식기도를 배운다.

시작하는 말

6월은 민족적으로 6·25 사변이 일어난 달이기도 합니다. 6·25의 상처는 지금까지 민족 분단의 슬픔과 이산 가족들의 통절한 아픔을 남겨주고 있습니다. 에스더는 바벨론에 포로로 잡혀 간 베냐민 사람 아비하일의 딸이었습니다. 그녀는 조실부모하고 사촌 오빠인 모르드개 아래에서 양육 받았고, 바사의 수도인 수산에 거주하다 아하수에로의 왕비로 간택되어 유다 민족을 위기에서 구해냈습니다. 본서에는 성전이나 종교적인 제의에 대한 기록은 없지만 하나님의 주권적 섭리가 잘 나타나있습니다.

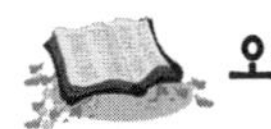

오늘의 말씀

1. 에스더는 바사 왕 아하수에로의 왕비가 되었습니다(에 2:1-7)

에스더는 유대인으로서 이방 나라에 포로 된 몸이었습니다. 바사 왕

아하수에로는 왕후 와스디를 폐하고, 새로운 왕후를 맞이하게 되었는데, 이는 와스디가 왕과 백성을 멸시하는 죄를 범했기 때문이었습니다. 왕후를 뽑기 위한 후보자 중에 에스더도 포함되었습니다. 에스더는 자신이 유대인임을 알리지 않았는데, 이는 그를 양육하는 사촌 오빠 모르드개의 지시를 따른 것입니다. 에스더는 다른 처녀들보다 아하수에로 왕의 사랑을 많이 받아 왕후로 뽑히게 되었습니다. 에스더가 왕후가 된 것은 하나님의 특별한 은혜와 섭리 속에서 이루어진 일이었습니다. 한편 모르드개는 아하수에로 왕을 시해하려 하는 자들에 대해 에스더를 통해 왕께 고함으로써 아하수에로 왕을 죽음의 위기에서 구하는 공을 세웁니다.

· 함께 읽어요 : 에스더 2장 21~22절

"21 모르드개가 대궐 문에 앉았을 때에 문을 지키던 왕의 내시 빅단과 데레스 두 사람이 원한을 품고 아하수에로 왕을 암살하려는 음모를 꾸미는 것을 22 모르드개가 알고 왕후 에스더에게 알리니 에스더가 모르드개의 이름으로 왕에게 아뢴지라. 23 조사하여 실증을 얻었으므로 두 사람을 나무에 달고 그 일을 왕 앞에서 궁중 일기에 기록 하니라."

2. 에스더는 '죽으면 죽으리라'는 결단을 합니다(에 4:13~17)

아하수에로 왕의 신복 중에 하만이라는 자가 있었는데, 왕은 그를 모든 신하 중에 높은 위치에 앉혔습니다. 모르드개가 하만에게 절하지 않자 하만은 앙심을 품고 모르드개 뿐만 아니라 모르드개의 민족, 즉 유다 민족을 멸절시킬 궤계를 꾸밉니다. 이러한 사실을 알게 된 모르드개는 에스더를 만나 왕에게 구하여 유다 민족을 구원할 것을 호소합니다. 에스더는 처음에는 왕에게 부름을 받지 못하고 왕 앞에 나갔다가 죽을 것을 두려워하여 거절했으나 모르드개의 권면을 듣고 왕께 나아가기로 결단을 내립니다. 에스더는 '죽으면 죽으리다' 라는 각오로 자신과 유다 민족을 위해 자신의 모든 것을 내어 놓는 모험을 감행했던 것입니다. 하나님께서는 유다 백성을 구원하시기 위해 에스더의 순교적 결단을 요구하셨습니다. 하나님께서는 구원 역사를 이루어 가시는 중에 때로는 성도의 전적인 헌신을 요구하시기도 합니다. 사랑하는 성도 여러분! 성도로서 여러분들은 그 요구에 기쁘게 부응해야 합니다.

· 함께 읽어요 : 에스더 4장 16절

"당신은 가서 수산에 있는 유다인을 다 모으고 나를 위하여 금식하되 밤낮 삼일을 먹지도 말고 마시지도 마소서 나도 나의 시녀와 더불어 이렇게 금식한 후에 규례를 어기고 왕에게 나아가리니 죽으면 죽으리이다 하니라."

3. 구원의 절기로 부림절을 제정합니다(에 9:24~32)

하나님의 강권적인 역사 가운데 에스더는 아하수에로 왕 앞에 나아가서 하만과 함께 왕을 잔치에 초대했고, 하만의 궤계가 밝혀짐으로써 유다 민족은 구원을 받았습니다. 모르드개 대신 하만이 달리게 되었습니다. 하나님은 유다 민족을 구원하여 이방에서 하나님의 영광을 드러내시기 위해 에스더를 아하수에로 왕의 왕후로 세우셨던 것입니다. 죽음의 위기 속에 살아나게 된 유다 백성은 그날을 기념하여 '부림절'로 지킵니다. 이스라엘 백성이 출애굽을 기념하여 '유월절'을 지켰듯이 하나님께서 구원을 베풀어 주신 '부림절'을 지킴으로써 하나님의 구원을 기억하도록 한 것입니다. 성도는 과거에 하나님께서 행하신 구원 역사를 잊지 않고 기억함으로써 믿음을 지켜야 합니다. 출애굽의 '유월절'과 '부림절'을 갖게 하신 하나님께서는 오늘날도 구원의 역사를 이루어 가시는 줄 믿으시기 바랍니다.

· 함께 읽어요 : 에스더 9장 31절

"정한 기간에 이 부림일을 지키게 하였으니 이는 유다인 모르드개와 왕후 에스더가 명령한 바와 유다인이 금식하며 부르짖는 것으로 말미암아 자기와 자기 자손을 위하여 정한 바가 있음이더라."

정리하는 말

사랑하는 성도 여러분! 아하수에로 왕의 즉위식과 잔치로 시작된 본서는 유대인의 '부림절' 예식과 유대인을 대표하는 모르드개의 승귀(昇貴)로 막을 내립니다. 비록 본토로 귀환하지 못한 이들이라 할지라도 이들까지 보호하시고 지켜주시는 하나님이십니다. 성도 여러분! 하나님께서 대적들은 물리치시고, 그의 백성들에게는 승리의 축제를 허락하심은 주님 오실 때 새 하늘과 새 땅의 도래를 예표하는 것입니다.

평가와 결심

1. 바사의 왕비로 뽑힌 사람은 누구며, 그의 사촌 오빠는 누군가?
   (에 2:1-7, 에스더요, 그녀를 양육했던 사촌 오빠 모르드개)
2. 비상적 상황의 국가 위한 에스더의 결심과 행동은 무엇입니까?
   (에 4:16, '죽으면 죽으리다'라는 결심의 금식기도)
3. 하만의 궤계 가운데 구원 받은 것을 기념하여 지키는 절기는?
   (에 9:29~32, 부르(제비)에서 따온 '부림절'을 지킴)

주간 경건의 시간 <24> · 날마다 말씀과 함께

요일 / 내용	주일/월(Mon)	화(Tue)	수(Wed)	목(Thu)	금(Fri)	토(Sat)
찬송	88동 / 89동	411 / 473	412 / 469	413 / 470	414 / 475	415 / 471
성경	에1: / 에2:	에 3:	에 4:	에 5:	에 6:	에 7:
적용	아하수에로 왕/ 왕후 와스디	에스더가 왕비 됨	하만의 앙심	어전 나간 에스더	모르드개의 영광	하만의 몰락

* 인간은 누구나 진보하지 않으면 퇴보한다.

<에드워드 기본, 1859-1794, 영국 역사가>

제25과

동방의 큰 자 욥

찬송 / 490, 491, 492 / 통 542, 543, 544
성경 / 욥기 1:1-22
요절 / 욥기 1:8
"여호와께서 사탄에게 이르시되 네가 내 종 욥을 주의하여 보았느냐? 그와 같이 온전하고 정직하여 하나님을 경외하며 악에서 떠난 자는 세상에 없느니라."
목표 / 욥을 통해 하나님의 섭리와 절대 선하심 속에 고난의 의미를 배운다.

시작하는 말

동방의 의인 욥은 이유 없는 고난을 당하면서도 오직 여호와만을 경외합니다. 그의 이름 욥(יוב)은 '울부짖는 자', '박해 받는 자', 혹은 '회개하는 자'라는 의미를 지니고 있습니다. 여기서 고통이 반드시 죄에 대한 하나님의 진노의 표현이 아니라 하나님의 섭리의 방편이기도 하다는 것을 가르쳐 줍니다. 이 세상의 역사와 인간의 생사화복이 하나님의 주권에 따라 움직임을 보여주고 있습니다. 본과를 통해 욥의 생애와 성품과 신앙을 통해 고난 속에 성숙하는 신앙을 배우시기 바랍니다.

오늘의 말씀

1. 본서의 배경과 욥의 신앙을 살펴봅니다(욥 1:1~8)

욥은 아브라함과 같은 족장 시대 초기(B.C. 1900년)에 생존한 인물로 추측되어 집니다. 그는 '우스'라는 지역에서 부유하게 살면서 하나님을 신실하게 믿었기에 의인으로 인정을 받고 있었습니다. 성경에는 기록이 없기 때문에 그의 성장 배경과 그 시대를 정확히 알기는 어렵습니다. 욥기는 시가서(욥기, 시편, 잠언, 전도서, 아가서)의 첫머리에 등장하며, 인간의 삶에 있어서 부딪치는 '고난과 심적 갈등'의 문제를 다루고 있습니다. 본서 1~2장 서론 부분에서 사탄의 속성과 더불어 인간의 재난이 특정한 범죄와 상관없이도 일어날 수 있다는 점을 부각시키고 있습니다. 친구들과의 변론 내용(3~37장)은 인간의 지혜와 논리의 한계성을 여실히 드러내고 있습니다. 또한 결론은(38~42장) 인간이 이 세상을 섭리하시는 하나님의 주권에 순복할 수밖에 없는 존재임을 규명합니다.

· 함께 읽어요 : 욥기 1장 20~21절

"20 욥이 일어나 겉옷을 찢고 머리털을 밀고 땅에 엎드려 예배하며 21 이르되 내가 모태에서 알몸으로 나왔사온즉 또한 알몸이 그리로 돌아 가올지라. 주신 이도 여호와시요, 거두신 이도 여호와시오니 여호와의 이름이 찬송을 받으실지니 이다하고"

2. 욥의 평범한 생애를 살펴봅니다(욥 1:9~12; 2:7~10; 19:23~27)

욥이야말로 하나님께서 인정하실 만큼 오직 여호와만을 경외하고 악에서 떠난 의인이었습니다. 그는 10명의 자녀와 수많은 가축을 소유한 부호로서 행복한 나날을 보내었습니다. 그러나 욥은 사단의 시험을 받아 10명의 자녀는 물론이거니와 모든 재물을 일순간에 잃고 급기야는 자신도 악창이라는 질병에 걸려 정신적, 육체적 고통에 시달리게 되었습니다. 그리고 사랑하던 아내로부터 '하나님을 욕하고 죽으라'는 비난까지도 듣게 됩니다. 이때 엄청난 슬픔에 잠긴 욥은 자신의 탄생에 대해 한탄하지만 결코 하나님을 원망하지는 않았습니다. 그런데 욥에게 세 명의 친구가 찾아왔습니다. 그들은 7일 동안 침묵을 지키며 욥의 슬픔을 함께 나눈 후 '욥이 지은 죄가 있어 이러한 고난을 당한다'라는 자신들의 관점을 가지고 욥과 세 차례에 걸쳐 논쟁을 벌입니다. 이에 대해 욥은 흥분하여 자신의 무죄함을 강력하게 주장하지만, 이때 자기 스스로를 의롭게 여기는 죄악도 범합니다(욥 3:1~42:6). 욥의 변론을 들은 엘리후는 욥에게 하나님 앞에 겸손히 자신을 낮추고 고난을 통해 역사하시는 하나님의 뜻에 복종할 것을 권면합니다. 욥은 자신의 잘못을 깨닫고 회개 기도를 드렸으며, 하나님은 욥을 무죄하다 입증해주셨습니다. 욥은 하나님의 주권을 알고, 친구들을 위해 기도했습니다. 이런 욥에게 갑절의 재물과 자녀들로 회복시켜 주십니다.

· 함께 읽어요 : 욥기 42장 12~13절

"12 여호와께서 욥의 말년에 욥에게 처음보다 더 복을 주시니 그가 양 만 사천과 낙타 육천과 소 천 겨리와 암나귀 천을 두었고, 13 또 아들 일곱과 딸 셋을 두었으며"

3. 욥의 신앙과 회개를 통한 회복을 봅니다(욥 2:7~10; 19:23~27)

욥은 인간적으로 견딜 수 없는 고난을 신앙으로 극복합니다. 하나님을 원망하지 않았고 죄를 회개하며 겸손과 소망 중에 큰 믿음으로 하나님께만 경배하고, 고통을 잘 인내합니다. 결과적으로 친구들의 오해와 멸시를 이기면서 자신의 무죄를 입증하고 변호하려는 실수도 범했습니다. 그러나 욥은 자신의 잘못을 인정할 줄 알고 회개기도를 드릴만큼 신앙 인격을 소유했습니다. 끝까지 인내하며 순전한 믿음을 지킴으로 이전 소유보다 갑절의 축복을 받았고, 친구들을 위하여 기도드림으로 그들에게도 복의 문을 열어주었습니다. 여러분! 고통 받을 아무런 이유가 없이 고난을 받아도 사랑과 용서로서 신앙을 지켜가며 덕을 베푸는 참 믿음의 사람이 되십시오.

· 함께 읽어요 : 욥기 42장 10절

"10 욥이 그의 친구들을 위하여 기도할 때 여호와께서 욥의 곤경을 돌이키시고 여호와께서 욥에게 이전 모든 소유보다 갑절이나 주신지라."

정리하는 말

사랑하는 성도 여러분! 욥은 큰 사람이었습니다. 친구들의 변론보다 겸손함과 끝까지 아량을 베풀며 하나님의 보호를 기다리는 그의 믿음이 돋보입니다. 사람에게 인정을 받기보다는 하나님께 인정을 받으려는 노력을 기울이십시오. 앞에서 이기는 것 같지만 몽땅 손해를 보는 경우도 허다합니다. 성도 여러분! 욥의 인내를 배우시기 바랍니다. 욥의 인격과 신앙을 본받아 갑절의 복을 받으시기를 소원합니다.

평가와 결심

1. 욥은 어느 시대의 인물입니까?
   (욥 1:1~8, 2:2~5, B.C. 1900년경 초기 족장 시대)
2. 욥의 신앙과 성품은 어떠하였습니까?
   (욥 1:8, 2:3, 온전하고 정직하여 하나님을 경외하며 악에서 떠난 자)
3. 욥에게 주신 하나님의 결말은 무엇이었습니까?
   (욥 42:12~13, 처음보다 갑절의 복을 주셨고, 또 아들 일곱, 딸 셋을 주심)

주간 경건의 시간 <25> · 날마다 말씀과 함께

요일 / 내용	주일/월(Mon)	화(Tue)	수(Wed)	목(Thu)	금(Fri)	토(Sat)
찬송	73동 / 91동	490 / 542	492 / 544	493 / 545	494 / 188	495 / 271
성경	욥1: / 욥2:	욥 3:	욥 4:	욥 5:	욥 6:	욥 7:
적용	우스 땅 욥 / 사단 욥 시험	사단의 두 번째 시험	욥이 생일 저주	환난에서 구원	욥의 첫 번째 대답	침 삼킬 동안

* 우리가 진보라고 부르는 것은 한 폐단을 다른 폐단과 바꾸는 것이다.

<헨리 해브록 엘리스, 1859-1939, 영국 정신 의학자, 저술가>

6단원 이웃 돌봄의 달

희망과 복음의 선지자 이사야

찬송 / 407, 575, 580 / 통일 465, 302, 371
성경 / 이사야 6:1-13
요절 / 이사야 6:8
"내가 또 주의 목소리를 들으니 주께서 이르시되 내가 누구를 보내며 누가 우리를 위하여 갈꼬? 하시니 그 때에 내가 이르되 내가 여기 있나이다. 나를 보내소서 하였더니"
목표 / 이사야의 예언대로 메시야만이 구원과 생명의 근원임을 알게 한다.

시작하는 말

여러분! 대선지 이사야는 이사야서 전반부(1~39장)에서 이스라엘과 세상 나라들을 심판하신다고 선언합니다. 그러나 이사야서의 궁극적인 목적은 후반부(40~66장)에 나타나는 '이스라엘의 구원과 회복'입니다.

동시에 하나님이 세우신 신적 질서의 회복입니다. 그러나 인간은 이 심판을 견딜 수 없으므로 '여호와의 종'(42:1~4)이 이 사역을 감당합니다. 본서는 고대 아라비아와 근동 전역을 대상으로 펼쳐지는 장엄한 예언의 성취를 보고 여호와의 종을 통하여 메시야 강림 예언의 말씀을 공부하면서 오직 하나님만이 구원의 근거라는 소망을 갖기 바랍니다.

오늘의 말씀

1. 이사야 선지서의 시대적 배경입니다(사 1:1)

이사야는 B.C. 770년 예루살렘에서 아모스의 아들로 태어났습니다.

성경에는 이사야('여호와께서 만드셨다'는 뜻)의 성장 배경에 대한 기록은 없으나 유대 전통에 의하면 이사야의 아버지 아모스가 아마샤 왕의 형제였다고 전하며, 이사야는 귀족 출신으로 왕궁 안에 편하게 지내 왔던 것으로 추측됩니다. 이사야 선지자는 웃시야 통치 말기(B.C. 790~739)에서부터 요담, 아하스, 히스기야 시대까지 예루살렘에서 활동했습니다. 그가 활동하던 때, B.C. 722년에 북이스라엘이 멸망합니다. 이때에 남 유다는 하나님을 등지고 다른 동맹 국가를 의지하며, 우상을 숭배하는 등 불신앙의 길에서 떠나지 않고 있었습니다.

· 함께 읽어요 : 이사야 6장 1절
"1 웃시야 왕이 죽던 해에 내가 본즉 주께서 높이 들린 보좌에 앉으셨는데, 그의 옷자락은 성전에 가득하였고"

2. 이사야 선지자는 부름 받았습니다(사 6:1~13)

선지자들이 그랬듯이 부름 받은 이사야 선지자는 남유다 백성들이 행하는 우상 숭배와 도덕적 음란 행위 등 부패상과 죄악들을 한탄하면서 마지막 심판이 있을 여호와의 날을 예언했습니다. 이사야 선지자는 앗수르와의 동맹을 시도하고자 하는 아하스 왕의 계획을 반대하면서 남유다와 북 이스라엘의 멸망을 예언했습니다. 즉 큰 아들은 '남은 자가 돌아오리라'는 의미의 '스알야숩'이라는 이름을 지어 주었고, 둘째 아들은 '급히 노력하고 약탈한다'는 뜻을 지닌 '마헬살랄하스바스'라는 이름을 지어주었습니다. 이사야 선지자는 특별히 메시야에 대한 예언을 많이 했는데, ① 동정녀 탄생(사 7:14), ② 이새의 자손(사 11:1), ③ 메시아의 고난(사 53:1~12) 등등의 예언을 했습니다. 그는 히스기야 통치 때에는 3년 동안 벗은 몸과 벗은 발로 행동하면서, 애굽과 구스가 멸망하여 이처럼 포로로 끌려가게 될 것을 상징적으로 예언하기도 했습니다. 이와 함께 이사야는 앞으로 멸망하게 될 애굽과의 동맹을 반대했고, 또한 바벨론의 사신들에게 왕궁의 모든 보화 무기들을 보여 주면서 교만에 빠진 히스기야에게 바벨론에 의한 유다의 멸망을 예언했습니다. 또한 이스라엘의 회복과 구원, 곧 믿는 자에게 주어질 복, 그리고 메시야를 통한 구원의 소식을 선포하기도 했습니다. 그 후 이사야는 탈무드에 의하면 므낫세 왕에 의해 톱으로 켜서 두 동강으로 잘리어 순교했다고 전해지고 있습니다.

· 함께 읽어요 : 히브리서 11장 37절
"37 돌로 치는 것과 톱으로 켜는 것과 시험과 칼로 죽임을 당하고 양과 염소의 가죽을 입고 유리하여 궁핍과 환난과 학대를 받았으니"

3. 이사야 선지자의 신앙의 특징이 있습니다(사 6:1~8)

이사야 선지자는 하나님의 부르심에 즉각적으로 응답한 순종의 신앙인으로서, 특별히 민족에 대한 뜨거운 애정을 가지고 민족적인 죄악에 대해 날카롭게 비판하며 책망했던 강직한 선지자였습니다. 한편 죄악된 현실 속에서도 다가오는 미래에 있을 구원의 복된 소식을 바라보며 소망과 위로의 메시지를 증거 했던 신실한 하나님의 종이었습니다.

이사야 예언의 극치는 "보라 처녀가 잉태하여 아들을 낳을 것이요 그의 이름을 임마누엘이라 하리라."(7:14)는 예언입니다. 이 예언은 마태복음 1장 21절에서 예언의 성취된 말씀으로 선포하고 있습니다.

그의 순종과 함께 하나님의 말씀을 담대히 증거 하는 강직함은 복음 증거의 사명을 받은 모든 성도가 본받아야 할 신앙과 인격입니다.

· 함께 읽어요 : 마태복음 1장 22~23절
"22 이 모든 일이 된 것은 주께서 선지자로 하신 말씀을 이루려 하심이니 이르시되 23 '보라 처녀가 잉태하여 아들을 낳을 것이요 그의 이름은 임마누엘이라 하리라.' 하셨으니 이를 번역한 즉 하나님이 우리와 함께 계시다 함이라."

정리하는 말

여러분! 이사야서의 구조를 살펴보면 1~39장까지는 구약성경 39권의 죄를 지은 인간들의 심판 예언을, 그리고 나머지 40~66장까지는 신약성경 27권의 복음과 희망을 담은 예언의 구조입니다. 선지자 '이사야'는 이스라엘이 하나님의 영원한 언약 백성이듯이 성도들 또한 하나님의 영원한 '언약 백성'임을 밝혀 줍니다. 하나님의 아들 예수 그리스도! 그가 찔림은 우리의 허물 때문이요, 그가 상함은 우리의 죄악 때문입니다. 할렐루야! 감사합니다.

평가와 결심

1. 이사야 선지자의 활동 시기는 언제입니까?(사 6:1)
   (웃시야 통치 말기<B.C.790~739>에서 요담, 아하스, 히스기야 시대)
2. 이사야 선지자의 중요한 메시아 예언은 무엇입니까?
   (동정녀탄생<사 7:14>, 이새자손<사 11:1>, 메시아고난<사 53:1~12>)
3. 이사야의 동정녀 탄생 예언 성취는 어디서 이루어졌습니까?
   (이사야 7:14절 말씀이 → 마태복음 1:23절에서)

주간 경건의 시간 <26> · 날마다 말씀과 함께

내용 \ 요일	주일/월(Mon)	화(Tue)	수(Wed)	목(Thu)	금(Fri)	토(Sat)
찬송	93동 / 88장	208 / 246	209 / 247	210 / 245	211 / 346	212 / 347
성경	사1: / 사2:	사 3:	사 4:	사 5:	사 6:	사 7:
적용	손을 펼 때에 / 장차 올 평화	예루살렘 유다 혼란	예루살렘 회복	포도원 노래	이사야를 부르심	임마누엘 예언

* 모든 사물은 당신이 마들기에 달렸다. <플라우트스, B.C. 254-184, 로마 희극 시인>

7단원 교육 점검의 달

제27과

눈물의 선지자 예레미야

찬송 / 149, 150, 151 / 통 147, 135, 138
성경 / 예레미야 1:1-14
요절 / 예레미야 31:33
"그러나 그날 후에 내가 이스라엘 집과 맺을 언약은 이러하니 곧 내가 나의 법을 그들의 속에 두며 그들의 마음에 기록하여 나는 그들의 하나님이 되고 그들은 내 백성이 될 것이라 여호와의 말씀이니라."
목표 / 예레미야의 민족과 나라 사랑의 열정과 신앙을 배운다.

시작하는 말

선지자 예레미야(ירמיה : 이르메야)의 이름의 뜻은 '여호와께서 세우신다, 떨어뜨린다', 혹은 '여호와께서 지명하신 자'라는 의미입니다. 그는 언약의 백성 이스라엘이 멸망이라는 최종 선고 하에 종말을 향해 치닫는 가장 어두운 시대상을 반영합니다. 본서가 지적하는 논제는 '이스라엘의 계약 파기'입니다. 하나님께서는 순종할 때 복을 주심과 불순종할 때 심판을 약속하셨고, 이스라엘이 불순종을 택함으로 계약대로 멸망의 길로 가게 된 것입니다. 그러나 '새 언약'을 주심으로 회복의 길을 마련해 주신 하나님께 감사하고, 순종하며 그 은혜를 찬송할 뿐입니다.

오늘의 말씀

1. 예레미야의 시대적 배경을 알아야 합니다(렘 1:1~9)

예레미야는 예루살렘 북쪽 베냐민 땅 아나돗에서 제사장 힐기야의 아들로 태어났습니다. 그는 평생 결혼하지 않고 독신으로 살아 왔습니다. 그는 율법서를 발견하고서 종교 개혁을 단행한 요시야(B.C. 640~609) 왕 때부터 남 유다가 멸망할 당시의 왕인 시드기야(B.C. 597~586) 때까지 활동한 선지자입니다. 바로 이스라엘의 멸망기에 활동한 선지자로서, 이스라엘의 멸망을 슬퍼하며 눈물을 흘린 것 때문에 '눈물의 선지자'로 유명합니다. 이때의 남 유다는 바벨론의 남하 정책과 애굽의 북진 정책 사이에 끼어 국외적으로 극심한 혼란과 위기 상황에 처해 있었습니다. 국내적으로 백성들은 우상 숭배에 빠져있었으며, 지도자들은 다른 나라와의 동맹을 모색하여 난국을 타개해 나가고자 했지만 그것은 불신앙과 배은망덕한 행위요, 배신에 가까운 행동이었습니다. 예레미야는 제사장으로서 하나님을 섬기며 사람과 하나님 사이에서 중보적인 역할을 해왔습니다. 그는 백성들의 연약함과 악함, 그리고 하나님의 거룩하시고 사랑하심을 잘 알았습니다. 이것은 선지자로의 그의 사역에 중요한 영향을 끼쳤습니다.

· 함께 읽어요 : 예레미야 1장 7절

"여호와께서 내게 이르시되 너는 아이라 말하지 말고 내가 너를 누구에게 보내든지 너는 가며 내가 네게 무엇을 명령하든지 너는 말할지니라.

2. 예레미야의 눈물과 간절한 외침이 있었습니다(렘 20:14~18; 31:16)

선지자 예레미야는 이미 태어나기 전에 하나님의 종으로 성별되어(1:5) B.C. 627년인 요시야 왕 때에 20세의 나이로 선지자의 소명을 받았습니다. 그는 세계 열방에 주의 말씀을 선포할 사명을 가지고 예언을 하며 요시야 왕과는 친밀한 관계를 유지하면서, 우상 숭배에 빠진 백성들을 향해 여호와께로 돌아올 것을 호소했습니다. 그 후 여호야김이 통치하면서 그는 왕의 불법과 악행을 강력히 비판하고 아울러 백성들과 함께 회개치 않을 때에는 남 유다가 멸망하게 될 것을 예언했습니다(렘

25:1~38). 그리고 남 유다 마지막 왕 시드기야 때에는 남 유다의 멸망과 그의 죽음을 예언했습니다. 회개하고 돌아와야 소망이 있습니다.

· 함께 읽어요 : 예레미야 22장 5절
"5 그러나 너희가 이 말을 듣지 아니하면 내가 나를 두고 맹세하노니 이 집이 황폐하리라 여호와의 말씀이니라."

3. 예레미야의 나라 사랑과 신앙 성품이 아름답습니다(렘 31:1~22)

예레미야는 백성들의 죄로 인해 남 유다가 멸망할 것을 예언하면서 눈물로 백성들의 회개를 촉구하는 등 진실로 민족을 사랑하는 애국자였습니다. 동시에 그는 유다의 멸망과 함께 유다의 회복도 바라보며 예언한 선지자이기도 했습니다. 그는 탄생하기도 전에 이미 하나님께 성별될 정도로 선지자로서의 큰 사명을 맡은 자답게 사명감이 투철하여, 여러 차례에 걸쳐 옥에 갇히고 무수한 고난을 겪었어도 끝까지 하나님의 말씀을 증거 했습니다. 이는 이만큼 예레미야가 담대하고 흔들리지 않는 믿음을 소유했음을 나타내 주는 것입니다. 예레미야는 철저하게 죄악과 불의에 대해 심판하시는 공의로운 하나님을 신뢰했습니다. 또한 회개하는 백성들에게는 긍휼과 은혜를 허락하시는 자비로우신 하나님이심을 확신했기에, 이러한 하나님 앞에 온 유다 백성들이 돌아오기를 간절히 소망하며 기도했습니다. 비록 예레미야가 유다의 멸망을 예언하는 비운의 선지자였지만, 하나님께서는 그를 통해 유다 백성이 때가 차면 다시 예루살렘으로 돌아오게 될 것임을 예언케 하셨습니다. 선지자의 선포할 말씀은 궁극적으로 구원의 메시지인 것입니다.

· 함께 읽어요 : 예레미야 31장 31절
"31 여호와의 말씀이니라. 보라 날이 이르리니 내가 이스라엘 집과 유다 집에 새 언약을 맺으리라."

정리하는 말

하나님께서는 말씀을 불순종할 때 심판을 약속하셨기에 하나님의 계약대로 이스라엘은 멸망의 길로 가게 된 것입니다. 따라서 이스라엘과 유다의 멸망은 언약에 대한 하나님의 신실성을 나타내는 증거가 됩니다. 하나님께서는 예레미야 31장에서 '새 언약'을 통해 하나님의 자비와 사랑을 다시 약속해 주시고 이는 그리스도의 구원 사역의 '은혜'의 측면을 가장 적절하게 나타내고 있습니다. 사랑하는 성도 여러분! 하나님의 종들의 눈물을 통해 범죄한 백성들에게 베푸시는 하나님의 위대한 인내와 사랑과 자비하심에 감사하시며 주님께 충성을 다하시기 바랍니다.

평가와 결심

1. 예레미야는 어느 시대에 활동을 하였습니까?
(렘 1:1~3, 요시야<B.C. 640~609>왕 때부터 시드기야<B.C. 597~586>)
2. 예레미야의 신앙과 성품 속에 선지자의 별명이 무엇입니까?
(렘 31:16, 눈물의 선지자)
3. 선지자의 선포할 말씀은 궁극적으로 무엇이었습니까?
(렘 42:11, 구원하며 건지리라는 구원의 메시지)

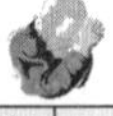

주간 경건의 시간 <27> · 날마다 말씀과 함께

요일 / 내용	주일/월(Mon)	화(Tue)	수(Wed)	목(Thu)	금(Fri)	토(Sat)
찬송	39동 / 37동	313/ 352	314/ 511	315/ 512	316/	317/ 353
성경	렘1: /렘2:	렘 3:	렘 4:	렘 5:	렘 6:	렘 7:
적용	내 말 네 입에/ 이스라엘의 배신	돌아오라 호소함	마음에 할례	마땅히 멸망	유다 멸망 예언	거짓 예배

* 먼저 피는 꽃의 열매가 먼저 익는 법이다. <윌리엄 셰익스피어, 1564-1616, 영국 시인>

7단원 교육 점검의 달

제28과

환상의 선지자 에스겔

찬송 / 208, 209, 210 / 통 246, 247, 245
성경 / 에스겔 1:1-14
요절 / 에스겔 37:26-27
"26 내가 그들과 화평의 언약을 세워서 영원한 언약이 되게 하고 또 그들을 견고하고 번성하게 하여 내 성소를 그 가운데에 세워서 영원히 이르게 하리니 27 내 성소가 영원토록 그들 가운데에 있으리니 나는 그들의 하나님이 되고 그들은 내 백성이 되리라."
목표 / 포로 된 이스라엘 백성에게 소망을 준 선지자의 신앙을 배운다.

시작하는 말

선지자 에스겔(יחזקאל: 예헤즈케엘)의 이름의 뜻은 '하나님이 강하게 하신다'라는 뜻입니다. 에스겔은 사독 계열의 제사장 부시의 아들로서 포로 시대의 제사장이며 예언자였습니다. 그는 바벨론 포로로 끌려가 그발 강가의 델아빕에서 유대인들에게 예언 활동을 했습니다. 본서 전반부는 심판의 예언으로 극도로 우울한 장면이 계속됩니다. 수없는 경고에도 불구하고 죄와 멸망의 길로 달음질치던 이스라엘의 비극은 하나님께서 성전을 떠나가시는 것으로 절정을 이룹니다. 그러나 본서 마지막에는 '여호와께서 거기 계시다'는 희망적 메시지로 장식 됩니다.

오늘의 말씀

1. 에스겔은 그발 강가에서 계시를 받습니다(겔 1:1-14)

에스겔은 여호야긴 왕이 사로잡힌 지 5년 되는 해(B.C. 593년)로부터

27년(B.C. 570년)까지 예언 활동을 했습니다. 그는 제사장 가문에서 태어난 제사장이었지만 유대인들이 바벨론으로 끌려갈 때 함께 바벨론으로 잡혀 갔습니다. 에스겔은 그곳에서 22년간 선지자로 사역하면서 실의와 좌절 속에 빠진 유다 백성에게 소망의 메시지를 증거 했습니다. 하나님께서는 유다인들이 하나님의 언약을 지키지 않고 범죄 함에 대하여 징벌을 내리셔서 바벨론의 포로가 되게 하셨지만, 그들을 완전히 버리신 것은 아니었습니다. 그래서 하나님께서는 에스겔과 같은 포로기의 선지자들을 통하여 구원의 메시지를 계시하셨던 것입니다. 하나님께서 계시하신 구원의 메시지는 가까이에는 포로 70년 후에 있을 포로 귀환에 관한 내용이었으나, 궁극적으로는 메시야를 보내시어 온 인류를 구원하실 구원 계획에 관한 것이었습니다. 마지막 날 주님께서 영광으로 임하사 우리에게 영광의 구원을 베푸실 것입니다.

· 함께 읽어요 : 에스겔 1장 3절

"3 갈대아 땅 그발 강가에서 여호와의 말씀이 부시의 아들 제사장 나 에스겔에게 특별히 임하고 여호와의 권능이 내 위에 있으니라."

2. 하나님께서 에스겔에게 벙어리 되게 하셨습니다(겔 3:26)

하나님께서는 패역한 이스라엘 백성에 대하여 에스겔을 통하여 책망하시면서 잠시 동안 에스겔의 입을 봉하셨다가 입을 여는 동시에 하나님의 계시의 말씀을 증거하게 하셨습니다. 하나님께서 이와 같이 하심은 에스겔이 증거 하는 말씀은 에스겔의 말이 아니고 하나님의 말씀임을 알리시기 위함이었습니다. 그러나 이스라엘 백성은 패역하여 에스겔이 증거 하는 하나님의 말씀을 받지 않는 자들도 있을 것임을 예언하셨습니다. 아무리 하나님께서 표적을 보여 주시면서 복음을 증거 해도 패역한 자들은 그 복음을 거부할 뿐 아니라 적대적인 반응을 나타내는 것입니다. 이는 예수님께서 이 땅에서 복음을 증거 하실 때도 마찬가지였습니다. 아무리 초자연적인 능력을 행하시며 말씀을 증거 해도 하나님을 떠나 욕심을 추구하는 자들은 그 말씀 듣기를 거부했습니다. 성도 여러분! 하나님의 복음의 말씀을 기쁘게 받고 순종하시기를 바랍니다.

· 함께 읽어요 : 에스겔 3장 26절

"내가 네 혀를 네 입천장에 붙게 하여 네가 말 못하는 자가 되어 그들을 꾸짖는 자가 되지 못하게 하리니 그들은 패역한 족속임이니라."

3. 에스겔은 골짜기에서 환상을 보았습니다(겔 37:1~6)

하나님께서는 죄악과 불순종으로 하나님의 징계의 채찍을 받아 우울하게 된 이스라엘 백성들에게 희망적인 사건을 에스겔의 환상을 통해 보여줍니다. 하나님께 이끌림을 받아 간 곳은 뼈가 널려져 있는 골짜기였습니다. 하나님께서는 에스겔에게 뼈들을 향하여 하나님의 말씀을 대언하여 '다시 살아나게 하라'고 하셨습니다. 에스겔은 뼈들을 향하여 "너희 마른 뼈들아! 여호와의 말씀을 들을 지어다… 생기를 너희에게 들어가게 하리니 너희가 살아나리라"(4~5절). 에스겔의 명령을 따라 대언하니 대언할 때에 소리가 나고 움직이며 이 뼈, 저 뼈가 들어맞아 뼈들이 서로 연결되고, 그 뼈에 힘줄이 생기고 살이 오르며 그 위에 가죽이 덮였습니다. "생기야! 사방에서부터 와서 이 죽음을 당한 자에게 불어서 살아나게 하라." 그 명령대로 예언하니 생기가 그들이 들어가매 그들이 살아나서 일어나 서는데 극히 큰 군대가 되었습니다. 믿으시기 바랍니다. 죽은 자를 살리시는 능력이 그리스도를 통한 구속을 통해 죄 아래 죽었던 자들에게 새 생명을 불어넣어 영생의 복을 누리게 하시는 줄 믿으시기 바랍니다.

· 함께 읽어요 : 에스겔 37장 10절

"정이에 내가 그 명령대로 대언하였더니 생기가 그들에게 들어가매 그들이 곧 살아나서 일어나 서는데 극히 큰 군대더라."

정리하는 말

사랑하는 성도 여러분! 에스겔이 본 골짜기의 환상은 죄와 불순종으로 포로 가운데 절망한 선지자 자신에게나 이스라엘 백성들에게 큰 꿈과 희망을 주었습니다. 제사장으로서 무너진 예루살렘 성전을 떠나 이스라엘 백성들과 함께 생사고락을 함께하면서 예언 활동을 한 에스겔을 통하여 주신 마지막 메시지는 '여호와께서 거기 계시다'는 것입니다. 주님은 언제 어디서나 우리 성도들과 함께 계십니다.

평가와 결심

1. 에스겔 선지자는 어디서 계시를 받았습니까?
   (겔 1:1-3, 그발 강가에서)
2. 여호와께서 왜 에스겔 선지자에게 벙어리 되게 하셨습니까?
   (겔 3:26, 하나님이 입술을 주장하시는 분이심을 알게 하려고)
3. 에스겔이 골짜기에서 대언할 때 어떤 일이 일어났습니까?
   (겔 37:1~6, 뼈들이 힘줄이 생기고 생기가 들어가니 군대를 이룸)

주간 경건의 시간 <28> · 날마다 말씀과 함께

요일 / 내용	주일/월(Mon)	화(Tue)	수(Wed)	목(Thu)	금(Fri)	토(Sat)
찬송	36동/ 21동	260/ 194	259/ 193	289 / 208	287/ 205	288/ 204
성경	겔1: / 겔2:	겔 3:	겔 4:	겔 5:	겔 6:	겔 7:
적용	네 생물 형상/ 두루마리 환상	피 값은 네 손에서	예루살렘 포위됨	성소를 더럽혀	이스라엘의 죄	끝이 가까웠다

* 산과 강은 좋은 이웃이다. <죠지 허버트, 1593-1633, 영국 신학자, 성직자, 시인>

기도하는 정치가 다니엘

찬송 / 325, 324, 331/ 통 359, 360, 375
성경 / 다니엘 1:1-21
요절 / 다니엘 2:47

"47 왕이 대답하여 다니엘에게 이르되 너희 하나님은 참으로 모든 신들의 신이시요. 모든 왕의 주재시로다. 네가 능히 이 은밀한 것을 나타내었으니, 네 하나님은 또 은밀한 것을 나타내시는 이시로다."

목표 / 고난 중에서 잘 이겨낸 다니엘과 세 친구의 신앙과 인격을 배운다.

시작하는 말

바벨론식 이름 '벨드사살'로 불리는 다니엘은 이스라엘의 가장 비참한 시대(바벨론 1차 침입<B.C. 650년)로부터 벨사살 왕 때의 바벨론 멸망<B.C. 539년>, 고레스의 바사 왕국 설립 등)에 포로된 나라의 백성이면서 굽힘없이 신앙을 지켜 세 친구와 더불어 절망 중에 살아가는 신앙인에게 귀감이 됩니다. 다니엘(דניאל)은 '하나님이 우리의 심판자' 라는 의미를 지니고 있습니다. 본과를 통해 다니엘과 세 친구의 생애와 신앙을 통해 고난 속에서도 인내하며 성장하는 신앙을 배우게 됩니다.

오늘의 말씀

1. 다니엘은 귀족이며 포로지만 관직을 지냈습니다(단 1:1~7, 17~21)

다니엘은 왕족이거나 적어도 귀족이었음을 알 수 있습니다(단 1:3). B.C. 605년 즉 여호야김 3년에 바벨론으로 포로 되어 끌려간 그는 다른 귀족 포로 젊은이들과 더불어 용모가 준수하고 재주와 학식이 비상하여 즉각 왕의 눈에 발탁되었습니다(단 1:1~7). 3년이란 짧은 세월에 갈대아 방언과 학문을 익혀 왕 앞에 서게 되어 다니엘은 그 능력과 수완을 인정을 받아 바벨론 시대로부터 바사와 메대 시대에 이르기까지 총리와 각종 고위직을 맡아서 정치력을 발휘하게 됩니다(단 2~7장). 그렇습니다. 세상 나라들을 통치하시고 주관하시는 분도 역시 하나님이십니다.

· 함께 읽어요 : 다니엘 6장 27절

"27 그는 구원도 하시며 건져 내기도 하시며 하늘에서든지 땅에서든지 이적과 기사를 행하시는 이로서 다니엘을 구원하여 사자의 입에서 벗어나게 하셨음이라 하였더라."

2. 다니엘은 어려울 때마다 신앙과 절개를 지켰습니다(단 6:9~22)

이스라엘 나라는 망했어도 다니엘과 그의 세 친구의 믿음은 여전히 살아있었습니다. 여호와만을 섬기던 이스라엘이라는 국가는 망했음에도 불구하고, 다니엘은 경외하며 섬기는 여호와를 이방 땅에서도 성실히 섬겼던 것입니다. 그러나 포로된 신분으로 정복자의 땅에 살고 있던 그에게 있어 신앙의 정절은 여러 가지 박해를 가져왔습니다. 다니엘은 하루도 쉬지 않고 예루살렘을 향하여 정해진 시간에 기도했으며(단 6:1~10), 이방 신전을 거쳐 나오는 왕의 음식을 거부하기도 했습니다(단 1:8~16). 뿐만 아니라 '바알이여! 생명을 지켜주소서'라는 이름 '벨드사살'이라는 의미를 담고 있는 이름 개명에 동의하지 않았습니다. 하루 세 번씩 예루살렘을 향한 창문을 열고 나라를 위해 기도했습니다.

그를 시기하는 모함하는 자들의 공격거리를 제공하여 그는 사자 굴에, 그의 친구들은 풀무불에 던져지는 혹독한 시련을 겪게 됩니다(단 6:11~22). 그럼에도 불구하고 다니엘과 그의 세 친구는 이러한 시험과 역경을 다 이겨냈습니다. 이후 그들의 지위는 더욱 높아지고 확고하게 되었습니다. 사랑하는 성도 여러분! 세상의 삶이 아무리 힘들고 핍박이 많을지라도 참고 인내하며 믿음과 사랑으로 승리하시기를 바랍니다.

· 함께 읽어요 : 다니엘 1장 8절

"8 다니엘은 뜻을 정하여 왕의 음식과 그가 마시는 포도주로 자기를 더럽히지 아니하리라하고 자기를 더럽히지 아니하도록 환관 장에게 구하니"

3. 다니엘은 이상을 해석해 주었습니다(단 2:27~30; 5:5~6)

세상 만국을 다스리시고 섭리하시는 하나님께서 당신을 절대적으로 신뢰하는 다니엘에게 장차 일어날 역사의 흥망성쇠를, 짐승이라는 상징적 계시로 이상을 보여 주셨습니다. 이상 중에 다니엘이 본 계시는 네 짐승과 숫양, 숫염소(단 7:1~3; 8:1~5), 그리고 칠십 이레와 왕들에 대하여, 큰 전쟁과 두 사람에 대한 것들이었습니다(단 9:25~27; 10:1~7; 11:2~4). 뿐만 아니라 다니엘의 영적 분별력은 유난히 뛰어나 타의 추종을 불허할 정도였습니다. 하나님의 허락하신 지혜로 이상을 계시 받은 자임과 동시에, 다른 사람이 받은 바의 이상을 해석하기도 하는 자였습니다.

느브갓네살의 두 차례에 걸친 꿈을 해석하는 일이나 벽에 쓰여진 글씨를 해석하는 일 등은 다니엘이 아니고서는 불가능했던 일들이었습니다. 하나님은 그 같은 다니엘에게 수년에 걸쳐 장차 전개될 역사를 상징한 짐승 꿈을 계시하심으로써 당신의 은밀한 역사 경영을 보여주신 것이었습니다. 하나님의 역사와 섭리는 인간이 상상할 수 없을 정도로 오묘합니다.

· 함께 읽어요 : 다니엘 5장 26절

"26 그 글을 해석하건대 메네는 하나님이 이미 왕의 나라의 시대를 세어서 그것을 끝나게 하셨다 함이요 27 데겔은 왕을 저울에 달아 보니 부족함이 보였다 함이요."

정리하는 말

사랑하는 성도 여러분! 다니엘은 이방 땅 바벨론에서도 하나님이 그와 동행하셨습니다. 다니엘을 사자 굴속에서 건져내시고, 다니엘의 세 친구들을 풀무불 속에서 건져 내심은 하나님만이 역사의 주관자요 섭리하시는 분이심을 보여주십니다. 시대가 급변하고 세상 말세가 다가오더라도 다니엘과 그의 세 친구처럼 믿음을 굳게 지켜 언약에 신실하신 하나님을 더욱 굳게 신뢰하고 섬기시기를 소원합니다.

평가와 결심

1. 다니엘이 어느 시대에 관직을 지내며 신앙을 지켰습니까?
   (단 1:1~7, 9:1~2, 11:1, 바벨론 바사 메대)
2. 다니엘이 신앙의 정절과 절개는 어떠하였습니까?
   (단 1:8~16, 6:1~22, 성전향한 기도, 사자 굴에 던져져도 신앙지킴)
3. 다니엘에게 주신 특별한 은사가 무엇이었습니까?
   (단 2:27~30, 9:~12:, 환상과 꿈, 이상을 보며 타인 것도 해석하는 은사)

주간 경건의 시간 <29> · 날마다 말씀과 함께

요일 / 내용	주일/월(Mon)	화(Tue)	수(Wed)	목(Thu)	금(Fri)	토(Sat)
찬송	37동/ 88동	286/ 218	287/ 205	288/ 204	289/ 208	290/ 412
성경	단1: / 단2:	단 3:	단 4:	단 5:	단 6:	단 7:
적용	뜻을 정하여/ 느브갓네살 꿈	불가마에서 살아남	짐승의 마음	벨사살의 운명	사자굴에서 살아남	네 짐승의 꿈

* 자연은 아주 엷은 병풍이기 때문에 창조주의 영광이 곳곳에서 터져 나온다.

<랄프 왈도 에머슨, 1803-1882, 미국 시인, 수필가>

7단원 교육 점검의 달

심판과 사랑을 외친 호세아

찬송 / 510, 500, 527 / 통일 276, 258, 317
성경 / 호세아 2:1-13
요절 / 호세아 2:23
"내가 나를 위하여 그를 이 땅에 심고 긍휼히 여김을 받지 못하였던 자를 긍휼히 여기며 내 백성 아니었던 자에게 향하여 이르기를 너는 내 백성이라 하리니 그들은 이르기를 주는 내 하나님이시라 하리라 하시니라."
목표 / 호세아가 전한 하나님의 심판과 사랑을 깨닫게 한다.

시작하는 말

'호세아' 선지자는 12소선지 중의 한 사람으로서 북 왕국 이스라엘 출신으로 여로보암 2세 때 활동한 선지자였습니다. '호세아'(הושעיה:호사야)란 이름의 뜻은 '구원'이며, '여호수아', '예수'와 그 의미가 같습니다. 그는 하나님의 말씀에 순종하여 음녀인 고멜과 결혼하여 하나님의 이스라엘에 대한 마음을 비유적으로 체험했습니다. 당시 이스라엘은 많은 군 병력과 풍요로움을 갖춘 부국이었으나, 영적 상태는 고멜이 음행을 하고 남의 손에 팔리어가는 것과 같은 상태였으며, 외형적 풍요로움 이면에 더러운 죄악과 무서운 심판의 그늘이 드리워져 있었습니다.

오늘의 말씀

1. 호세아 선지자는 아내와 자녀들이 있었습니다(호 1:6~2:1)

호세아 선지자와 같이 경건한 선지자가 음란한 여인과 결혼하는 것은 어울리지도 않고 합당치 않은 일입니다. 그러나 호세아는 하나님의 명령에 따라 음란한 아내 고멜과 결혼했습니다. 이 결혼은 이스라엘의 운명을 보여주기 위한 하나님의 예시적인 방편이었습니다. 특히 하나님과의 단절을 뜻하는 세 자녀의 이름(4, 6, 9절)은 ① '이스르엘' - '하나님께서 쫓아내시다'. ② '로루하마' - '긍휼을 받지 못한 자' ③ '로암미' - '내 백성이 아니다'라는 의미로 이스라엘 백성이 저지른 범죄의 대가로 인한 하나님의 뜻을 계시하셨는데, 곧 이스라엘에 대한 하나님의 심판을 예언했던 것입니다.

· 함께 읽어요 : 호세아 1장 9절
"9 여호와께서 이르시되 그의 이름을 로암미라 하라 너희는 내 백성이 아니요 나는 너희 하나님이 되지 아니할 것임이니라."

2. 호세아 선지자는 부정한 아내를 용서합니다(호 3:1~5)

선지자 호세아가 맞은 아내 고멜은 결혼 후에도 음란한 죄에서 떠나지 못하고 다른 남자를 따라 다니며 음행을 계속했습니다. 음녀로 다시 돌아간 것입니다. 하나님께서는 호세아에게 그녀를 다시 사랑하라고 명하셨고, 호세아는 그 명령을 좇아 은 열다섯 개와 보리 한 호멜 반으로 고멜의 몸값을 지불하고 다시 데려왔습니다. 이는 하나님께서 자신과 사랑하는 이스라엘과의 관계를 나타내시기 위함이었습니다. 하나님께서는 이스라엘이 자신과의 언약을 깨뜨려 배반하고 음란하듯이 우상을 숭배함으로서 부정하게 되었으나 그들을 끝까지 사랑하시고 용서하시는 인내를 갖고 계심을 증거 하신 것입니다.

이렇게 부정한 아내의 몸값을 지불하고 다시 사서, 자유하게 함은 하나님께서 그리스도의 십자가의 고난으로 죄인의 죄 값을 지불하시고 죄로부터 자유하게 주심, 곧 구속(救贖: 구할 구, 살 속)하셔서 살려주심을 예표한 것입니다.

· 함께 읽어요 : 요한 1서 4장 10절

"10 사랑은 여기 있으니 우리가 하나님을 사랑한 것이 아니요 하나님이 우리를 사랑하사 우리 죄를 속하기 위하여 화목 제물로 그 아들을 보내셨음이라."

3. 이스라엘에 대한 하나님의 사랑이 여기 있습니다(호 11:8~11)

하나님께서는 호세아 선지자를 통하여 이스라엘에 대한 당신의 사랑을 증거 했습니다. 이스라엘이 아무리 극심한 죄악에 빠졌을지라도 그들을 궁극적으로 사랑하시고 버리지 아니하신다는 것입니다. 하나님의 징계의 채찍은 그들을 아프게 하시다가 상처를 다시 싸매주시는 것입니다. 하나님께서는 마지막 순간까지 이스라엘이 죄를 회개하고 돌이켜 구원 받기만을 간절히 원하시고 계신다는 것입니다. 이러한 하나님의 죄인에 대한 끊임없는 사랑의 극적인 표현이 바로 예수 그리스도를 통한 십자가에서의 사랑을 통해 죄인들을 용서하여 주신 것입니다.

"하나님의 사랑이 우리에게 이렇게 나타난바 되었으니 하나님이 우리를 사랑하사 우리 죄를 속하기 위하여 화목제물로 그 아들을 보내셨음이라"(요일 4:10)고 하셨습니다. 하나님이 세상을 사랑하시되 아들을 십자가에 내어주시기까지 사랑하셨습니다. 그렇습니다. 찬송가 527장 1절에서 "어서 돌아 오오 어서 돌아만 오오/ 지은 죄가 아무리 무겁고 크기로/ 주 어찌 못 담당하고 못 받으시리요./ 우리 주의 넓은 가슴은 하늘보다 넓고 넓어"라고 찬송하고 있습니다. 고멜과 같은 부정한 자라도 하나님 앞에 나와 회개하기만 하면 모든 부정함을 부정하다 아니하시고 용서해 주시는 것이 하나님의 무한한 사랑입니다.

· 함께 읽어요 : 호세아 12장 5~6절

"5 여호와는 만군의 하나님이시라 여호와는 그를 기억하게 하는 이름이니라. 6 그런즉 너의 하나님께로 돌아와서 인애와 정의를 지키며 항상 너의 하나님을 바랄 지니라."

정리하는 말

사랑하는 성도 여러분! 호세아 선지자를 통하여 고멜에게 베푼 사랑은 곧 하나님께서 우리에게 베풀어주신 한없는 사랑인 것입니다. 호세아 선지자는 이스라엘에 베풀어주신 하나님의 자비와 긍휼을 선포하며 "오라, 우리가 여호와께로 돌아가자 여호와께서 우리를 찢으셨으나 도로 낫게 하실 것이요 우리를 치셨으나 싸매어 주실 것임이니라"(호 6:1)고 권면했습니다. 이스라엘이 회복되는 길은 오직 하나님께 돌아와 그의 자비와 긍휼을 의지하는 것입니다. 회개하고 돌아오세요.

평가와 결심

1. 호세아 선지자의 자녀의 이름을 통해 주시는 교훈은?
   (1:2~9, 이스라엘에 대한 하나님의 심판을 계시하신 것입니다.)
2. 음란한 아내 고멜을 어떻게 하라고 하셨습니까?
   (호 3:1~5, 다시 사랑하라고 하셨음 – 몸값을 지불하고 다시 데려 옴)
3. 호세아 선지자를 통해 주시려고 하는 메시지는 무엇입니까?
   (호 11:1~11, 이스라엘에 대한 하나님의 사랑을 증거 하심)

주간 경건의 시간 <30> · 날마다 말씀과 함께

요일 / 내용	주일/월(Mon)	화(Tue)	수(Wed)	목(Thu)	금(Fri)	토(Sat)
찬송	83동 / 91동	208 / 246	209 / 247	210 / 245	211 / 346	212 / 347
성경	호1:-2:/호3:-4:	호 5:-6:	호 7:	호 8:	호 9:	호 10:
적용	음란한 아내 / 아내 다시 데려옴	여호와께 돌아가자	왕의 무지함	우상숭배	호세아의 경고	번영 속의 죄

* 사랑의 고통은 다른 모든 쾌락보다 훨씬 감미로울 수 있다.

<존 드라이든, 1631-1700, 영국 시인, 작가>

7단원 교육 점검의 달

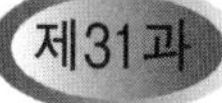

성령 약속 예언과 요엘

찬송 / 180, 179, 183 / 통 168, 167, 172
성경 / 요엘 1:1-20
요절 / 요엘 2:28
"그 후에 내 영을 만민에게 부어 주리니 너희 자녀들이 장래 일을 말할 것이며 너희 늙은이는 꿈을 꾸며 너희 젊은이는 이상을 볼 것이며"
목표 / 요엘 선지자의 여호와의 날과 성령 약속 예언을 알게 한다.

시작하는 말

선지자 '요엘'(יוֹאֵל: '여호와는 하나님이시다')은 아버지 브두엘의 아들로서 12소선지자 중의 한 사람입니다. 그의 이름은 하나님의 절대 주권을 강조하는 선지자의 이름을 반영하고 있습니다. 그는 유다의 요시야 왕의 치세 때에 활동했습니다. 이 책은 ① 여호와의 날이 무서운 심판의 날임을 가르쳐 주고, ② 그날을 준비하기 위해 회개를 권유하며, ③ 하나님이 주실 영적인 축복을 체험하도록 준비하기 위하여 기록했습니다. 선지자는 예루살렘과 유다에서 하나님의 심판을 와치며 회개할 것을 촉구했습니다.

오늘의 말씀

1. 옷을 찢지 말고 마음을 찢으라고 했습니다(욜 2:12-13)

선지자 요엘은 유다에 임할 하나님의 심판을 경고하면서 백성에게 옷을 찢지 말고 마음을 찢고 회개하라고 외쳤습니다. 옷을 찢는 다는 것은 회개하는 것의 외적 표현이었습니다. 그런데 아무리 옷을 찢어도 그 중심에 회개함이 없으면 그것은 아무런 의미가 없는 것입니다. 진정한 회개가 아닌 형식적인 회개는 하나님 앞에 가증한 죄악이었습니다. 그러므로 요엘 선지자는 이스라엘 백성에게 진정한 회개를 촉구한 것입니다. 말로만 회개하고 죄악에서 돌이키지 않는 것은 하나님을 조롱하는 행위인 것입니다. 진정으로 회개하면 하나님께서는 진노를 거두시고 은혜를 베풀어주십니다. 자비로우신 하나님의 사랑에 감사하시기 바랍니다.

· 함께 읽어요 : 요엘 2장 13절

"13 너희는 옷을 찢지 말고 마음을 찢고 너희 하나님 여호와께로 돌아올지어다. 그는 은혜로우시며 자비로우시며 노하기를 더디 하시며, 인애가 크시사 뜻을 돌이켜 재앙을 내리지 아니하시나니"

2. 선지자는 여호와의 날을 예언합니다(욜 2:1~11)

하나님께서는 이스라엘 백성의 죄악을 징계하시는 도구로서 이방 열국을 사용하셨지만 그들이 결코 하나님 보시기에 의로워서 사용하신 것이 아니었습니다. 그들은 자신들이 하나님의 도구로 사용 받고 있음을 인하여 더욱 겸손히 행해야 했으나 오히려 노를 발하고 자신들이 궁극적인 심판자인 것처럼 교만 방자했습니다. 그들은 포악과 잔인함으로 이스라엘 백성을 유린했습니다. 하나님께서는 요엘 선지자를 통하여 여호와의 날, 곧 구원의 날이 오면 이스라엘의 대적들에 대하여 심판하실 것을 약속하셨습니다. 즉 하나님의 언약 백성이 궁극적으로 승리하리라는 약속이었습니다. 하나님께서 악인의 흥왕함을 잠시 허락하실지라도 악인의 연수는 길지 못하여 속히 베임을 당하게 됩니다. 반면에 택함을 받은 하나님의 백성은 고난 중에 있을지라도 하나님의 풍성하신 은혜로 구원의 복을 누리게 되는 것입니다. 성도 여러분! 고난과 핍박을 당할지라도 인내하시면 반드시 승리를 주시며, 반석 위에 세우시며, 원수의 목전에서 잔치상을 차려 주십니다.

· 함께 읽어요 : 시편 23편 5절

"주께서 내 원수의 목전에서 내게 상을 차려 주시고, 기름을 내 머리에 부으셨으니 내 잔이 넘치나이다."

3. 요엘 선지자는 성령 임재를 예언했습니다(욜 2:28~31)

선지자들의 예언의 대부분은 죄악에 대한 하나님의 심판을 예언하고, 회개에 따른 용서와 회복과 승리를 말하고 있습니다. 요엘 선지자는 유다의 멸망을 예언했지만 만민을 향한 하나님의 놀라운 계획을 선포했습니다. 그것은 그리스도의 구속으로 인해 모든 만민이 '성령 충만'의 은혜를 받게 될 것에 대한 예언이었습니다. 오순절 마가의 다락방에서 성령 충만의 역사를 체험한 베드로는 하나님께서 요엘 선지자를 통해 예언하신 말씀이 성취되었음을 증거했습니다(행 2:16-17).

"누구든지 주의 이름을 부르는 자는 구원을 받으리라"(행 2:21)는 말씀은 유대인뿐 아니라 세상의 모든 민족이 예수 안에서 구원의 복을 얻게 됨을 뜻합니다. 이러한 복은 이미 하나님께서 믿음의 조상 아브라함에게 언약하셨던 내용입니다. 하나님께서는 유다에 대한 심판을 예언하실 뿐 아니라 마지막 날에 있을 큰 구원에 대해 예언하심으로써 하나님의 세상을 향한 궁극적인 목적이 구원임을 밝혀 주셨습니다.

사랑하는 성도 여러분! 하나님은 공의로우시지만 자비와 사랑의 하나님이십니다. 오늘날, 여러분 성도들은 이러한 언약의 성취 속에서 하나님께서 베푸시는 성령 충만케 하심과 은혜를 누리고 있는 줄 믿으시기 바랍니다.

· 함께 읽어요 : 요엘 2장 29~30절

"29 그 때에 내가 또 내 영을 남종과 여종에게 부어 줄 것이며 30 내가 이적을 하늘과 땅에 베풀리니 곧 피와 불과 연기 기둥이라."

정리하는 말

성도 여러분! 은혜는 성도들에게 가장 신비한 영약(靈藥)입니다. 말세를 살아가는 우리 성도에게 꼭 필요한 것이 '성령의 은혜'임을 알고 이미 요엘 선지자를 통해 약속하신 것입니다. '자녀들이 장래 일을 말할 것이고, 늙은이는 꿈을 꾸며, 젊은이는 이상을 볼 것이라'는 이 말씀이 곧 여러분들의 가정과 교회와 삶의 현장에 나타나시기를 소원합니다. 하나님의 은혜와 성령의 능력이 임하기를 바랍니다.

평가와 결심

1. 옷을 찢는 다는 의미가 무슨 뜻입니까?
   (요엘 2:13, 회개를 의미함, 진정한 회개를 촉구함)
2. 여호와의 날이란 어떤 날을 의미합니까?
   (요엘 2:1, 심판의 날, 택한 백성들의 회복의 날)
3. 요엘 선지자의 가장 돋보이는 예언이 무엇입니까?
   (요엘 2:28~31, 성령 임재에 대한 예언)

주간 경건의 시간 <31> · 날마다 말씀과 함께

요일 / 내용	주일/월(Mon)	화(Tue)	수(Wed)	목(Thu)	금(Fri)	토(Sat)
찬송	39동 / 73동	438 / 495	442 / 499	527 / 317	526 / 316	445 / 502
성경	호11: / 호12:	호 13:	호 14:	욜 1:	욜 2:	욜 3:
적용	내 백성 / 돌아오라	범죄의 결과	다시 꽃피리라	슬퍼할 지어다	마음을 찢으라	열방에 하나님 영

* 은밀한 사랑은 나쁘다. 그것은 곧 파멸에 이른다.

<플라우투스, B.C. 254-184, 로마 희극 시인>

8단원 신앙 수련의 달

공의의 선지자 아모스

찬송 / 516, 510, 493, 399 / 통 265, 276, 265
성경 / 아모스 1:1-15
요절 / 아모스 5:24
"오직 정의를 물같이, 공의를 마르지 않는 강 같이 흐르게 할지어다."
목표 / 공의를 전한 아모스 선지자의 신앙을 본받아 사회정의를 실천케 한다.

시작하는 말

아모스 선지자는 북왕국 이스라엘의 가장 부강한 여로보암 2세(B.C. 793~759년) 때에 하나님의 심판과 멸망을 예언한 '공의의 선지자'입니다. 아모스(עמוס)라는 이름의 뜻은 '무거운 짐을 지고 나르는 자'라는 의미입니다. 율법을 받은지 수백 년이 지나 참다운 신앙을 잃어버린 이스라엘 백성의 눈에는 역설적인 예언이었으나, 하나님의 공의에 대한 철저한 인식과 다가올 심판을 바라볼 수 있는 예언자적 안목을 갖춘 저자의 당연한 외침이었습니다. 아모스 선지자의 외치는 이스라엘의 종교, 사회적 부패를 깨닫게 하고 경고를 교훈 삼아야 하겠습니다.

오늘의 말씀

1. 아모스 선지자의 시대상과 성장 배경은 이렇습니다(암 1:1~3)

아모스 선지자는 베들레헴에서 남쪽으로 6마일 가량 떨어져 있는 드고아에서 출생하여 그 곳에서 뽕나무를 재배하며 목자로서 삶을 영위하였습니다. 그는 비록 남 유다에서 출생했으나 북 이스라엘의 여로보암 2세 때에 있었던 지진이 일어나기 2년 전에 북 이스라엘의 선지자로 부름 받아, 호세아와 더불어 여로보암 2세 때에 활동한 선지자였습니다. 당시 북쪽 이스라엘은 솔로몬 왕의 통치 때와 견줄 만큼 번영과 발전을 이룩했는데, 정치적 안정과 경제적 번영에 반비례하여 종교적, 도덕적 타락은 극에 달하고 있었습니다. 이러한 때에 아모스 선지자는 북 이스라엘의 정치, 종교 지도자들은 물론이거니와 백성들을 향해 그들의 불의와 부정, 타락 등을 강도 있게 비판하며, 하나님의 심판을 경고하고, 아울러 메시야를 통한 구원의 소망을 예언한 공의의 선지자였습니다.

· 함께 읽어요 : 아모스 5장 21절

"21 내가 너희 절기들을 미워하여 멸시하며 너희 성회들을 기뻐하지 아니하나니 22 너희가 내게 번제나 소제를 드릴지라도 내가 받지 아니할 것이요 너희의 살진 희생의 화목제도 내가 돌아보지 아니하리라."

2. 아모스는 평범한 농부의 삶을 영위했습니다(암 7:10~17)

아모스 선지자는 드고아에서 뽕나무를 배양하며 양떼를 치는 목자로서 평범한 농부의 삶을 살다가(암 7:14~15), 북 이스라엘의 선지자로 부름을 받았습니다. 그는 비록 농부 출신이기는 하지만 성경에 능통했으며, 하나님의 말씀에 비추어 그 사회를 바라보는 통찰력과 비판 의식이 날카로운 인물이었습니다. 그는 특별히 북 이스라엘의 왕이 거주하며, 여로보암 1세가 이곳에 금송아지를 세운 이후로 우상 숭배의 소굴이 된 벧엘에서 활동하면서 북 이스라엘 백성들의 우상 숭배와 사회적 불의, 그리고 도덕적 타락상을 날카롭게 비판하며 책망했습니다. 그러던 중에 벧엘의 우상 숭배자 아마샤 제사장에 의해 북 이스라엘의 왕을 모반하는 자로 모함을 받기도 한 아모스 선지자는 결코 흔들림이 없이 하나님의 뜻을 전파하며 그들에게 임할 심판에 대해서도 예언한 신앙적 기개가 대단한 선지자였습니다. 그는 선지자로서 자신의 사명을 온전히 감당한 후 고향인 남쪽 유다로 돌아와 여생을 마친 것으로 추측되고 있습니다. 시대가 어려울 때 더욱 신앙을 잘 지키시기 바랍니다.

· 함께 읽어요 : 아모스 7장 17절

"17 여호와께서 이와 같이 말씀하시기를 네 아내는 성읍 가운데서 창녀가 될 것이요 네 자녀들은 칼에 엎드러지며 네 땅은 측량하여 나누어질 것이며 너는 더러운 땅에서 죽을 것이요 이스라엘은 반드시 사로잡혀 그의 땅에서 떠나리라 하셨느니라."

3. 아모스 선지자는 사회 정의와 영적 회복을 외쳤습니다(암 8:11~14)

아모스 선지자는 비록 평범한 농부에 지나지 않았지만 광야 생활에 대한 해박한 지식과 성경에 정통한 지혜를 갖는 등 학문에도 깊이가 있었던 인물입니다. 동시에 북쪽 이스라엘의 사회 전반에 걸쳐 있었던 사회 구조적 모순을 정확히 파악할 정도의 분별력과 통찰력이 뛰어났으며, 또한 그는 선지자로서 사명감에 투철하여 하나님의 말씀이라면 누구 앞에서도 담대히 증거 했으며, 아마샤 제사장의 위협에도 굴하지 않고 담대히 주의 말씀을 증거 하는 소신과 기개가 넘쳤습니다. 그는 자신이 먼저 윤리적이며 도덕적인 삶을 살아왔기에 부패한 사회를 향하여 공의와 정의를 강하게 선포할 수 있었습니다(암 5:24). 결국 아모스 선지자는 평생 북이스라엘에 대한 심판의 메시지를 등에 지고 하나님의 공의만을 바라보며 신실하게 살았던 충성된 선지자라 할 수 있습니다.

· 함께 읽어요 : 아모스 8장 11절

"11 주 여호와의 말씀이니라. 보라 날이 이를지라. 내가 기근을 땅에 보내리니 양식이 없어 주림이 아니며 물이 없어 갈함이 아니요 여호와의 말씀을 듣지 못한 기갈이라."

정리하는 말

이스라엘은 여로보암 2세 때에 부강했으나, 빈부가 극심했고, 부유한 반면 도덕적 해이와 상업 윤리, 성 윤리가 땅에 떨어졌습니다. 종교는 형식만 남아 제사가 빈번하게 드려졌으나 이미 혼합 종교적 양상을 띄고 있었습니다. 사랑하는 성도 여러분! 여러분들의 신앙이 형식화되어진 것은 아닙니까? 우리 성도 한 사람 한 사람이 공의를 행하고, 정의를 실천해 갈 때 이 사회는 희망이 있습니다. 화석처럼 굳어진 마음 밭을 파헤쳐 뒤엎고 하나님의 정의와 공의를 심으시길 간절히 소원합니다.

평가와 결심

1. 아모스 선지자의 직업과 활동 무대는 어디였습니까?
   (암 7:14, 뽕나무를 배양하는 농부요 목자요, 북 이스라엘의 벧엘)
2. 아모스 선지자가 활동하던 북 이스라엘의 시대상은 어떠했는가?
   (암 1:1, 6:4~6, 여로보암 2세 때, 풍요와 번영 반면에 종교적 부패 극심함)
3. 아모스 선지자의 신앙과 메시지는 무엇이었습니까?
   (암 7:13~17, 선지자로서 사명감이 투철함과 공의와 정의를 외침)

주간 경건의 시간 <32> · 날마다 말씀과 함께

요일 / 내용	주일/월(Mon)	화(Tue)	수(Wed)	목(Thu)	금(Fri)	토(Sat)
찬송	91동 / 93동	523 / 262	527 / 317	526 / 316	525 / 315	528 / 318
성경	암1:-2:/암2:-3:	암 4:	암 5:	암 6:	암 7:-8:	암 9:
적용	두로와 모압 죄 / 모압의 심판	이스라엘 위선 고집	여호와를 찾으라	향락에 취한 자	아모스가 본 네 환상	다섯 번째 환상

* 정신적인 자원 없이는 경제적인 부흥은 없다. <알 히스트, 독일>

8단원 신앙 수련의 달

여호와를 크게 경외한 오바댜

찬송 / 400, 415, 413 / 통 463, 471, 470
성경 / 오바댜 1:1-11
요절 / 오바댜 1:10
"네가 네 형제 야곱에게 행한 포학으로 말미암아 부끄러움을 당하고 영원히 멸절되리라."
목표 / 불의한 세상 속에서도 참 신앙, 큰신앙인으로 살아가는 태도를 기른다.

시작하는 말

본서는 이스라엘의 대적이 되었던 에돔의 멸망을 선포하여 자연스럽게 이스라엘의 구원을 예언합니다. 형제 국가인 이스라엘을 수백 년에 걸쳐 대적해 온 에돔에 대한 하나님의 진노는 매우 컸습니다. 이스라엘을 미워하던 에돔 족속은 살육 당하며 멸절되어(1:9), 결국은 민족 자체가 소멸되는 비극을 맞을 것이나(1:16), 이스라엘은 자기를 괴롭혀 왔던 에돔을 멸망시키고 구원 얻을 것이라 예언합니다. 이 예언은 형제에게 포학을 저지른 악한 자를 멸망시키시는 하나님의 공의의 실현이며, 에서를 미워하고 야곱을 사랑하신 예언의 성취인 것입니다.

오늘의 말씀

1. 오바댜는 궁내대신이었습니다(왕상 18:3~4)

아합 왕 때에 궁내 대신이었던 오바댜는 어렸을 때부터 하나님을 섬기는 참 신앙인이었습니다. 오바다(עבדיהו : 오바드야후)는 '여호와를 섬기다' 라는 뜻입니다. 이 이름 속에 담긴 동사 '아바드' 는 종처럼, 노예처럼 섬긴다는 뜻을 가지고 있습니다. 오바댜는 당시 바알 숭배의 심장부라 할 수 있는 아합 궁중의 고위직에 있었습니다. 그는 궁중의 모든 살림을 책임지고 있는 궁내 대신이었습니다. 오바댜가 악한 왕인 아합에게 인정을 받아 궁내 대신이라는 높은 지위에 오르게 된 것은 그가 근면하고 성실했기 때문이고, 엘리야 시대 가뭄 때문에 아합 왕과 함께 물의 근원을 찾아다닐 정도로 신임이 두터웠습니다. 여러분들은 가정에서 직장에서 상사에게 그런 신임을 받고 있습니까? 윗사람을 잘 섬겨야 합니다.

· 함께 읽어요 : 열왕기상 18장 12절

"내가 당신을 떠나간 후에 여호와의 영이 내가 알지 못하는 곳으로 당신을 이끌어 가시리니 내가 가서 아합에게 말하였다가 그가 당신을 찾지 못하면 내가 죽임을 당하리이다. 당신의 종은 어려서부터 여호와를 경외하는 자라."

2. 오바댜는 훌륭한 신앙인이었습니다(왕상 18:12~13)

오바댜는 우상 숭배에 극심했던 아합 왕을 모시는 신하로서 우상을 숭배하지 않고 여호와 하나님만을 크게 섬기며 경외했습니다. 그 주변에는 우상 숭배자들이 가득했지만 악에 물들지 않고 신앙을 굳게 지켰던 위대한 신앙인이었습니다. 참으로 쉽지 않은 일이지만 엘리야 때 극심한 가뭄에 시달리는 시기에 100명이나 되는 선지자들을 50명씩 숨겨 놓고 공양했습니다. 위기에 처한 선지자들을 돕는 것이 자신의 사명이라고 생각하고 이 일을 위해 생명을 걸었습니다. 물의 근원을 찾아 나설 때 아합 왕과 각기 다른 길로 나섰다가 엘리야를 만나 '내 주 엘리야여!' 라고 인사하며 하나님의 선지자를 깍듯이 섬겼습니다. 참으로 위태한 때이지만 오바댜는 이 일을 해냈습니다. 사랑하는 성도 여러분! 어려울 때일수록 믿음을 포기해서는 안 되고, 선행을 계속하시기 바랍니다.

· 함께 읽어요 : 열왕기상 18장 13절

"이세벨이 여호와의 선지자들을 죽일 때에 내가 여호와의 선지자 중에 백 명을 오십 명씩 굴에 숨기고 떡과 물로 먹인 일이 내 주에게 들리지 아니 하였나이까?"

3. 오바댜는 하나님이 쓰시는 자였습니다(왕상 18:1~18)

아담의 범죄 후에 인간은 타락하여 본질상 죄악의 자녀입니다. 그러나 예수님의 십자가 보혈로 대속하시고 부활시키셔서 재창조하셨습니다.

그러므로 그리스도인들은 새로운 피조물이므로 악하고 패역한 이 세대를 본받아서는 안 됩니다. 이 악한 세대는 사탄의 종이 되어 하나님을 대적하고 하나님의 나라를 실현하는데 그리스도인들을 타락하도록 만들기 때문입니다. 하나님께서는 주님의 뜻을 갈망하고 분별하는 사람을 사용하시고 이 큰 역사를 맡기시는 것입니다. 그러므로 하나님의 마음에 합한 자라고 칭찬 받았던 다윗처럼 주의 뜻을 분별하며 행하는 자라야 합니다.

사람이 무슨 일을 할 때 잠시 열심을 내기는 쉬우나 꾸준히 계속하기란 어렵습니다. 그리고 여러 가지 일을 바꾸어서 하기는 참으로 어렵습니다.

하나님께서는 세상이 다 변하여도 주님은 시종여일하신 분이시기에 변함없이 섬기는 일꾼을 찾습니다. 사랑하는 성도 여러분! ① 변함없이 충성하세요. ② 아낌없이 헌신 하세요. ③ 중심으로 사랑하세요. 오바댜는 어려운 상황 하에서도 자신의 신변에 위협을 느끼면서도 변함없이 주의 선지자들을 공양했습니다. 하나님께서 쓰시는 일꾼처럼 시종일관 충성해야 하되 종의 자리에서 하나님 앞에서 충성을 다하시기를 부탁합니다.

· 함께 읽어요 : 에베소서 6장 6~7절

"6 눈가림만하여 사람을 기쁘게 하는 자처럼 하지 말고 그리스도의 종들처럼 마음으로 하나님의 뜻을 행하고 7 기쁜 마음으로 섬기기를 주께 하듯 하고 사람들에게 하듯 하지 말라."

정리하는 말

사랑하는 성도 여러분! 여러분들은 어렵고 힘들 때 과연 어떤 방식으로 세상을 살아가십니까? 세상 사람들의 방법대로 살아가면 실패입니다. 오바댜는 불신앙의 사람들이 우글대는 왕궁에서 궁내 대신으로 근무하면서 하나님의 뜻을 수행한 위대한 종이었습니다. 오늘날 이런 신앙의 위대한 일꾼들이 필요한 때 그런 신앙인으로 살아가시기 바랍니다.

평가와 결심

1. 선지자 오바댜의 하는 일이 무엇이었습니까?
   (왕상 18:12, 아합 왕을 모시는 궁내 대신)
2. 선지자 오바댜의 돋보이는 신앙의 행위는 무엇입니까?
   (왕상 18:13, 이세벨의 칼날을 피해 선지자 100명을 몰래 공양)
3. 하나님께서 어떤 사람을 쓰십니까?
   (①세대를 본받지 않으며 ②주의 뜻 분별 ③시종여일한 충성 자)

주간 경건의 시간 <33> · 날마다 말씀과 함께

요일 / 내용	주일/월(Mon)	화(Tue)	수(Wed)	목(Thu)	금(Fri)	토(Sat)
찬송	23동 / 39동	180 / 168	182 / 169	183 / 172	184 / 173	185 / 179
성경	왕상17:/왕상 18:	왕상 19:	왕상 20:	왕상 21:	왕상 22:	옵 1:
적용	기름 예언 / 엘리야와 오바댜	엘리야의 피신	벤하닷의 공격	아합과 나봇	달아매라	에돔의 죄와 심판

* 자녀들에게 부지런한 습관을 갖게 해 주는 것이 많은 재산을 물려주는 것보다 낫다.
<리차드 워틀리, 1787-1863, 더블린 대주교>

8단원 신앙 수련의 달

니느웨에 선교한 요나

찬송 / 187, 186, 188 / 통 171, 176, 180
성경 / 요나 1:1-17
요절 / 요나 3:4
"요나가 그 성읍에 들어가서 하루 동안 다니며 외쳐 이르되 사십 일이 지나면 니느웨가 무너지리라 하였더니"
목표 / 요나의 전도로 구원받은 니느웨를 보며 전도와 회개의 삶을 배운다.

시작하는 말

요나는 선지자로서 북쪽 이스라엘의 요아스 왕과 여로보암 2세 때에 활동했습니다. 요나(יונה)라는 이름의 뜻은 '비둘기'라는 의미입니다. 한 때는 여호와의 명령에 불순종했지만 결국은 두 번째 임한 하나님의 선교 명령에 순종하여 니느웨 성을 회개시킨 주역이 되었습니다. 니느웨에 가서 억지로 선교한 요나의 전도로 이방 국가 니느웨가 구원 받는 장면은 하나님의 뜨거운 관심은 선교에 있음을 보여줍니다. 당시 편협적인 민족주의를 벗어나 이방 선교의 길을 연 요나야말로 구약의 불평 많은 선지자였으나 성공한 선교사로서의 주역이 되었습니다.

오늘의 말씀

1. 요나는 멸망과 회복의 선포자가 되었습니다(욘 1:1~3)

요나는 갈릴리의 한 마을인 가드헤벨 출신으로 아밋대의 아들이었습니다. 그는 북 이스라엘의 요아스 왕과 여로보암 2세 때에 북쪽 이스라엘에서 예언 활동을 한 선지자였습니다(왕하 14:25). 당시 이스라엘은 앗수르의 세력 약화라는 호기 속에서 여로보암 2세가 강력한 통치력을 행사함으로써 하맛 어귀까지 영토를 확장하는 등 전성기였습니다.

이때에 적대국인 앗수르는 나약한 왕들의 등극으로 인해 국력이 쇠약해진 상태였습니다. 하나님께서는 바로 이러한 때 앗수르의 수도 니느웨 사람들을 회개시키기 위해 요나를 부르셨던 것입니다.

· 함께 읽어요 : 열왕기하 14장 25절

"25 이스라엘의 하나님 여호와께서 그의 종 가드헤벨 아밋대의 아들 선지자 요나를 통하여 하신 말씀과 같이 여로보암이 이스라엘 영토를 회복하되 하맛 어귀에서부터 아라바 바다까지 하였으니"

2. 요나는 하나님의 명령을 어겨 징계를 받았습니다(욘 1:14~17)

선지자 요나는 앗수르의 수도 니느웨에 가서 복음을 전파하라는 하나님의 명령을 거역하고 정 반대쪽인 다시스로 도망을 했습니다. 그 도망하는 여정 중에 바다 위에서 폭풍을 만나게 됩니다. '누구로 인하여 이런 풍랑이 왔는가?' 문제를 두고 제비를 뽑자 요나가 당했습니다.

요나는 자신을 바다에 던져 넣으면 바다가 잔잔해 질 거라고 했습니다. 결국 바다에 던져졌고, 바다는 잔잔해 졌지만 요나는 큰 물고기 뱃속에 들어가 생존하여 3일 동안 보내면서 자신을 향하신 하나님의 사랑과 자신에게 주어진 하나님의 명령이 얼마나 중요한지를 깨닫고 감사하는 기도와 경배를 드립니다(욘 2:1~9). 요나는 두 번째 명령에 순종하여 니느웨로 가 하룻길을 다니며 "40일이 지나면 니느웨가 망하리라"고 전했더니 니느웨 백성들 모두가 금식하며 회개를 하자 하나님께서는 뜻을 돌이키사 진노를 내리시지 않았습니다. 이에 요나는 하나님께 불평을 토로했습니다(욘 4:1~3). 그러나 박넝쿨의 교훈을 통하여 이방 니느웨도 하나님께서 사랑하신다는 것을 깨달았습니다. 하나님의 배려 깊은 보살핌과 섭리는 감히 인간이 다 깨달을 수 없습니다. 하나님의 크시고 오묘하신 사랑에 감사하시기 바랍니다.

· 함께 읽어요 : 요나서 4장 10~11절

"10 여호와께서 이르시되 네가 수고도 아니 하였고, 재배도 아니 하였고, 하룻밤에 났다가 하룻밤에 말라 버린 이 박넝쿨도 아꼈거든 11 하물며 이 큰 성읍 니느웨에는 좌우를 분변하지 못하는 자가 십이만여 명이요 가축도 많이 있나니 내가 어찌 아끼지 아니하겠느냐하시니라."

3. 요나의 성품과 신앙은 양면성이 있습니다(욘 4:1~4)

오늘날 많은 신자들은 세상과 교회 사이에서 불안해하며 두 마음을 품고 갈등을 느끼고 있습니다. 요나는 하나님께서 이스라엘만을 사랑하신다는 극도의 민족주의자로 생각되어집니다. 이스라엘 나라에 늘 대적 상태로 달려드는 원수의 나라 앗수르의 수도 니느웨에 가서 복음을 전하라는 명령이 도저히 이해가 되지 않았습니다. 그래서 여호와의 명령을 어기고 정반대 쪽인 다시스로 가는 배에 몸을 실었던 것입니다. 하나님께 부름 받은 선지자가 불순종의 죄를 범하면서도 그 죄악을 깨닫지 못할 때 그의 행동은 혼돈과 파멸 그 자체입니다. 그러나 이제 불순종의 죄를 깨닫고, 즉시 잘못을 뉘우칩니다. 니느웨에 하나님의 진노가 내리지 않았던 것에 아쉬워하는 편협적이고, 다혈질적인 기질을 가졌으면서도, 풍랑이 일어나자 '자신 때문이라고 자신을 바다에 던져 넣으라'고 한 용기가 돋보입니다. 자신의 사역을 통해 하나님의 사랑이 얼마나 깊고 넓은지 직접 체험하며 깨달은 선지자이기도 합니다.

· 함께 읽어요 : 요나서 4장 3절

"3 여호와여 원하건대 이제 내 생명을 거두어 가소서 사는 것보다 죽는 것이 내게 나음이니이다 하니"

정리하는 말

선지자 요나는 편협적이며, 다혈질적이지만, 깨달을 때 즉시 회개하는 강점을 지녔습니다. 그의 니느웨 선교로 이방 선교의 문이 열려졌고, 하나님의 선교 열정을 성취해 드렸습니다. 여러분! 이방 선교의 열성을 가지시기를 바랍니다. 사랑하는 성도 여러분들에게도 이방 선교의 문이 활짝 열려지시기를 간절히 소원합니다.

평가와 결심

1. 요나가 가라고 하신 선교 명령을 받은 곳이 어디 입니까?
   (욘 1:1~3, 앗수르의 수도 니느웨)
2. 요나가 명령 불순종으로 벌어진 일이 무엇입니까?
   (욘 2:1~10, 풍랑 일고 바다에 던져 지고, 큰 물고기에게 삼켜짐)
3. 요나 선지자가 하나님 말씀을 순종한 결과는 무엇입니까?
   (욘 3:4~4:11, ① 니느웨의 회개 ② 진노 멈추심, ③ 하나님의 관심을 깨달음)

주간 경건의 시간 <34> · 날마다 말씀과 함께

요일 / 내용	주일/월(Mon)	화(Tue)	수(Wed)	목(Thu)	금(Fri)	토(Sat)
찬송	25동 / 27동	266 / 200	320 / 350	336 / 383	370 / 455	388 / 441
성경	욘1: / 욘2:	욘 3:	욘 4:	왕하 14:	왕하 15:	마 12:
적용	너는 일어나 / 요나 회개 감사	니느웨의 회개	하나님의 자비	아마샤 여로보암	아사랴 므나헴	기적 구하는 시대

* 서 있는 농부는 앉아 있는 신사보다 훌륭하다.

<벤자민 프랭클린, 1706-1790, 미국 정치가, 발명가, 저술가>

8단원 신앙 수련의 달

제35과

메시야 나실 곳을 예언한 미가

찬송 / 105, 101, 104 / 통일 105, 106, 104
성경 / 미가 1:1-16
요절 / 미가 6:8
"8 사람아 주께서 선한 것이 무엇임을 네게 보이셨나니 여호와께서 네게 구하시는 것은 오직 정의를 행하며 인자를 사랑하며 겸손하게 네 하나님과 함께 행하는 것이 아니냐?"
목표 / 베들레헴에 오신 예수 그리스도의 예언을 통해 확실한 믿음을 갖도록한다.

시작하는 말

유다 왕 요담 · 아하스 · 히스기야 시대(B.C. 약 739~687년), 곧 이사야와 동시대 모레셋 사람 미가(מִיכָיה: 미카야- 누가 하나님과 같은가?)에게 여호와의 말씀이 임했습니다. 예레미야 선지자도 히스기야 시대에 미가가 예루살렘에 대한 심판의 예언을 기록하고 있습니다(렘 26:18~19). 미가서는 이스라엘과 유다의 멸망을 예언합니다. 이 두 사건이 200여년 시간적인 차이가 있지만 하나님의 결정이 내려진 이상 저자의 눈에는 일직선상에 보여 질 따름이었습니다. 멸망의 선포가 주어졌음에도 불구하고 유다의 종교적, 도덕적 부패는 계속되었습니다.

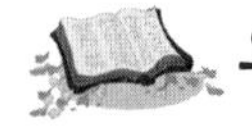

오늘의 말씀

1. 미가 선지자의 활동 시대상은 이렇습니다(미 1:1~7)

미가 선지자는 이사야 선지자와 같은 시대에 활동했습니다. 그는 B.C.

734년에 수리아와 에브라임이 반란 전쟁을 일으키도록 부추긴 앗수르 제국의 세력 팽창을 목격했으며, B.C. 722~721년에 사르곤에 의해 북 이스라엘의 멸망과 북쪽 지파들의 분산을 생생하게 체험했습니다. 남 유다 왕국 자체는 B.C. 701년에 침공을 받았으나, 앗수르에 조공을 바치고 약간의 영토를 블레셋에게 빼앗긴 것 외에 큰 피해가 없었습니다. 하지만 처음에는 사마리아로부터, 그리고 후에는 블레셋에 편입된 영토로부터 온 피난민들의 유입이 부자와 가난한 자 사이의 빈부의 격차를 더 벌어지게 만들었습니다. 이런 경제적인 갈등으로 백성들의 불만은 커가고, 더구나 종교적 지도자들의 부패와 타락은 시대를 더 어둡게 만들어갔습니다.

· 함께 읽어요 : 미가 3장 11절

"그들의 우두머리들은 뇌물을 위하여 재판하며 그들의 제사장은 삯을 위하여 교훈하며 그들의 선지자는 돈을 위하여 점을 치면서도 여호와를 의뢰하여 이르기를 여호와께서 우리 중에 계시지 아니하냐? 재앙이 우리에게 임하지 아니하리라 하는 도다."

2. 미가 선지자는 영적 진단을 내리고 있습니다(미 2:1~11)

어느 시대나 정치적 지도자들의 타락은 그 사회의 현상을 무너지게 만들고, 영적 지도자들의 부패는 바로 백성 전체의 내적 몰락을 가져오게 했습니다. 이스라엘과 유다도 예외는 아니었습니다. 그럼에도 불구하고 미가 선지자는 12~13절에서 '이스라엘의 남은 자'에 대한 구원을 약속하고 있습니다. 3장은 다시 심판에 대한 예언으로 돌아오고 있습니다. 즉 유다의 통치자들과 재판관들이 가난한 자들을 야만적으로 학대하고, 선지자들이 돈벌이를 위해 예언을 하기 때문에, 시온 산은 '밭 같이 갊을 당하고' 예루살렘은 '무더기가 될 것'을 예언합니다(12절).

4~5장에서는 미래의 소망이 강조되고 있습니다. '여호와의 산' 시온은 높아지게 되고, 모든 민족이 율법('토라' תורה)으로 교훈받기 위해 평

화롭게 예루살렘으로 돌아오게 될 것입니다(4:1~5, 사 2:2~4).

하나님께서는 환난을 받게 한 그분의 백성들을 '남은 백성'으로 세우시고(미 4:6~7), 다윗 왕국을 회복시키실 것입니다(8절). 고통의 기간(베벨론 포로 기간, 9~10절, 5:1)에도 불구하고, 이스라엘은 '많은 이방'에 대하여 궁극적으로 승리하게 될 것입니다(4:11~13).

· 함께 읽어요 : 미가 4장 13절

"13 딸 시온이여 일어나서 칠지어다. 내가 네 뿔을 무쇠 같게 하며 네 굽을 놋 같게 하리니 네가 여러 백성을 쳐서 깨뜨릴 것이라. 네가 그들의 탈취물을 구별하여 여호와께 드리며 그들의 재물을 온 땅의 주께 돌리리라."

3. 미가는 용서와 구속에 대한 약속을 예언했습니다(미 5:1-15)

미가 선지자는 다시 다윗의 후손이 될 메시야적 왕 아래에 있게 될, 재통일 된 이스라엘을 위한 평화 시대를 선포하고 있습니다. 현재는 죄악의 결과로 "딸 시온이여! 해산하는 여인처럼 힘들여 낳을지어다. 이제 네가 성읍에서 나가서 들에 거주하며, 또 바벨론까지 이르러 거기서 구원을 얻으리니 여호와께서 거기서 너를 네 원수들의 손에서 속량하여 내시리라"(미 4:10). 이렇게 예언하고 이어서 "베들레헴 에브라다야 …. 이스라엘을 다스릴 자가 네게서 내게로 나올 것이라"(미 5:2)고 정확하고도 밝게 희망적인 예언을 합니다. 이 말씀은 마태복음 2장 동방의 박사(점성가)들이 예루살렘까지 별을 보고 왕을 경배하기 위해 예물을 준비해 가지고 와서 "유대인의 왕으로 나신 이가 어디 계시냐? 우리가 동방에서 그의 별을 보고 그에게 경배하러 왔노라."(마 2:2) 할 때에 왕이 대제사장과 백성의 서기관들에게 묻습니다. "그리스도가 어디서 나겠느냐?" 그때 미가 선지자의 예언을 들어서 밝혀 주고 있습니다.

· 함께 읽어요 : 미가 5장 2절

"베들레헴 에브라다야! 너는 유다 족속 중에 작을지라도 이스라엘을 다스릴 자가 네게서 내게로 나올 것이라. 그의 근본은 상고에, 영원에 있느니라.”

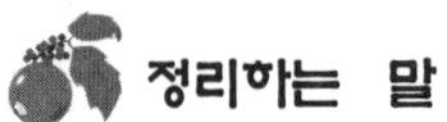

정리하는 말

여러분! 메시아의 나심은 우연이 아닙니다. 미가 선지자의 예언이 있은 후 약 700년 후에 정확하게 ‘베들레헴’에 탄생하셨습니다. 시대적으로 암울하던 때에 미가 선지자의 혜성처럼 던진 메시야 탄생 예언은 듣는 이의 가슴을 후련하게 해 줍니다. ‘베들레헴’(ביתלחם : 떡집)에서, 생명의 떡 예수 그리스도께서 태어나신 것입니다. 주님을 찬양 드립니다.

평가와 결심

1. 미가 선지자가 활동한 시대는 어느 때입니까?
(유다 왕 요담·아하스·히스기야 시대<B.C. 약 740~687년>)
2. 미가 선지자의 진단은 무엇입니까?(미 2:1~11, 영적 진단임)
3. 미가 선지자의 예언의 백미는 무엇입니까?(미 5:2)
(생명의 떡이신 그리스도께서 베들레헴 떡집에서 낳으리라는 예언)

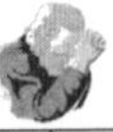

주간 경건의 시간 <35> · 날마다 말씀과 함께

요일 / 내용	주일/월(Mon)	화(Tue)	수(Wed)	목(Thu)	금(Fri)	토(Sat)
찬송	28동 / 29동	213 / 348	294 / 416	120 / 120	121 / 121	123 / 123
성경	미1: / 미2:	미 3:	미 4:	미 5:	미 6:	미 7:
적용	야곱의 허물 / 가난한 자 억압	지도자들의 죄악상	평화의 중심	베들레헴	이스라엘의 죄	이스라엘의 부패

* 분주한 꿀벌에게는 슬퍼할 겨를이 없다. <블레이크>

9단원 교육 심화의 달

니느웨 멸망을 전한 나훔

찬송 / 246, 252, 254 / 통 221, 184, 186
성경 / 나훔 1:1-17
요절 / 나훔 1:15
"볼지어다. 아름다운 소식을 알리고 화평을 전하는 자의 발이 산 위에 있도다. 유다야 네 절기를 지키고 네 서원을 갚을지어다. 악인이 진멸되었으니 그가 다시는 네 가운데로 통행하지 아니하리로다하시니라."
목표 / 하나님의 절대주권과 공의를 믿고 신뢰하게 한다.

시작하는 말

나훔(נחום : 위안, 위로자라는 뜻) 선지자는 남 유다의 엘고스 사람입니다(1:1). 그는 이스라엘을 멸망시키고 유다의 소망에 결정적 영향을 주었던 앗수르의 멸망을 선언하여, 하나님의 자기 백성에 대한 사랑과 악한 자를 징벌하시는 변치 않는 공의를 일깨워줍니다. 저자는 앗수르의 멸망에 주시하고 있으며, 하나님의 절대 주권과 변함없는 공의를 강조하여 신본주의의 특성을 잘 나타내 주고 있습니다. 본서는 답관체[1]의 시적 구성의 아름다운 문체로 읽는 이로 하여금 감성을 더해 줍니다.

오늘의 말씀

1. 나훔서의 배경을 살펴보겠습니다(나 1:1)

1) '답관체'란 히브리 문자 22자의 첫 문자대로 시작하는 시 형식을 말함

나훔 선지자를 '제사적 선지자'(a cult prophet)로 간주하는 것은 1장 15절에 근거하고 있습니다. 그러나 나훔서에는 예루살렘에 대한 언급과 제사에 대한 규례들이 거의 나타나 있지 않음을 보게 됩니다. 나훔서의 기록 연대는 B.C. 7세기경으로 추정됩니다. 본서에 언급된 테베(나 3:8~10)의 약탈 사건은 B.C. 663년 앗수르 왕 앗수르바니팔에 의해 자행되었습니다. 그리고 나훔서의 초점인 니느웨의 멸망은 B.C. 612년 신바벨론 제국의 창건자인 나보폴라살에 의하여 이루어졌습니다. 따라서 나훔서는 테베의 약탈 사건 이후와 앗수르의 멸망 이전 사이에 기록된 것이 틀림없습니다.

· 함께 읽어요 : 나훔 1장 15절

"15 볼지어다. 아름다운 소식을 알리고 화평을 전하는 자의 발이 산 위에 있도다. 유다야 네 절기를 지키고 네 서원을 갚을지어다. 악인이 진멸되었으니 그가 다시는 네 가운데로 통행하지 아니하리로다하시니라."

2. 나훔 선지자는 심판과 소망의 메시지를 전합니다(나 1:2~17)

나훔 선지자가 언급하고 있는 니느웨는 본서가 기록되기 약 100년 전에 요나 선지자의 선교로 국민적 회개를 체험했으나(욘 3:10), 다시 악을 행하여 멸망하기에 이른 것입니다. 그래서 본서는 ① 대적인 앗수르의 멸망과 압제하던 유다의 구원을 선포하기 위하여, ② 포악했던 앗수르의 멸망을 보고 하나님의 공의의 성취를 깨닫게 하기 위하여, ③ 앗수르의 멸망이 하나님의 계획으로 된 것임을 보여주어 하나님의 절대 주권을 가르치기 위하여 기록한 책입니다.

나훔 선지자는 니느웨의 운명이 옛날 자기들에게 멸망당한 테베 성의 운명과 같을 것이라고 선고합니다(2:8~9). 앗수르는 이전에 다른 나라들에게 행했던 것처럼 잔인하게 죽임을 당하고, 포로 잡힘과 약탈을 당할 것을 예언합니다(10~13절). 선지자는 비웃으면서 앗수르에게 포위를 대비하라면서(14~17절), 니느웨의 멸망 소식을 듣는 모든 자들은 기뻐할 것이라는 조롱으로 끝을 맺고 있습니다(18~19절). 바로 나훔 선지자가 본서 전체의 메시지를 통해 꿰뚫고 있는 '하나님의 주권'을 강조하고 있습니다. 이는 이방나라까지 다스리시는 하나님의 절대적 주권입니다.

· 함께 읽어요 : 나훔 2장 13절

"13 만군의 여호와의 말씀에 내가 네 대적이 되어 네 병거들을 불살라 연기가 되게 하고 네 젊은 사자들을 칼로 멸할 것이며, 내가 또 네 노략한 것을 땅에서 끊으리니 네 파견자의 목소리가 다시는 들리지 아니하리라 하셨느니라."

3. 나훔 선지자는 선민에게 은혜를 베푸심을 전합니다(1:15)

나훔서는 유일무이하게 유다의 도덕적이고 영적인 죄악들에 대한 지적이 기록되어 있지 않습니다. 하나님께서는 이스라엘의 대적인 앗수르 제국 위에 피할 수 없는 징벌을 집행하실 것이며, 하나님의 선민 위에는 불가항력적인 '하나님의 구원'이 베풀어진다는 것이 본서의 주제이기도 합니다. 나훔 선지자는 뚜렷이 이스라엘의 하나님이 이스라엘을 대적하는 나라들의 신들과 그들의 역사 위에 군림하신다고 선포하고 있습니다(1:2~8). 그러므로 나훔서는 온 세계에 미치는 하나님의 주권을 기념하는 신년 축제 의식을 위해 지어졌다고 주장하기도 합니다. 앗수르 위에 쏟으시는 하나님의 보복은(2:13~3:5), 실제적으로 전 우주의 심판자이신 하나님의 모습이 강조되어 있습니다. '앗수르의 악행을 늘 받던' 유다에게 나훔(위로자, 위안) 선지자로 하여금 '위로'를 전하고 있는 것입니다.

· 함께 읽어요 : 나훔 3장 18-19절

"18 앗수르 왕이여 네 목자가 자고 네 귀족은 누워 쉬며 네 백성은 산들에 흩어지나 그들을 모을 사람이 없도다. 19 네 상처는 고칠 수 없고 네 부상은 중하도다. 네 소식을 듣는 자가 다 너를 보고 손뼉을 치나니 이는 그들이 항상 네게 행패를 당하였음이 아니더냐 하시니라."

정리하는 말

사랑하는 성도 여러분! 세상에서 살아가면서 너무 다른 사람들을 괴롭히고 악하게 굴면 안 됩니다. 유다를 괴롭히던 앗수르는 하나님의 심판으로 멸절되고, 유다에는 다시 화평의 아름다운 소식이 전파될 것이라고 노래합니다. 정작 '아름다운 소식'은 B.C. 612년 앗수르의 멸망(습 2:13~15)으로 성취되었고, 더 나아가 예수 그리스도로 인해 이루어질 복음 전파 사역의 일면을 예시합니다. 즉, 예수의 복음 사역은 우리를 죄와 사탄의 압제에서 건지시고 영생을 허락하시는 아름다운 소식이 될 것입니다. 예수 그리스도야말로 우리의 소망이십니다.

평가와 결심

1. 나훔 선지자의 예언이 성취된 앗수르의 멸망은 언제였습니까?
   (나 3:8~11, B.C.<주전> 612년)
2. 나훔 선지자가 전한 메시지의 내용은 무엇이었습니까?
   (나 1:14~15, 앗수르의 멸망과 유다의 회복과 은혜 베푸심)
3. 나훔 선지자의 궁극적인 예언의 내용은 무엇이었습니까?
   (습 2:13~15, 주전 612년 앗수르 멸망과 그리스도의 복음 전파)

주간 경건의 시간 <36> · 날마다 말씀과 함께

요일 / 내용	주일/월(Mon)	화(Tue)	수(Wed)	목(Thu)	금(Fri)	토(Sat)
찬송	89동 / 93동	257 / 189	258 / 190	259 / 193	260 / 194	261 / 195
성경	대하33:/대하34:	대하 35:	대하 36:	나 1:	나 2:	나 3:
적용	므낫세 학정 / 요시야 개혁	유월절 지킴	여호야김 여호야긴	니느웨가 받을 벌	니느웨 망함 예언	니느웨 저주받음

* 근면에는 가장 아름다운 열매와 가장 풍성한 보상이 뒤따른다.

<아이잭 바로우, 1630-1677, 영국 신학자, 성직자>

9단원 교육 심화의 달

제37과

이신칭의를 전한 하박국

찬송 / 205, 208, 209 / 통 236, 246, 247
성경 / 하박국 1:1-17
요절 / 하박국 2:4
"보라 그의 마음은 교만하여 그 속에서 정직하지 못하나 의인은 그의 믿음으로 말미암아 살리라."
목표 / 의인은 믿음으로 사는줄 알고 믿음으로 살아가는 태도를 기른다.

시작하는 말

하박국(חבקוק : '포옹하다'라는 뜻)이 묵시로 받은 경고입니다. 본서는 악이 의를 이기고 승리하는 것처럼 보이는 세상에 대한 의인의 고뇌와 그 의문을 해결해 주시는 하나님의 응답으로 구성되어 있습니다. 조국의 악을 목도하고 슬퍼하는 선지자에게 하나님께서는 바벨론을 도구로 사용하셔서 심판하시겠다고 응답하시는데, 이는 더욱 큰 놀라움을 주었습니다. 바벨론의 죄악과 강포는 택한 백성 유다와는 비교도 되지 않을 정도로 컸기 때문입니다. 선지자는 이러한 의문을 하나님께 제시했는데, 이에 대한 응답이 그 유명한 '의인은 믿음으로 살리라'는 말씀인 것입니다. 어렵고 힘든 세상이지만 믿음으로 살아가시기 바랍니다.

오늘의 말씀

1. 하박국 선지자의 연대와 기록 목적, 특징이 있습니다(합 1:1~4)

하나님의 택함을 받은 유다 민족이 정착한 펠레스타인 지역은 남쪽의 애굽과 북동쪽의 갈대아, 그리고 가나안 등 여러 민족에 둘러싸여 이들의 오염된 우상 문화에 쉽게 접할 수밖에 없었습니다. 하박국 당시 단일 왕국으로 남은 유다는 종교적으로나, 도덕적으로 크게 타락했습니다. 그래서 본서의 기록 목적은 ① 하나님을 의지하는 믿음의 필요성을 가르치기 위하여, ② 의인의 고통과 악인의 형통은 일시적인 것이며, 궁극적으로는 하나님의 공의가 이루어짐을 알게 하기 위하여 기록했습니다.

기록의 형식은 백성에 대한 예언이 아닌, 하나님과 선지자와의 대화체로 구성되었습니다. 3장 전체는 시편과 비견될 만한, 하나님을 찬양하는 아름다운 송시로 되어 있습니다.

· 함께 읽어요 : 하박국 1장 16절

"그물에 제사하며 투망 앞에 분향하오니 이는 그것을 힘입어 소득이 풍부하고 먹을 것이 풍성하게 됨이니이다."

2. 하박국서의 내용을 알아야 합니다(합 2:1~20)

하박국 선지자는 서두(1:2-4)에서 유다 사회의 팽배한 강포와 무법함을 슬퍼하고 여호와께 간섭하여 주실 것을 간구합니다. 곧 이어 나오는 하나님의 응답(5-11절)은 배도한 자기 백성을 공의롭게 처리하시기 위해 잔혹한 갈대아 사람('사납고 성급한 백성', 6절)을 파병하실 하나님의 뜻을 알려 줍니다. 그때 선지자는 그들이 유다 백성보다 더 악한 자들이라고 불평합니다(12-17절). 그 의로우신 하나님께서 그의 도구로써 악한 백성을 왜 택하셨는지 이해하지 못합니다. "어찌하여 궤휼한 자들을 방관하시며 악인이 자기보다 의로운 사람을 삼키되 잠잠하시나이까?"(13절) 망대에서 열심히 기다리고 있는(2:1) 선지자는 또 다른 하나님의 응답을 받습니다(2-5절). 오만한 자는 패망하나 의로운 자는 승리할 것입니다. 본서는 '화있을진저'라고 하는 5개의 경고로 구성된 갈대아 사람에 대해 조롱하는 노래(2:6-20)를 합니다. 여기에서 그는 유다와 주변 열국에 대한 그들의 압제, 약탈과 자기 민족, 그리고 우상 숭배를 가지고 그들을 질책합니다. 그는 '여호와 앞에서 잠잠 하라'는 말로써 결론짓습니다(20절). 실제로는 여호와의 현현을 묘사하는 시로써 결론짓습니다. 불행을 이기시는 하나님의 승리를 믿는 선지자의 굳센 믿음을 술회합니다(16-19절). 여호와 앞에 잠잠하시고, 믿음으로 승리하시기를 바랍니다.

· 함께 읽어요 : 하박국 2장 20절
"오직 여호와는 그 성전에 계시니 온 땅은 그 앞에서 잠잠 할지니라 하시니라."

3. 하박국 선지자의 찬양을 통해 배웁니다(합 2:1-20, 3:1-19)

하박국 선지자는 파수하는 곳에 서며 성루에 서서 여호와 하나님의 대답을 기다립니다. '너는 이 묵시를 기록하여 판에 명백히 새기되 달려가면서도 읽을 수 있게 하라'고 하십니다. 모든 묵시는 정한 때에, 속히 그리고 꼭 이루어진다고 말씀하셨습니다. 갈대아인들은 교만 때문에 파멸하게 되지만 하나님을 의지하는 믿음의 사람들은 계속 하나님을 바라보아 생명을 얻게 된다는 확신을 주셨습니다(4절). 하박국 3장은 공공 예배를 위해 쓰여진 장엄한 하나님의 말씀입니다. 선지자는 과거처럼 주시기를 기도하며(2절), 또한 미래의 구원을 장엄하게 묘사합니다(3-15절). 종결부에서 그는 감동적인 고백을 통해(17-19절) 믿음을 더욱 다집니다. 이제 절대적으로 하나님 안에 믿음을 두는 것을 배웠고, 인간은 하나님의 계획을 따를 때 가장 복되다는 것을 깨달았습니다.

· 함께 읽어요 : 하박국 3장 18~19절
"18 나는 여호와로 말미암아 즐거워하며 나의 구원의 하나님으로 말미암아 기뻐하리로다. 19 주 여호와는 나의 힘이시라 나의 발을 사슴과 같게 하사 나를 나의 높은 곳으로 다니게 하시리로다.…."

정리하는 말

사랑하는 성도 여러분! 하박국 선지자의 하나님께 질문한 내용이 우리들의 질문이라는 생각이 드실 것입니다. 여호와 하나님 신앙을 가지지 않고도 잘도 살아가는데, 우리들은 신앙생활을 한다면서도 공의와 진리대로 살아가지 못합니다. 여러분! 세상 바라보지 말고 여호와로만 만족하시며, 여호와만을 높이며 섬기셔서 복되게 살아가기를 바랍니다.

평가와 결심

1. 본서의 기록 목적이 무엇입니까?
   (①하나님만 의지하는 믿음의 필요성 ②궁극적으로 공의의 성공)
2. 하박국 선지자에게 주신 응답의 말씀은 무엇입니까?
   (합 2:4, '의인은 그 믿음으로 말미암아 살리라'는 말씀)
3. 하박국 선지자를 통해 주신 감동적인 결론은 무엇입니까?
   (합 3:17-19, 모든 것 불충족하여도 여호와로 말미암아 즐거워하리라)

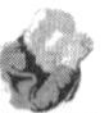

주간 경건의 시간 <37> · 날마다 말씀과 함께

요일 / 내용	주일/월(Mon)	화(Tue)	수(Wed)	목(Thu)	금(Fri)	토(Sat)
찬송	73동 / 91동	88 / 88	89 / 89	279 / 337	280 / 338	282 / 339
성경	왕하22:/왕하23:	왕하 24:	왕하 25:	합 1:	합 2:	합 3:
적용	요시야 왕 / 언약 세움	여호야김 여호야긴	예루살렘 멸망	초망 앞에 분향	의인은 믿음으로	수년 내에 부흥

* 목표를 설정하지 않는 것은 목표가 달성되기 어렵다. <빅터 프랭클>

9단원 교육 심화의 달

심판 날을 전한 스바냐

찬송 / 187, 186, 188 / 통 171, 176, 180
성경 / 스바냐 1:1-18
요절 / 스바냐 3:17

"너의 하나님 여호와가 너의 가운데에 계시니 그는 구원을 베풀 전능 자이시라. 그가 너로 말미암아 기쁨을 이기지 못하시며 너를 잠잠히 사랑하시며 너로 말미암아 즐거이 부르며 기뻐하시리라 하리라."

목표 / 여호와의 날에 구원받아 남은자가 되는 삶을 살아가도록 한다.

시작하는 말

선지자 스바냐(צפניה)라는 이름은 "여호와께서 그를 감추셨다"는 뜻입니다. 스바냐는 요시야 왕 재위 기간(B.C. 640-609년)에 활동했고, 본서는 우상 숭배의 책망이 있는 것으로 보아 요시야 왕 종교 개혁(B.C. 622년)이전에 예루살렘에서 기록한 것으로 보입니다. 본서는 요엘, 아모스와 같이 '여호와의 날'을 주제로 하고 있습니다. 그래서 '선민으로서의 구원'을 바라보며, 여호와의 날은 먼저 심판 속에서 자그마한 한 가지 희망이 발견되는데 그것이 '남은 자'의 구원인 것입니다. 그 '남은 자'들은 여호와의 날, 그날을 인하여 기뻐할 것입니다.

오늘의 말씀

1. 선지자 스바냐는 종교 개혁을 일으켰습니다(습 1:1~13)

스바냐는 왕족 출신으로서 신실한 왕 히스기야의 현손이었으며, 그는 나훔 선지자가 예언한 지 약 50년 후인 요시야 왕(B.C. 640-609년) 초기에 예언하기 시작했습니다(대하 34:3-37). 요시야 왕 앞의 두 왕 므낫세(B.C. 697-642년)와 아몬(B.C. 642-640년)은 극히 악덕하고 우상을 숭배하는 왕들이었습니다. 나라 안에는 온갖 악습이 행해지고 사회적인 불의와 도덕적인 부패가 성하여, 부자는 가난한 자를 핍박하고 약탈하여 부를 쌓고 있었습니다. 이러한 상황에서 스바냐는 '여호와의 날'을 선포하여 그들에게 닥칠 심판과 구원을 예언했습니다.

· 함께 읽어요 : 스바냐 1장 14절
"24 여호와의 큰 날이 가깝도다. 가깝고도 빠르도다. 여호와의 날의 소리로다. 용사가 거기서 심히 슬피 우는 도다."

2. 스바냐서의 내용은 이렇게 이루어졌습니다(습 1:~3:)

선지자 스바냐는 온 인류에게 임할 임박한 파멸을 선언하고 있는데(1:2~3, 18; 3:8), 먼저 유다와 예루살렘에 초점을 맞추고 있습니다(1:3~13). 그는 하나님의 진노가 쏟아질 여호와의 무시무시한 날에 대해 알립니다. 사람들은 오직 회개를 통하여서만 숨김을 받을 수 있습니다(2:1~3). 하나님의 심판은 유다의 이웃 나라들, 곧 블레셋(4~7절), 동쪽 모압과 암몬(8~11절), 남쪽 에디오피아(12절), 북쪽 앗수르(13~15절)에게도 내려집니다. 스바냐 3장 1~7절은 예루살렘에게 심판의 초점을 맞추고 있습니다. 그것은 예루살렘의 백성들이 언약이 말하고 있는 윤리적, 종교적 요구를 더럽혔으며, 회개의 요청을 거부하였기 때문입니다. 스바냐서는 소망의 메시지로 끝을 맺고 있는 바, 징계 받은 나라들의 회심과 유다에 있는 신실한 '남은 자'에 대한 보존을 담고 있습니다(8~20절).

· 함께 읽어요 : 스바냐 3장 20절
"20 내가 그때에 너희를 이끌고 그 때에 너희를 모을지라. 내가 너희 목전에서 너희의 사로잡힘을 돌이킬 때에 너희에게 천하 만민 가운데서 명성과 칭찬을 얻게 하리라. 여호와의 말이니라."

3. 스바냐 선지자가 외친 예언은 이렇습니다(습 1:2~3:7)

스바냐의 예언 사역에는 심판(1:2~3:7)과 소망(3:8~20)이라는 두 가지 주제가 흐르고 있습니다. "그들의 은과 금이 여호와의 분노의 날에 능히 그들을 건지지 못할 것이며 이 온 땅이 여호와의 질투의 불에 삼켜지리니 이는 여호와가 이 땅 모든 주민을 멸절하되 놀랍게 멸절할 것임이라."(습 1:18)고 했습니다. 곧 여호와의 날에는 이방 민족은 물론 하나님이 선택하신 백성도 심판을 피할 수 없다는 것입니다(1:18; 3:8).

이때 말씀을 듣고 즉각적인 회개만이 파멸을 멈출 수 있는 것입니다. 그러나 하나님의 택한 백성 유다는 하나님의 경고를 거절했습니다(2:1~3, 3:1~7). 그래서 하나님의 심판을 면할 수 없었습니다. 하지만 하나님의 심판이 격렬하게 보일지라도, 그러한 불과 같은 심판을 통하여 하나님의 백성들은 더욱 깨끗해지고 거룩해 질 것입니다. 불과 같은 용광로에서 불로 찌꺼기들이 태움 받고, 정결함을 받을 것입니다. 그런 후에 전능자이신 여호와께서 정결하고 아름다운 심령으로 거듭나게 하실 것입니다. 신약 시대에 불과 같은 성령의 역사가 바로 이런 것입니다. 예수 그리스도의 십자가 보혈의 역사가 바로 정결케 하심인 것입니다. ♬ 찬송가 316장 후렴에는 "아 ~ 불같은 성령으로 충만케 하옵소서. 환난이 와도 핍박이 와도 주님만 위해 살게 하소서"라고 노래합니다. 사랑하는 성도 여러분! 여호와께서 복을 주시기 전에 먼저 성도들의 마음 밭부터 갈아엎으시고, 잡초와 고목 등걸을 제거해 다 태워버리시고, 복음의 씨앗을 심으시는 것입니다.

· 함께 읽어요 : 스바냐 3장 15절

"15 여호와가 네 형벌을 제거하였고, 네 원수를 쫓아냈으며, 이스라엘 왕 여호와가 네 가운데 계시니 네가 다시는 화를 당할까 두려워하지 아니할 것이라."

정리하는 말

사랑하는 성도 여러분! '여호와의 날'을 외친 스바냐 선지자의 메시지처럼 거짓과 교만을 버리시고, '공의와 겸손'을 구하십시오. '항상 복종하여 여호와를 두렵고 떨림으로 섬기십시오'(빌 2:12). 하나님의 택하신 백성들이 죄악을 범할 때 이방 나라들을 채찍으로 삼으셔서 치게 하시지만, 때리시고 다시 어루만져주신다는 것입니다. 바벨론에 포로 생활을 하게 하셨지만 택한 백성들을 다시 인도해 내시고 복을 베푸셨던 것입니다.

평가와 결심

1. 스바냐 선지자가 예언한 시기가 언제 입니까?
   (습 1:1, 나훔 선지자 예언 50년 후 요시야 왕 초기)
2. 스바냐 선지자의 희망적 예언은 무엇입니까?
   (습 3:8~20, 징계 받은 나라들의 회심과 남은 자의 구원)
3. 스바냐 선지자가 외친 두 가지 주제는 무엇입니까?
   (심판<습 1:2~3:7>과 소망<습 3:8~20>)

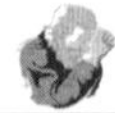

주간 경건의 시간 <38> · 날마다 말씀과 함께

요일 / 내용	주일/월(Mon)	화(Tue)	수(Wed)	목(Thu)	금(Fri)	토(Sat)
찬송	88동 / 89동	352 / 390	353 / 391	354 / 394	355 / 386	356 / 396
성경	왕하18/왕하19:	왕하 20:	왕하 21:	습 1:	습 2:	습 3:
적용	히스기야 왕/ 이사야선지	히스기야 치병	므낫세의 통치	하나님의 결의	하나님을 찾으라	시온의 기쁜 노래

* 목회자의 아내는 펌프에 물을 붓는 여인이다.

<찰스 핫돈 스펄전, 1834-1892, 영국 성직자>

성전 건축을 독려한 학개

찬송 / 455, 456, 454 / 통일 507, 509, 508
성경 / 학개 1:1-15
요절 / 학개 1:8

"8 너희는 산에 올라가 나무를 가져다가 성전을 건축하라 그리하면 내가 그것으로 말미암아 기뻐하고 또 영광을 얻으리라 여호와가 말하였느니라."

목표 / 학개 선지자의 가르침대로 성전을 건축하고 봉사하는 삶을 살아가도록 한다.

시작하는 말

본서를 기록한 선지자 학개(חגי: 하까이)라는 이름의 뜻은 '축제'라는 의미입니다. 학개는 스가랴와 동시대에 활동한 예언자로 제사장 가문에서 출생한 것으로 추정됩니다. 그는 백성들을 대표하여 하나님의 성전에서 봉사할 사명을 맡았던 제사장 가문 출신이었기에 성전 건축을 향한 남다른 열망이 있었습니다. 따라서 그는 성전 재건을 독려한 특별한 사명을 수행했습니다. 거룩하신 여호와께서 임재하실 처소인 성전 재건은 곧 이스라엘의 신앙의 회복과 동시에 이스라엘과 하나님과의 정상적인 관계회복을 위해 필요한 조처일 것입니다.

오늘의 말씀

1. 학개에게 도움의 손길이 있었습니다(학 1:12~15)

학개 선지자가 이국의 포로 생활을 청산하고 예루살렘으로 돌아오는데 있어서 특별히 바사 왕 고레스(B.C. 539~529년)의 도움이 절대적이었습니다. 고레스는 바벨론 제국을 무너뜨리고 바사 제국을 중근동 지방의 패권 국가로 만든 위대하고 용맹스런 왕이었습니다. 학개는 고레스 왕의 칙령에 의해 이뤄진 1차 포로 귀환 때(B.C. 537년)에 성전 재건의 주역이었던 스룹바벨과 함께 예루살렘으로 돌아올 수 있었습니다.

이사야의 예언(사 44:28~45:3)대로 이 고레스 왕이야말로 하나님께서 당신의 백성을 회복시키기 위하여 사용하신 일종의 하나님의 도구요, 일꾼이었습니다. 당신은 하나님의 도구로 일하시고 계십니까?

· 함께 읽어요 : 이사야 44장 28절
"28 고레스에 대하여는 이르기를 내 목자라 그가 나의 모든 기쁨을 성취하리라 하며 예루살렘에 대하여는 이르기를 중건 되리라 하며 성전에 대하여는 네 기초가 놓여지리라 하는 자니라."

2. 성전 재건의 방해꾼들이 있었습니다(느 4:1~13)

하나님의 거룩한 일을 수행하려면 언제나 방해꾼들이 있습니다. 바로 사탄 마귀입니다. 포로에서 귀환하여 성전 재건을 추진하려는데, 사마리아 사람들이 성전 재건을 방해했습니다. 사마리아 사람들의 적극적인 방해 공작과 유다 백성의 내분으로 성전 재건축은 무려 16년간이나 뒤로 미뤄지게 되었습니다. 이처럼 사탄의 적극적인 도전 앞에 때로 성도들은 힘을 잃고 낙심할 때가 많이 있습니다. 이런 성전 건축의 가능성이 짙은 안개 속으로 빠져 들어갈 때에 하나님의 일꾼인 학개 선지자는 분연히 일어나 백성들을 설득하고 권고하여 성전 재건하는 일이 성취되도록 이끌어 갑니다. 학개는 이때에 성전 건축이야말로 하나님의 선하신 뜻이요. 하나님의 백성이라면 반드시 완수해야만 할 귀한 사명이라고 독려합니다. 이처럼 실망과 좌절을 딛고 백성을 소망으로 인도하는 것이야 말로 하나님의 사랑받는 일꾼 된 자의 바른 도리인 것입니다.

· 함께 읽어요 : 학개 1장 8절

"8 너희는 산에 올라가서 나무를 가져다가 성전을 건축하라 그리하면 내가 그것으로 말미암아 기뻐하고 또 영광을 얻으리라 여호와가 말하였느니라."

3. 학개 선지자와 백성들이 성전 재건을 완성시켰습니다(학 2:1~9)

사마리아 인들의 방해 공작으로 성전 재건 공사가 무려 16년간이나 지연되었습니다. 학개 선지자는 아직 성전 건축할 때가 되지 않았다고 핑계하면서 성전을 황폐한 채로 방치해 두고 있던 유다 백성을 향하여 책망하며 다시 한번 성전 재건 작업을 촉구하자 백성들은 감화 감동을 하게 됩니다. 그리하여 스룹바벨과 제사장 여호수아의 지도 아래 성전 재건 사업이 다시금 활발하게 전개되게 됩니다.

학개 선지자는 성전을 재건하고 있는 유다 백성을 향하여 격려의 메시지를 전했습니다. 지금의 공사는 옛적 솔로몬의 성전을 훨씬 뛰어넘는 일임을 역설했습니다. 그리고 학개는 성전의 본래적 기능을 다시 한번 일깨움으로써 백성들이 추구했던 외적인 신앙 형태를 고쳐주고 실망한 백성들을 일으켜 세워 하나님의 나라를 위해 더욱 매진하게 만들었던 것입니다. 학개 선지자는 백성들의 나태함을 깨우치고 하나님의 백성으로서의 본연의 임무와 자세를 가르쳐서 백성의 마음을 하나님께로 돌리게 만들었습니다. 백성들은 학개의 선포에 절대적인 신뢰를 보내며 순종했습니다. 이 같은 순종은 백성들이 학개가 바로 하나님이 친히 보내시고 세우신 종임을 깊이 인정했기 때문에 가능한 일이었습니다. 진실로 모든 주님의 일꾼들은 적어도 백성들로부터 이 같은 존경과 신망을 받을 수 있어야 하는 것입니다.

· 함께 읽어요 : 시편 40장 8절

"8 나의 하나님이여 내가 주의 뜻 행하기를 즐기오니 주의 법이 나의 심중에 있나이다. 하였나이다."

정리하는 말

사랑하는 성도 여러분! 여러분들이 섬기시는 성전은 재건할 때가 되지 않았습니까? 왜 미적거리십니까? 바벨론에서 포로 귀환된 이스라엘 백성들의 일차적 삶의 목표는 성전 재건을 통한 하나님 영광의 회복이었습니다. 따라서 이들의 삶의 터전도 성전이 재건될 예루살렘과 인근 지역일 수밖에 없는 것처럼 여러분들의 삶의 터전 역시 하나님의 성전 중심이 되어야 합니다. 여러분! '성전 중심', '성경 중심', '하나님 중심'의 신앙생활을 하시기를 주님의 이름으로 부탁드립니다.

평가와 결심

1. 성전재건 위해 학개 선지자에게 도움을 준 이가 누구입니까?
   (사 44:28, 바사 왕 고레스와 유다 백성들)
2. 성전재건의 방해꾼이 누구입니까?(느 4:1~13, 사마리아 사람)
3. 학개 외에 누가 성전 재건의 주도적 역할을 했습니까?
   (학 1:12, 스룹바벨과 대제사장 여호수아)

주간 경건의 시간 <39> · 날마다 말씀과 함께

요일 / 내용	주일/월(Mon)	화(Tue)	수(Wed)	목(Thu)	금(Fri)	토(Sat)
찬송	83동 / 85동	358 / 400	359 / 401	360 / 402	361/ 480	362/ 481
성경	시 84:/시 85:	스 8:	스 9:	스 10:	학 1:	학 2:
적용	주의 장막/ 포로 귀환	아하와 강 금식선포	이방통혼 회개	이스라엘 회개	이스라엘의 죄	이스라엘의 부패

* 삶은 목표를 가지고 있다. 그것은 그 탄생과 동시에 주어진다. < 미상 >

10단원 총동원 전도의 달

제40과 환상을 통해 전한 스가랴

찬송 / 105, 101, 104 / 통일 105, 106, 104
성경 / 스가랴 1:1-21
요절 / 스가랴 9:9

"시온의 딸아 크게 기뻐할지어다. 예루살렘의 딸아 즐거이 부를지어다. 보라 네 왕이 네게 임하시나니 그는 공의로우시며 구원을 베푸시며 겸손하여서 나귀를 타시나니 나귀의 작은 것 곧 나귀 새끼니라."

목표 / 환상 통해 주신 이스라엘의 영광된 미래를 바라보고 믿는 태도를 갖도록 한다.

시작하는 말

본서 저자인 스가랴(זכריהו : 제카랴후)는 이름의 뜻이 "여호와께서 기억하고 계신다"라는 뜻입니다. 스가랴는 학개 선지자의 동료요, 동시대(B.C. 520~518년)에 활동했으며, 제2성전 건축을 촉구한 선지자입니다. 스가랴의 사역은 최근, 포로 생활로부터 귀환한 백성들의 상태와 예루살렘 성전 재건의 필요성에 그 초점이 모아져 있습니다.

오늘의 말씀

1. 스가랴 선지자의 활동상은 이렇습니다(슥 1:1~7)

스가랴 선지자는 학개 선지자와 동시대에 인물이고, 스가랴의 역사적 배경은 학개서 배경과 거의 같은 것입니다. 학개처럼 그도 '성전의 재건'을 중요한 주제로 삼았습니다. 성전이 아직 완성되어지지 않았음을 4장

9절, 6장 13절에서 볼 수 있습니다. 학개가 증언한 처참한 생활의 심정을 스가랴 8:10절에서 다시 엿보게 됩니다. 스가랴서는 이 시도를 반대했습니다. 스룹바벨 뿐만 아니라 대제사장 여호수아도 학개서보다 스가랴서에서는 한결 탁월한 존재로 소개하고 있습니다(슥 3:1~10; 4:14; 6:13). 학개와 스룹바벨의 관계가 그다지 탐탁한 것이 아니었다는 힌트를 6장 13절에서 볼 수 있습니다. 스가랴는 여기서 중재자의 역할을 담당한 것으로 보입니다. 두 지도자들은 각기 새 공동체 안에서 필요한 직권을 가지고 있었습니다. 무엇보다도 필요한 것은 '평화'입니다.

· 함께 읽어요 : 스가랴 6장 13절
"그가 여호와의 전을 건축하고 영광도 얻고 그 자리에 앉아서 다스릴 것이요 또 제사장이 자기 자리에 있으리니 이 둘 사이에 평화의 의논이 있으리라 하셨다 하고."

2. 스가랴서의 기록 목적, 특징이 있습니다(슥 2:10; 3:8)

스가랴의 의도는 메시야 도래의 준비로 하나님이 이스라엘을 영적으로 회복시키는 일을 세상에서 하고 계셨음을 그들에게 보여줌으로서 귀환한 자들을 격려하는데 있었습니다. 본서의 기록 목적은 ① 성전의 구심점이 하나님의 영적 이스라엘 회복에 있으며, ② 그의 백성을 그들의 고국으로 돌아오게 함에서 나타난 하나님의 섭리요. ③ 미래의 영적 이스라엘 회복에서 나타날 메시야의 탁월성에 있었습니다. 스가랴에서의 그리스도의 묘사는 '주의 사자'(3:1)요, '의로운 가지'요(3:8), '십자가 못박힌 구주'요(2:10), '다시 오실 왕'(9:9)으로 나타내시고 계십니다.

스가랴서는 그 이전 선지자들과 3가지 점에서 견해를 달리합니다.

① 그의 이상들을 하나님과 교통의 수단으로 강조합니다.

② 천사의 중개가 그의 메시지에 중요한 위치를 차지합니다(6장).

③ 그 이상 속에 들어와 있는 묵시적 상징이 이 선지자로서 또 하나의 두드러진 특징입니다.

메시야가 '다윗의 가지', 혹은 '싹', '여호와의 종'으로 나타납니다. 그분은 '마음이 겸허한 왕'으로 오셔서 그 백성을 위하여 구원을 준비하십니다. 메시야는 백성들에게 배척당하고 종의 대가로 팔리고 그리고 마지막으로 그때 흩어지게 될 양들을 위하여 찔림을 받을 한 '목자'로 오셔서, 남은 자를 구원하며, 자기를 통하여 여호와의 신적 주권을 회복합니다. 그 왕국은 영광스러운 것이 되고 그 왕국에 속한 모든 것이 주께 봉헌됩니다. 여호와를 반대하던 이방 세력이 수치스럽게 패배 당하도록 하시는 것입니다.

· 함께 읽어요 : 스가랴 6장 15절

"15 먼 데 사람들이 와서 여호와의 전을 건축하리니 만군의 여호와께서 나를 너희에게 보내신 줄을 너희가 알리라 너희가 만일 너희의 하나님 여호와의 말씀을 들을진대 이같이 되리라."

3. 스가랴서 내용 개요입니다(슥 1:7-6:8; 6:9-15; 7:-8; 9:-14:)

스가랴서의 제1부 내용은 스가랴 선지자의 비전입니다.

바벨론 포로 귀환 후 조국의 황폐, 쇠망 상태, 국민의 태만 등으로 말할 수 없는 고뇌에 찬 백성들에게 스가랴는 조국에 대한 넘치는 사랑으로 유대국의 현재와 장래에 관하여 8가지 환상을 보며, 조국을 중심으로 한 세계의 문명과 이뤄질 일들을 예언하여 국민에게 격려와 희망을 주었습니다. 나라 잃고, 이방 총독 밑에서 말조차 제대로 할 수 없는 상태에서 스가랴는 환상을 통해 하나님의 거룩하신 뜻을 말하고 있으며, 그러기에 에스겔서나 신약의 계시록과 같이 묵시적인 성격을 띱니다.

제2부 9장에서 14장까지는 설교로서, 그 내용은 죄를 책망하고, 회개치 않는 자들에 대한 하나님의 심판을 경고합니다. 특별히 '메시아의 초림 예언'과 '대적의 멸망', '선민의 승리'(9:-11:)와 '메시야의 재림'과 '최후 축복' 및 '만국의 심판'에 대한 내용을 예언하고 있습니다.

· 함께 읽어요 : 스가랴 14장 8절

"8 그 날에 생수가 예루살렘에서 솟아나서 절반은 동해로, 절반은 서해로 흐를 것이라 여름에도 겨울에도 그러하리라."

정리하는 말

여러분! 이 땅 위에서 주와 함께 고난을 받은 신실한 하나님의 교회는 땅 위에서 멸시와 천대를 받지만 이 세상 끝 날에는 높이 들려 주님과 함께 모든 것을 심판하는 영광도 함께 누리게 될 것입니다. 오늘도 고난을 이기며 기쁨으로 소망 가운데, 살아가시기를 소원합니다.

평가와 결심

1. 사랑의 공동체 안에서 무엇보다 필요한 무엇입니까?
   (스가랴 6:13, 서로 간의 평화)
2. 스가랴서에 나타난 메시야 사명은?
   (남은 자를 구원하며, 자기를 통하여 여호와의 신적 주권을 회복)
3. 스가랴서에 나타난 그리스도의 묘사가 무엇입니까?
   (주의 사자<3:1>, 의로운 가지<3:8>, 십자가 못 박힌 구주<2:10>, 오실 왕 <9:9>)

주간 경건의 시간 <40> · 날마다 말씀과 함께

요일 / 내용	주일/월(Mon)	화(Tue)	수(Wed)	목(Thu)	금(Fri)	토(Sat)
찬송	74동 / 93동	213 / 348	294 / 416	120 / 120	121 / 121	123 / 123
성경	슥1:-2:/슥3:-4:	슥 5:-6:	슥 7:-8:	슥 9:-10:	슥 11:-12:	슥 13:-14:
적용	1-3째 환상/ 4-5째 환상	6-7째 환상	8째 환상 금식	나귀 타심 봄비	거짓 목자 새 날	예루살렘 정결

* 하나님은 우리가 하는 일에 미소를 지으셨다. <미국의 국쇄 이면에 새겨진 문장>

10단원 총동원 전도의 달

제41과

온전한 십일조를 가르친 말라기

찬송 / 49, 50, 286 / 통 72, 72, 218
성경 / 말라기 3:1-12
요절 / 말라기 3:10
"만군의 여호와가 이르노라 너희의 온전한 십일조를 창고에 들여 나의 집에 양식이 있게 하고 그것으로 나를 시험하여 내가 하늘 문을 열고 너희에게 복을 쌓을 곳이 없도록 붓지 아니하나 보라."
목표 / 십일조 이행을 통해 주시는 복을 깨닫고 실천하도록 가르친다.

시작하는 말

말라기(מלאכי : 말아키)라는 이름은 '나의 사자'라는 뜻입니다. 말라기 선지자는 본서에서 세 가지 사실을 명료하게 설명합니다. 첫째는 이스라엘 백성들의 죄악입니다. 포로 귀환 후 100년이 지났지만 불경건한 제사, 잡혼, 더러운 예물 등 구체적인 죄악이 재연되고 있었고, 두 번째는 심판의 선고요. 세 번째는 메시야 임재에 대한 예언입니다. 메시야는 언약의 사자요(3:1), 이스라엘의 심판 주(3:2-3)로 증거합니다. 또한 유다인의 생활의 중심지인 예루살렘을 중심으로 행하던 죄가 지적됩니다.

오늘의 말씀

1. 말라기서의 기록 목적과 특징은 이렇습니다(말 1:1~5)

말라기 선지자는 '여호와의 사자'라는 이름으로 볼 때 매우 경건한 인물이었음을 짐작케 합니다. 본서에 나타난 백성의 죄악상이 느헤미야서에 기록된 것과 유사하므로 두 선지자를 같은 시대(B.C. 430년)의 인물로 볼 수 있습니다.

본서의 기록 목적은 ① 포로 귀환 후 100여년이 지나 흐트러진 하나님과의 언약을 기억하고, 회복할 것을 권고하기 위해서요. ② 의무의 온전한 이행, 즉 제사 규례, 십일조 등 하나님을 섬기는 율례를 거룩하고 온전하게 지킬 것을 권면하기 위하여서 기록했습니다.

· 함께 읽어요 : 말라기 1장 10절

"10 만군의 여호와가 이르노라 너희가 내 제단 위에 헛되이 불사르지 못하게 하기 위하여 너희 중에 성전 문을 닫을 자가 있었으면 좋겠도다. 내가 너희를 기뻐하지 아니하며 너희가 손으로 드리는 것을 받지도 아니하리라."

2. 말라기서의 배경과 특징은 이렇습니다(말 1:6~10; 2:1~9)

말라기 선지자 당시는 성전 재건(B.C. 516년) 후 70여년이 지난 때로, 학개 선지자를 통하여 약속된 영광(2:1-9)이 이루어지지 않자 하나님에 대해서 회의하면서(2:17), 여호와의 율례를 등한히 하는 풍조가 만연되어 있었습니다(1:6~10; 2:1~9). 그래서 본서는 ① 외적 율례에 대하여 강조하고, 하나님께 대한 외적인 의무 이행을 강조하고 있습니다. ② 사용된 문체가 직설적인 표현으로 명백하고 자신감 있는 표현을 구사하고 있습니다. ③ 대화를 하듯이 문답식으로 서술하여 논리의 강도를 한층 높이고 있습니다. 여러분들의 대화법은 설득력이 있습니까?

· 함께 읽어요 : 말라기 1장 13절

"13 만군의 여호와가 이르노라 너희가 또 말하기를 이 일이 얼마나 번거로운고 하며 코웃음치고 훔친 물건과 저는 것, 병든 것을 가져왔느니라. 너희가 이같이 봉헌 물을 가져오니 내가 그것을 너희 손에서 받겠느냐? 이는 여호와의 말이니라."

3. 말라기 선지자는 온전한 십일조를 가르쳤습니다(말 1:15)

구약성경을 읽다보면 십일조에 대한 말씀이 많이 나옵니다. 야곱은 서원 성취의 제물로 십일조를 약속했습니다(창 28:22). 여호와와 언약을 맺음으로 시작되는 이스라엘 형성기부터, 십일조는 정규적인 종교 의무가 되었습니다. 십일조의 일차적인 기능은 하나님께 드리는 예배에 수종을 드는 자들, 주로 레위인들을 부양하는 것이었습니다(민 18:21-24; 느 10:37). 그들이 받은 십일조의 십일조를 제사장들에게 양도해야 했습니다(민 18:25-29, 32; 느 10:38). 때로는 십일조가 다양한 계층의 가난한 자들을 부양하기 위해 사용되었습니다(민 26:12-14).

오늘날 십일조에 대한 논란이 많아졌습니다. 구약시대의 유물로서 십일조는 폐기해야 한다고 주장하는 사람들이 있으나 그렇지 않습니다. 왜냐하면 신약시대에 분명히 예수님은 마태복음 23장 23절에서 "화 있을진저 외식하는 서기관들과 바리새인들이여 너희가 박하와 회향과 근채의 십일조는 드리되 율법의 더 중한 바 정의와 긍휼과 믿음은 버렸도다. 그러나 이것도 행하고 저것도 버리지 말아야 할지니라"고 말씀했습니다. 율법의 근본 정신인 정의와 긍휼과 믿음도 지켜야 하지만 십일조도 이행해야 한다는 취지의 말씀입니다. 예수님의 말씀을 기억하시기 바랍니다(마 23:23; 눅 11:42; 18:12). 성도 여러분! 온전한 십일조를 드리세요. 하늘 문을 열고 쌓을 곳이 없도록 복을 부어주실 것입니다. 많은 부자들이 십일조를 드림으로 하나님의 물질적인 축복을 넘치게 받은 간증들을 실천해 보시고, 하나님의 넘치는 복을 받으시기 바랍니다.

· 함께 읽어요 : 말라기 3장 10절

"만군의 여호와가 이르노라 너희의 온전한 십일조를 창고에 들여 나의 집에 양식이 있게 하고 그것으로 나를 시험하여 내가 하늘 문을 열고 너희에게 복을 쌓을 곳이 없도록 붓지 아니하나 보라."

정리하는 말

사랑하는 성도 여러분! 세상을 살아가면서 물질적인 복을 넘치게 받은 사람들을 보면 다른 사람들보다 무엇인가 다른 점이 있다는 것을 발견케 됩니다. 십일조를 꼬박 꼬박 실천한 사람들의 이야기를 많이 듣습니다. 록펠러는 십일조의 비밀을 알고 십일조를 드려 어마어마한 물질적인 복을 받을 수 있었습니다. 어떤 때는 십일조와 헌금을 떼고 보면 경제적인 걱정으로 오직 하나님만을 매달리게 될 것입니다. 그러나 지나고서 보면 항상 하나님이 복을 주시었고 인도하셨음을 알게 될 것입니다. 여러분도 성경에 부합되는 모범적인 경제관을 소유하셔서 하나님께서 주시는 넘치는 복을 누리시기를 간절히 소원합니다.

평가와 결심

1. 말라기서의 기록 목적이 무엇인가요?
   (말 3:10, 제사 규례, 십일조 등 율례를 지키도록 권면하기 위하여)
2. 말라기의 기록 연대는 언제입니까?
   (말 3:7, 성전재건<B.C. 516년> 후 70여년이 지난 때)
3. 신약성경에 예수께서 십일조를 폐하지 말 것을 부탁한 곳은?
   (마태복음 23:23, 누가복음 11:42 참조 18:12)

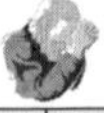

주간 경건의 시간 <41> · 날마다 말씀과 함께

요일 / 내용	주일/월(Mon)	화(Tue)	수(Wed)	목(Thu)	금(Fri)	토(Sat)
찬송	25동 / 29동	405 / 458	404 / 477	407 / 465	408 / 466	410 / 468
성경	마 22:/마 23:	마 24:	말 1:	말 2:	말 3:	말 4:
적용	일곱 가지 화/ 혼인잔치비유	재난 시작 큰 환난	야곱을 사랑	생명과 평강 언약	십일조를 드려	풀무 불 같은 날

* 전력을 다하여 생각하고 전력을 다하여 일하라. <토마스 A. 에디슨, 1847-1931, 미국 발명가>

왕의 복음을 기록한 마태

찬송 / 104, 101, 180 / 통 104, 106, 168
성경 / 마태복음 1:1-25
요절 / 마태복음 16:16
"시몬 베드로가 대답하여 이르되 주는 그리스도시요 살아계신 하나님의 아들이시니이다."
목표 / 만왕의 왕으로 오신 그리스도를 믿고 섬기며 살아가는 태도를 기른다.

시작하는 말

마태복음은 예수님의 제자 세리 마태(*Μαθθαιος*: '여호와의 선물'에서 유래함)에 의해서 A.D. 50~70년경에 기록되었습니다. 기록 목적은 ① 예수가 구약에 예언된 그 메시아임을 증명하기 위해, ② 다시 율법으로 돌아가려는 유대교에서 개종한 팔레스타인의 그리스도인들을 위하여, ③ 예수를 직접 목격한 복음의 첫 세대가 점차 사라져가는 때에 예수의 행적을 기록으로 남기기 위해서 기록했습니다. 마태는 복음서 중에 유일하게 '교회'라는 단어를 썼습니다(마 16:18). 유대인의 왕이신 분, 만왕의 왕으로 오신 주님을 왕으로 모시며 살아가시기 바랍니다.

오늘의 말씀

1. 마태는 임마누엘로 오신 예수를 증거하고 있습니다(마 1:18~25)

구약은 옛 언약이요, 신약은 새 언약입니다. 구약의 여러 선지자들의 예언의 초점은 '오실 메시야'이신 것입니다. 이사야 선지자는 웃시야 왕이 죽던 해인 B.C. 740년에 부르심을 받아 예언을 했습니다. 이사야는 메시야에 대하여 이렇게 예언했습니다. "그러므로 주께서 친히 징조를 너희에게 주실 것이라 보라 처녀가 잉태하여 아들을 낳을 것이요 그의 이름을 임마누엘이라 하리라"(사 7:14)는 이 예언이 700여년 후에 신약성경에서 적중하여 성취됨을 마태가 증거하고 있습니다.

· 함께 읽어요 : 마태복음 1장 22~23절
"22 이 모든 일이 된 것은 주께서 선지자로 하신 말씀을 이루려 하심이니 이르시되 23 보라 처녀가 잉태하여 아들을 낳을 것이요 그의 이름은 임마누엘이라 하리라하셨으니 이를 번역한 즉 하나님이 우리와 함께 계시다 함이라."

2. 마태는 왕으로 오신 그리스도를 증거하고 있습니다(마 2:1~12)

마태복음 1장 1절에 "아브라함과 다윗의 자손 예수 그리스도의 계보라"고한 이 말씀은 구약성경의 첫 말씀 창세기 1장 1절 "태초에 하나님이 천지를 창조하시니라"는 말씀과 같이 아주 중대한 말씀입니다. 여기에는 예수의 계보에 대한 세 가지 중요한 의미가 있습니다.

① 하나님의 약속의 성취입니다. 창세기 3장 15절에 '여인의 후손'을 약속하셨으니 이를 '원시 복음'이라 합니다. 창세기 22장 18절에 "네 씨로 말미암아 천하 만민이 복을 받으리니"라고 아브라함에게 하신 언약입니다. 사무엘하 7장 16절에 "네 집과 네 나라가 내 앞에서 영원히 보전되고 네 왕위가 영원히 견고하리라"고 했습니다. 언약의 하나님께서 아브라함과 다윗에게 언약하신 말씀이 예수 그리스도의 탄생을 통하여 이루어진 것임을 증거하고 있는 것입니다.

· 함께 읽어요 : 마태복음 1장 1절
"아브라함과 다윗의 자손 예수 그리스도의 계보라."

3. 마태복음 주제는 메시야, 유대인의 왕 예수이십니다(마 16:16)

마태복음을 '왕의 복음'이라고 하는데, 이는 예수가 구원의 왕이신 메시야이심을 가장 잘 보여주기 때문입니다. '아브라함과 다윗의 자손'은 예언자 이사야로부터 7백여 년을 이어져 내려온 유대인 최고 대망이었습니다. 유대인들은 메시야가 나타나면 바벨론이나 로마 제국과 같은 강대국들을 몰아내고 세계 제일의 유대인 국가를 이룰 수 있다고 믿었습니다.

'아브라함과 다윗의 자손'은 유대인들이 대망하던 메시야의 혈통 조건이었고, 동정녀 탄생과 애굽으로의 피신 등도 그들의 기대를 충족시킬 만한 사건이었습니다. 또한 세례 받을 때 하늘에서 들려온 음성과 친히 보여주신 수많은 기적들, 율법학자들도 감당하지 못하던 말씀의 권위는 예수가 메시야라는 강력한 증거가 되었습니다. 그러나 메시야의 진면목은 그분의 죽음에서 나타납니다. 그분은 친히 죽음과 부활을 예언하시고(17:22~23), 구약의 예언대로 고난과 수모를 당하다가 십자가에서 '다 이루었다'고 선언하실 때(요 19:30), 이방인조차 그분이 메시야이심을 증거 했습니다(마 27:54; 막 15:39). 이처럼 마태복음은 예수께서 메시야이심을 누구라도 인정할 수밖에 없는 증거문서 역할을 감당하고 있는 것입니다. 유대인을 위해 기록했기에 구약을 자주 인용했으며, 유대인들이 자주 사용하는 '천국'이라는 용어를 여러 번 사용하고 있습니다(마 3:3; 4:17; 5:3 등).

마태복음에는 산상수훈(마 5:~7:)이나, 천국 비유(마 25:), 종말 강해(마 24:) 등을 질서 정연하게 가르치고 있으며, '교회'에 대한 관심이 많습니다. 온유하고 겸손하여 위로해 주시고, 평안을 주시는 주님을 사랑하십시오.

· 함께 읽어요 : 마태복음 11장 28~30절

"28 수고하고 무거운 짐 진 자들아 다 내게로 오라. 내가 너희를 쉬게 하리라 29 나는 마음이 온유하고 겸손하니 나의 멍에를 메고 내게 배우라. 30 이는 내 멍에는 쉽고 내 짐은 가벼움이라 하시니라."

정리하는 말

사랑하는 성도 여러분! 세상에서 무거운 죄 짐을 지고 쓰러질 때 십자가에서 우리의 죄악을 사해 주시기 위해, 하나님의 독생자 예수께서 세상 죄를 다 지시고, 골고다 언덕을 채찍을 맞으시면서 오르셨습니다. '엘리, 엘리 라마 사박다니'. "나의 하나님 나의 하나님 어찌하여 나를 버리셨나이까?" 주님은 우리 죄악을 담당하시려 자신을 내어주셨습니다.

평가와 결심

1. 마태복음에서 마태가 첫째 무엇을 증거하고 있습니까?
   (마 1:22~23, 임마누엘로 오신 예수 그리스도)
2. 마태복음에서 마태가 둘째 무엇을 증거하고 있습니까?
   (마 2:2, '유대인의 왕'으로 오신 예수 그리스도)
3. 예수 그리스도는 누구의 자손으로 기록하고 있습니까?
   (마 1:1, 아브라함과 다윗의 자손 예수 그리스도)

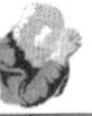

주간 경건의 시간 <42> · 날마다 말씀과 함께

요일 / 내용	주일/월(Mon)	화(Tue)	수(Wed)	목(Thu)	금(Fri)	토(Sat)
찬송	21동 / 88동	197 / 178	89 / 89	279 / 337	280 / 338	282 / 339
성경	마 1: / 마 2:	마 3:	마 4:	마 5:	마 6:	마 7:
적용	그리스도계보/유대인 왕	성령과 불 세례	광야에서 시험	팔복, 세상 소금	이렇게 기도하라	구하라 찾으라

* 일에 전력을 다 쏟아 놓을 때에 사람은 고뇌로부터 해방되어 참으로 유쾌한 기분을 맛볼 수 있다. <랄프 왈도 에머슨 1803-1882, 미국 시인, 수필가>

10단원 총동원 전도의 달

제43과

종의 복음을 기록한 마가

찬송 / 213, 214, 212 / 통 348, 349, 347
성경 / 마가복음 1:1-11
요절 / 마가복음 10:45
"인자가 온 것은 섬김을 받으려함이 아니라 도리어 섬기려 하고 자기 목숨을 많은 사람의 대속물로 주려 함이니라."
목표 / 예수 그리스도의 섬기는 종의 삶을 실천하며 살아가도록 한다.

시작하는 말

복음서는 하나님의 아들 예수 그리스도의 모습을 각각 특징 있게 기록하고 있습니다. 마가복음은 하나님의 아들로서 자기 사명을 성실하게 쉬지 않고 수행하는 예수님의 모습을 부각시키고 있습니다. 이 복음을 기록한 마가(요안네스 마르코스: *Ιωαννης Μαρκος*)의 집은 예루살렘 교회 성도들에게 매우 중요한 장소였습니다. 마가는 예수의 설교나 사역에 대해 자기의 해석을 붙이지 않고 오직 역동적으로 하나님의 나라를 성취해 나가시는 그리스도의 모습을 간결하고도 사실적으로 묘사하고, 자기 백성의 구원을 위하여 성실히 일하시고, 고난을 순종으로 받아들인 그리스도를 묘사함으로써 로마 성도들에게 위로를 주고 있습니다.

오늘의 말씀

1. 기록자 마가의 인물에 대해 알아봅니다(행 12:12, 25; 13:5)

마가의 집에는 다락방이 있는데, 이곳은 초기 그리스도인들의 집회 장소요, 예수님께서 성만찬을 집례하신 곳이기도 합니다. 베드로가 감옥에서 구출 받은 후 처음 찾아간 곳이 마가의 집이었습니다(행 12:12). 특기할 것은 오순절 성령 강림 사건도 이 다락방에서 일어났습니다(행 2:1). 바울과 바나바는 마가를 최초의 이방 교회인 안디옥으로 데려갔으며(행 12:25), 그 곳에서 1차 전도 여행의 동역자로 삼아 구브로로 데려갔으나(13:5, '요한'), 바울과 바나바가 소아시아의 내지로 들어가려 하자, 마가는 예루살렘으로 되돌아왔습니다(13:13). 이 일로 바울은 실라를 데리고 소아시아로, 바나바는 마가를 데리고 구브로로 전도여행을 떠났습니다. 후에 반성하고 바울에게 '나의 일에 유익한 자'로 일했습니다(딤후 4:11). 주님의 일에 유익한 자들이 다 되시기를 바랍니다.

· 함께 읽어요 : 디모데후서 4장 11절

"11 누가만 나와 함께 있느니라. 네가 올 때에 마가를 데리고 오라 그가 나의 일에 유익하니라."

2. 마가복음의 배경과 기록 목적, 그리고 특징을 알아봅시다(막 7:3~4)

베드로가 로마에서 순교했다는 전승이 마가가 베드로와 함께 있었다는 사실(벧전 5:13)로 미루어 볼 때, 이 마가복음은 마가 요한이 A.D. 65~70년 로마에서 기록했을 가능성을 뒷받침합니다. 바울 사도가 로마 감옥에서 감금 생활을 하고 있을 때 마가는 자유로운 몸이었기에 로마까지 찾아가 바울 사도의 동역자로 일했을 것입니다. 로마 교회성도들을 위해 기록한 마가복음은 네로 황제의 박해가 최고조에 달했을 무렵에 ① 이방인을 위하여 기록했고, ② 내용과 문체가 간결하면서 사실적으로 기록, ③ 예수 고난의 기사를 4분의 1이나 할애해 기록하고 있습니다. 마가복음의 기록 목적은 ① 그리스도의 수난을 기록함으로써 박해받는 이방의 성도들을 격려하기 위해서요, ② 그리스도의 행적을 기록으로 남기기 위함입니다.

· 함께 읽어요 : 마가복음 16장 15~16절

"15 또 이르시되 너희는 온 천하에 다니며 만민에게 복음을 전파하라. 16 믿고 세례를 받는 사람은 구원을 얻을 것이요 믿지 않는 사람은 정죄를 받으리라."

3. 마가복음의 주제는 하나님의 아들 예수이십니다(막 1:1)

마가는 '하나님의 아들 예수 그리스도의 복음'이 마가복음의 주제라고 밝히고 있습니다(막 1:1). 그러나 예수께서는 사역 초기에 자신이 메시야라는 사실을 알리지 못하게 하셨습니다(1:25, 34; 3:12; 8:30). 주님은 메시야와 그 외의 명칭들이 그분의 임무에 대하여 오해를 불러일으킬 여지가 많았기 때문인 것으로 생각되며, 또한 고난의 길을 걸어야 했던 그분은 단순히 왕처럼 대접 받기 위해 오신 '메시야'가 아니었기 때문입니다.

예수님은 세례 요한의 예고(1:2~15)대로 오셨으며, 세례 요한에게 요단강에서 세례를 받으신 후 공생애를 시작했습니다(1:2~11). 세례 받으실 때 성령 강림하셨으며(1:2~11), 이어 광야에서 시험을 받으셨습니다(2:12~13). 예수께서는 가르치시고, 치료해 주시고, 제자들을 부르셨습니다(막 1:16~13:37). 13장의 말세에 대한 묵시적인 강화는 교회를 향한 마지막 경고였습니다. 예수님의 생애의 최고 절정은 십자가의 죽음과 부활이었습니다(14:1~16:8). 예수의 부활과 승천이 복음서의 중요한 결론인 것입니다. 마지막 부분은 마가복음서의 마지막 결론입니다(막 16:9~20).

· 함께 읽어요 : 마가복음 16장 19~20절

"19 주 예수께서 말씀을 마치신 후에 하늘로 올려 지사 하나님 우편에 앉으시니라. 20 제자들이 나가 두루 전파할 새 주께서 함께 역사하사 그 따르는 표적으로 말씀을 확실히 증언하시니라."

정리하는 말

사랑하는 성도 여러분! 하나님의 아들 예수 그리스도는 인류를 구속하기 위하여 '십자가에서 고난'과 '죽음'을 당하셨지만 성령께서 살려 주시어 '부활'하시고 '승천'하신 것입니다. 그리고 다시 오실 것(재림)입니다. 그분 하나님의 아들 예수 그리스도께서 오직 '하나님 나라 건설'을 위하여 역동적인 '종의 모습'으로 일하신 것입니다. 여러분! 오늘도 하나님의 복음 전도와 세계 선교를 위해 기도하고 땀을 흘려 일하시며, 물질을 드려 충성 봉사 다하시기를 부탁드립니다.

평가와 결심

1. 초대 예루살렘교회의 은밀한 집회 장소는 어디였습니까?
   (사도행전 12:11, 마가 요한의 다락방)
2. 마가복음의 기록 목적이 무엇입니까?
   (① 주의 수난 기록함으로 박해성도 격려. ② 행적을 기록 남기려고)
3. 마가복음의 주제가 무엇입니까?
   (막 1:1 '하나님의 아들 예수 그리스도의 복음')

주간 경건의 시간 <43> · 날마다 말씀과 함께

요일 / 내용	주일/월(Mon)	화(Tue)	수(Wed)	목(Thu)	금(Fri)	토(Sat)
찬송	36동 / 37동	352 / 390	353 / 391	354 / 394	355 / 386	356 / 396
성경	막 10:/막 11:	막 12:	막 13:	막 14:	막 15:	막 16:
적용	결혼과 이혼/ 예루살렘입성	첫째 계명	그날과 그 시간	최후의 만찬	빌라도의 심문	부활하신 예수

* 일하면 사소한 고통은 사라진다. 그 진미를 게으른 사람은 도저히 맛 볼 수가 없다.

<와나메카, 미국 사업가>

10단원 총동원 전도의 달

인자 복음을 기록한 누가

찬송 / 455, 456, 454 / 통일 507, 509, 508

성경 / 누가복음 1:26-38

요절 / 누가복음 23:47

"백부장이 그 된 일을 보고 하나님께 영광을 돌려 이르되 이 사람은 정녕 의인이었도다."

목표 / 저자 누가가 보여준 그리스도의 올바른 모습을 알고 믿으며 살아가도록 한다.

시작하는 말

본서를 기록한 누가(*Λουκας*: 루카스)는 사도 바울의 동역자요, 여행 동료였으며, 의사였습니다. 그는 누가복음과 사도행전의 저자이기도 합니다. 본서는 그리스도에 관한 일들을 '근원부터 자세히 미루어 살핀' 역사성과 사실성이 뛰어난 복음서입니다. 그러면서도 본서는 특별히 병자들을 치유하시는 모습에서 온 인류의 질병인 죄에 시달리는 인간들을 불쌍히 여기고 치유하시는 그리스도를 나타내며, 세리와 고아와 과부 등 소외된 계층에 관심을 기울이시는 모습에서 하나님을 떠나 죽음으로 향하는 자들의 소망이 되시는 구세주로서의 주님을 봅니다.

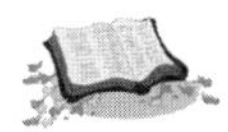

오늘의 말씀

1. 저자인 누가의 사역 활동에 대해서 알아야 합니다(눅 1:1~4)

누가는 이방인이었으며(롬 4:11), 수리아 안디옥에 거주하던 의사였습니다. 그는 아마도 디도의 형제였던 것 같습니다(고후 8:16~18, 12:18). 누가는 초기 이방인 회심자였을 것이며(행 11:19~21), 누가는 늦어도 바울과 실라가 다소에서 빌립보로 갈 때부터 같이 동행했으며(행 16:10~12), 그 결과 그는 빌립보 성에서의 첫 번째 사역의 증인이 되었습니다(행 16:13~17). 후에 누가는 제3차 전도 여행 시 바울과 함께 마게도냐에서 드로아로, 소아시아 해안을 따라 밀레도, 두로, 가이사랴를 거쳐 예루살렘까지 동행했습니다(행 20:5~21:18). 바울이 예루살렘에서 체포되어 가이사랴, 그리고 로마까지 갈 때 따라가 함께 거주했습니다(행 27:1~28:16). 누가는 바울의 진실한 동역자요. 사랑스런 친구였습니다. 사랑하는 성도 여러분! 여러분들도 이런 진실하고 성실한 복음의 동역자가 되게 해 달라고 기도하시기를 바랍니다.

· 함께 읽어요 : 디모데후서 4장 11절

"11 누가만 나와 함께 있느니라. 네가 올 때에 마가를 데리고 오라 그가 나의 일에 유익하니라."

2. 누가복음의 배경과 기록 목적, 그리고 특징을 알아봅시다(눅 1:1~4)

누가복음은 '사랑을 받는 의원 누가'(골 4:14)에 의해서 기록되었습니다. 저자는 뛰어난 정확성과 문학적인 기교를 가지고 이 책을 기술했습니다. 그는 예수께서 구속주이시라는 확신을 가지고 있었습니다. 본서와 사도행전은 같은 저자에 의해서 기록되었습니다(행 1:2~3). 누가복음은 마가복음이 기록된 후 사도행전이 기록하기 이전에 기록되었습니다. 그러므로 본서 기록 연대는 A.D. 63~80년으로 추정합니다.

기록 목적은 ① 로마의 관리 데오빌로의 믿음을 굳게 하기 위하여, ② 모든 성도에게 그리스도의 올바른 모습을 깨우쳐 주기 위하여 기록했습니다. 당시의 유대 사회는 왕족들과 일부 종교 지도자들을 제외하며 가난한 계층이 주를 이루었습니다. 특히 여자와 고아들은 사회, 종교적인 혜택을 거의 받지 못했는데, 예수님은 사랑을 목적으로 하는 율법이 본래적 역할을 상실했음을 크게 비판하셨습니다. 누가복음은 특히 선교에 대한 관심을 반영해 줍니다. 선교는 기쁨과 구원의 사역이며, 예언의 성취에 대한 심오한 관심과 '잃어버린 자를 찾아 구원하려 오신 예수'께 대한 깊은 감사의 표현입니다(눅 19:10).

· 함께 읽어요 : 누가복음 19장 10절
"10 인자가 온 것은 잃어버린 자를 찾아 구원하려 함이니라."

3. 누가복음의 주제는 인자이신 그리스도이십니다(눅 4:1~13)

누가복음은 이방인 개종자인 '데오빌로'(*Θεοφιλος*: 데오필로스, 하나님의 소중한 사람이란 뜻) 각하에게 약간의 복음 지식을 가졌을 복음에 대해 '차례대로' 알아야 할 필요가 있는 그에게 보내졌습니다. 누가복음은 '인자이신 그리스도'를 가르쳐줍니다. 하나님의 아들이신 예수님은 배의 고물에서 성난 파도가 넘실거리는 데도 피곤에 지치셔서 곤히 주무시던 분, 배가 고파 시장해 하셨고, 십자가를 지시고 골고다로 행했을 때 지치셔서 무게를 이기지 못해 여러 번 쓰러지셨던 분, 인성을 그대로 지니시고 사람의 몸을 입으시고 오신 분이십니다. 그러기에 인간에 대한 누가의 순수한 관심은, '예수님의 발을 눈물로 적신 죄 많은 여인'(눅 7:36~50), '선한 사마리아 사람'(10:30~37), '돌아온 탕자'(15:11~32)에 대한 기사에 잘 나타나있습니다. 혈육의 모친 동생들이 있었습니다.

· 함께 읽어요 : 누가복음 8장 19~20절
"19 예수의 어머니와 그 동생들이 왔으나 무리로 인하여 가까이 하지 못하니 20 어떤 이가 알리되 당신의 어머니와 동생들이 당신을 보려고 밖에 서 있나이다."

정리하는 말

사랑하는 성도 여러분! 누가복음은 사랑의 복음서입니다. 그 안에는 예수님의 크신 연민이 그려져 있으며, 잃어버린 동전 한 닢에 대한 예수님의 관심이 나타나 있습니다(15:8~10). 구하는 자에게 성령을 주시는 '이상적인 아버지'가 하늘에 계신 아버지의 상징으로 나타나 있습니다(11:13). 성도 여러분! 사랑의 하나님이 사람의 아들(인자)로 오셔서 사랑을 베풀어 주셔서 구원 생명을 주셨으니 감사하시기 바랍니다.

평가와 결심

1. 누가복음은 누가 누구에게 보내려 쓰여 졌습니까?
   (눅 1:1~4, 이방인 의사인 누가가 로마 관리 데오빌로 각하에게)
2. 누가복음의 주제는 무엇입니까?(눅 21:36, 인자이신 그리스도)
3. 누가복음의 기록 연대는 언제입니까?(A.D. 63~80년)

주간 경건의 시간 <44> · 날마다 말씀과 함께

요일 / 내용	주일/월(Mon)	화(Tue)	수(Wed)	목(Thu)	금(Fri)	토(Sat)
찬송	39동 / 73동	324 / 360	325 / 359	327 / 361	329 / 267	330 / 370
성경	눅 1: / 눅 2:	눅 3:	눅 4:	눅 5:	눅 6:	눅 7:
적용	그 이름 예수/ 예수의 탄생	세례 요한	시험 받으심	제자 부르심	안식일의 주인	백부장의 종을 고침

* 일하지 않는 사람은 먹지 말아야 한다. 열심히 일하는 것이 인간의 의무이다.

(헨리 포드 <1863-1931> 미국 실업가>

전도에 힘쓴 베드로 행전

찬송 / 292, 290, 293 / 통일 415, 412, 414
성경 / 사도행전 1:1-26
요절 / 사도행전 1:8
"8 오직 성령이 너희에게 임하시면 너희가 권능을 받고 예루살렘과 온 유대와 사마리아와 땅 끝까지 이르러 내 증인이 되리라 하시니라."
목표 / 환상을 통해 주신 이스라엘의 영광된 미래를 바라보고 믿도록 한다.

시작하는 말

사도행전은 일명 '전도 행전'이라 부릅니다. 1장에서 12장까지는 예루살렘과 유다를 중심으로 그리스도의 복음이 전해진 '성령의 역사'를 기록했습니다. 베드로(*Πέτρος*: 페트로스, 바위 반석이란 뜻)가 중심이 되어 복음 전도가 이루어졌습니다. 예수 그리스도의 수제자 베드로 사도를 주축으로 해서 펼쳐졌다고 해서 '베드로 행전'이라 합니다.

사도행전은 누가복음을 기록했던 이방인 의사 누가(20:4~5에 '우리'는 바울과 누가를 가리킴)가 누가복음의 후속편으로 기록했습니다.

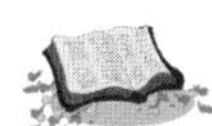

오늘의 말씀

1. 전도 행전의 배경에는 그리스도가 계셨습니다(행 1:1~5)

사도행전은 예수의 생애를 집중 취재한 누가복음의 후편에 해당합니다. 신약성경 중 유일하게 역사서로서 성령의 강권적인 역사로 인한 교회의 설립과 성장 과정을 다루고 있습니다. 특히 성령 강림으로 비롯된 성령의 주도적 역할은 가히 본서를 '성령 행전'이라 별칭을 붙일만 합니다. 그러나 성령의 후원으로 복음을 전파한 사도들의 삶 이면에는 예수께서 여전히 살아계셔서 모든 족속으로 제자를 삼는 일(마 28:18~20)을 함께 수행하셨다는 점을 간과할 수 없습니다. 바로 사도행전의 전체 강조점은 바로 전도와 선교의 사명인 것입니다. 부활 승천하신 주님께서 이 복음 전도의 일을 꾸준히 지원하시고 이끄시고 계시다는 사실을 알아야 합니다. 그리고 세계 복음 전도와 선교를 위해 성령을 약속하셨습니다.

· 함께 읽어요 : 사도행전 1장 3~4절

"그가 고난 받으신 후에 또한 그들에게 확실한 많은 증거로 친히 살아 계심을 나타내사 사십 일 동안 그들에게 보이시며 하나님 나라의 일을 말씀하시니라. 4 사도와 함께 모이사 그들에게 분부하여 이르시되 예루살렘을 떠나지 말고 내게서 들은 바 아버지께서 약속하신 것을 기다리라."

2. 사도행전의 기록 목적, 특징이 있습니다(행 1:6~8)

사도행전은 바울이 로마 도착(A.D. 61년) 이후, '온 이태'(28:30) 동안의 마지막 시기(A.D. 61~63년)에 저술한 것으로 추측됩니다. 기록 목적은 ① 예루살렘에서부터 시작되어 로마에까지 퍼져나간 교회의 발전 과정을 기록하기 위해서요. ② 유대인들에게 기독교를 변증하기 위하서요. ③ 헬라의 신비적 다신교에 대하여 기독교를 변증하기 위하여 기록했습니다.

본서의 특징은 ① 역사서입니다. 초대 교회의 발전상을 역사적인 증거를 들어가며 경험자의 시각에서 서술했습니다. ② 선교 기록 보고서입니다. 예루살렘에서 로마에 이르기까지의 선교 과정을 세밀하게 기록했습니다. ③ 성령 행전적 성격입니다. 교회의 성장 동력이 성령의 역사임을 증거하고 있습니다. ④ 바울 서신의 배경을 설명하는 역할을 합니다. 사도행전의 전도 역사 기록은 바울 서신들의 배경을 설명해 주고 있습니다. 교회마다의 역사의 기록은 그래서 필요한 것입니다.

· 함께 읽어요 : 사도행전 1장 2절
"2 그가 택하신 사도들에게 성령으로 명하시고 승천하신 날까지의 일을 기록하였노라."

3. 사도행전의 전반부인 '베드로 행전'의 내용 개요입니다(행 1:~12:)

사도행전에 나오는 인물을 중심으로 기초하여 크게 사도행전을 두 부분으로 나눌 수 있습니다. 제1부 내용은 1~12장까지의 사도 베드로를 주축으로 하여 이루어진 '베드로 행전'이요. 제2부 내용은 13장~28장까지의 내용으로서 사도 바울을 중심으로 한 이방 선교의 내용으로 '바울 행전'이라 할 수 있습니다. 또한 전반부의 내용을 대별하면 사도행전 1장 8절의 명령에 따라 ① 2장~7장까지로서 예루살렘에서의 그들의 증인된 활동을 다루고 있으며, ② 8장~12장까지의 내용으로서 유대와 사마리아와 수리아에 이르는 그들의 전도 활동상을 기록하고 있습니다.

제1부 내용은 대부분 베드로에 의해서 행해진 다수의 설교들이 제시되고 있습니다. 2장~4장, 10~11장이 바로 베드로의 설교내용입니다.

제1부와 제2부의 내용 배열에서도 베드로와 바울의 설교가 먼저 기록되고, 기적을 행한 내용들을 기록하고 있는 것입니다. 이와 같이 기록자 누가라는 의사의 치밀한 편집 계획도 엿볼 수 있는 부분입니다.

· 함께 읽어요 : 사도행전 8장 1절
"1 사울은 그가 죽임 당함을 마땅히 여기더라. 그 날에 예루살렘에 있는 교회에 큰 박해가 있어 사도 외에는 다 유대와 사마리아 모든 땅으로 흩어지니라."

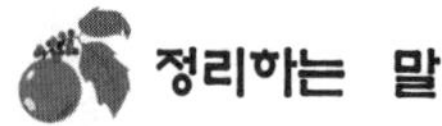

정리하는 말

여러분! 이 땅에서 가장 뜻있는 일이 무엇일까요? 돈과 명예나 지식을 추구하고 많이 취하는 일이 아닙니다. “오직 성령이 너희에게 임하시면 너희가 권능을 받고 예루살렘과 온 유대와 사마리아와 땅 끝까지 이르러 내 증인이 되리라 하시니라”(행 1:8)는 선교 명령에 순종하여 땅 끝까지 이르러 복음 전하는 일인 것을 명심하시기 바랍니다. 복음 전도와 선교를 위해 여러분의 물질, 명예, 지식을 투자하시기 부탁드립니다.

평가와 결심

1. 누가복음과 사도행전의 저자는 누구입니까?
   (눅 1:1~4; 행 1:1~2, 이방인 의사 누가)
2. 사도행전의 기록 목적이 무엇입니까?
   (① 교회의 발전사의 기록 ② 유대인과 헬라인에게 기독교 변증)
3. 사도행전을 내용을 크게 나누면 어떻게 될까요?
   (① 1~12장 베드로 행전 ② 13~28장 바울 행전)

주간 경건의 시간 <45> · 날마다 말씀과 함께

요일 / 내용	주일/월(Mon)	화(Tue)	수(Wed)	목(Thu)	금(Fri)	토(Sat)
찬송	39동 / 73동	320 / 350	321 / 351	323 / 355	324 / 360	325 / 359
성경	행1: / 행2:-3:	행 4:-5:	행 6:-7:	행 8:-9:	행 10:	행 11:-12:
적용	사도의 직무/ 성령 강림	예루살렘 교회	일곱 집사 피택	고넬료의 청함	거짓 목자 새 날	야고보 순교

* 계획은 사람이 하지만 이루는 이는 하나님이시다. <영·미 격언>

제46과

선교에 힘쓴 바울 행전

찬송 / 386, 387, 388 / 통 439, 440, 441
성경 / 사도행전 13:1-12
요절 / 사도행전 13:2
"2 주를 섬겨 금식할 때에 성령이 이르시되 내가 불러 시키는 일을 위하여 바나바와 사울을 따로 세우라 하시니"
목표 / 이방 선교에 힘을 쓴 바울을 본받아 선교에 투자하는 태도를 배운다.

시작하는 말

바울(*Παυλος*: 파울로스)이라는 이름은 '작은 자'라는 뜻입니다. 원래 사울(שאול : 솨울, 여호와께 간구하다)이라는 이름과 혼용해 사용했습니다. 그는 소아시아 길리기아 다소 출신입니다. 다소는 교육 중심지였기에 가말리엘 문하에서 최고의 교육도 받을 수 있었을 것입니다. 그 가문이 장막과 관련된 무역업에 종사했기에 '장막을 만드는 직업'을 가지고 있었습니다. 그는 그리스도인에 대한 지도급 박해자였으나 그리스도인이 된 후에는 이방인들을 위한 사도로 활동했던 인물입니다.

오늘의 말씀

1. '바울 행전'의 기록 배경은 이렇습니다(행 13:1~3)

'바울 행전'이라 함은 바울의 선교를 기록한 사도행전 13장~28장까지의 내용을 말합니다. 바울의 가족들은 B.C. 4년경에 갈릴리의 기살라에서 다소로 이주해 온 것 같습니다(행 9:11; 21:3; 22:3). 바울은 로마 공화정 후기에 많은 사람들에게 부여해 주었던 로마 시민권을 상속받았고(22:25-28), 또한 다소의 시민권도 가지고 있었습니다(21:39). 바울은 예루살렘에서 랍비 교육도 받았습니다. 이러한 배경이 성령의 역사와 함께 그로 하여금 초대 교회와 구라파 선교를 이끌어가는 힘이었습니다.

· 함께 읽어요 : 사도행전 15장 25-26절

"25-26 사람을 택하여 우리 주 예수 그리스도의 이름을 위하여 생명을 아끼지 아니하는 자인 우리가 사랑하는 바나바와 바울과 함께 너희에게 보내기를 만장일치로 결정하였노라."

2. 제 1차 전도 여행과 예루살렘 총회 결의 사항입니다(행 13:~15:)

안디옥 교회에 의한 바울과 바나바의 파송은, 바울에게 소아시아와 교회에 복음을 심는 자와 지도자로서의 첫발을 내딛게 해 주었습니다(행 13:1~3). 이때부터 예루살렘에서 구금당하기까지(행 21:27~22:29), 바울은 3차례의 전도 여행을 실행했습니다. 제1차 전도 여행의 중심지는 안디옥이었고, 제2차 전도 여행 때는 고린도에서 18개월을 머물면서 그 곳을 본부로 삼았습니다(행 18:11). 제3차 전도 여행 때는 에베소에서 2년 이상 머무르면서 그 곳을 본부로 삼았습니다(19:8, 10).

유다에서 안디옥으로 내려온 어떤 사람들이 이방인 신자들도 반드시 할례를 받아야만 구원을 받는다고 주장하여 바울과 바나바 사이에 논쟁이 있었고, 이 결과로 '예루살렘 총회'가 열리게 되었습니다. 총회의 결과는 이방인 성도들이 최소한 몇 가지만 삼가 해 줄 것을 결정하고(행 15:19~21), 이 결정 사항을 바울과 바나바, 바사바와 유다와 실라를 통하여 이방 교회에 전달하도록 했습니다(행 15:22). 이 일은 유대 지역 교회와 이방에 세워진 교회 사이의 단합을 이루는데, 큰 도움을 주었습니다.

· 함께 읽어요 : 사도행전 15장 29절

"29 우상의 제물과 피와 목매어 죽인 것과 음행을 멀리 할지니라. 이에 스스로 삼가면 잘되리라. 평안함을 원하노라 하였더라."

3. 제2차, 3차 전도 여행과 로마까지 여정입니다(행 15:30~28:14)

예루살렘 총회 결정 사항을 안디옥 교회에 전달해 주었던 바울과 바나바는 얼마 동안 안디옥에서 함께 복음을 전파하고 그들은 구브로와 소아시아 남부에 세워진 교회들을 돌아보기로 하면서 전에 버가에서 되돌아가 버린 요한 마가와 동행 할 것인가 말 것인가의 문제로 인하여 서로 갈라져 두 개의 전도대가 구성되었습니다(행 15:36~41). 바나바는 요한, 마가를 데리고, 자기 고향 근방으로 떠났으며(4:36), 바울은 실라(실루아노)를 데리고 떠나 소아시아의 루스드라에서 디모데와 합류했습니다(행 16:1~3). 이 세 사람은 마게도냐 빌립보에 도착, 새로운 교회를 설립하게 되었습니다(행 16:6~12). 바울은 전혀 낯선 지역에 복음을 전파했습니다(행 16:12~19:41). 그러나 이 지역에서도 이전처럼 유대인들이나 유대교의 영향을 받은 이방인들을 대상으로 하여 먼저 복음을 전했습니다(행 16:13; 17:1~2, 10, 17; 18:4, 19; 19:8).

사도행전 20장부터는 이미 세워진 교회들을 돌아보며 에베소 교회에서의 고별설교, 앞으로 예루살렘과 로마와 스페인까지 가게 될 것이라는 계획이 예시되기도 했습니다(롬 15:17~32, 행 19:21). 그러나 그는 복음이 미쳐지지 않은 곳에, 선교하기를 힘썼습니다. 바울이 율법을 거스르는 교훈을 가르쳤다는 소문 때문에 소요 사태가 일자 천부장의 조처로 위험을 면했고, 황제 가이사에게 호소해 로마로 가게 되었습니다.

· 함께 읽어요 : 사도행전 25장 25절

"25 내가 살피건대 죽일 죄를 범한 일이 없더이다. 그러나 그가 황제에게 상소한 고로 보내기로 결정하였나이다."

정리하는 말

바울은 로마 시민권 소지 덕분에 유대 종교 지도자들의 끈질긴 바울을 죽이려는 시도에도 바울은 가이사 황제의 재판을 받겠다고 해서 피할 수 있었습니다. 벨릭스 후임 베스도 총독은 황제에게 상소할 자료를 작성하기 위해 헤롯 아그립바 2세를 불러 도움을 구했습니다. 갇힐 만한 아무런 이유가 없다는 사실을 그들도 인정하게 되었습니다. 바울은 서슴없이 유대인들 사이에서 발생한 부활에 대한 논쟁이 이 사건의 발단이라는 것을 강조했습니다. 바울은 복음을 안고 죄 없는 죄수의 몸으로 로마로 호송되지만 호송 책임 로마군 백부장 율리오의 배려로 자유롭게 아리스다고, 누가, 디도(딛 1:4)까지라도 함께 동행 할 수 있었습니다.

평가와 결심

1. 사도행전에서 바울 행전 부분은 어디입니까?
   (행 13장에서 28장까지임)
2. 바울의 1차, 2차, 3차 전도여행 중심지는 어디였습니까?
   (제1차 - 안디옥, 제2차 - 고린도, 제3차 - 에베소)
3. 예루살렘에서 호송될 때 로마까지 함께 간 사람은 누군가?
   (아리스다고, 수종의사인 누가)

주간 경건의 시간 <46> · 날마다 말씀과 함께

요일 / 내용	주일/월(Mon)	화(Tue)	수(Wed)	목(Thu)	금(Fri)	토(Sat)
찬송	74동 / 74동	205 / 236	254 / 186	265 / 199	264 / 198	263 / 197
성경	행14:/행15:-16:	행17:-18:	행19:-20:	행 21:-22:	행 23:-24:	행 25:-26:
적용	예루살렘 회의	바울의 설교	두란노 서원	예루살렘 여행	공회 앞에 선 바울	가이사에게 상소

* 명성은 영웅적인 행위의 향기이다. <소크라테스, B.C.470-399, 그리스 철학자>

제47과

교리를 가르친 바울 서신

찬송 / 494, 495, 496 / 통 188, 271, 260
성경 / 로마서 1:1-17
요절 / 로마서 1:17
"복음에는 하나님의 의가 나타나서 믿음으로 믿음에 이르게 하나니 기록 된 바 의인은 믿음으로 말미암아 살리라 함과 같으니라."
목표 / 기독교의 바른 교리를 수호하는 태도로 살아가도록 한다.

시작하는 말

신약성경은 27권인데 복음서 4권, 역사서 1권과 바울 서신(13권), 히브리 서신, 야고보 서신, 베드로 서신(2권), 요한 서신(3권), 유다 서신, 계시록으로 구성됩니다. 이중에 교리를 기록한 바울 서신이 대부분을 차지하면서 '기독교의 교리'를 질서정연하게 체계적으로 기술합니다. 여기에서는 바울 서신을 살펴볼 것입니다. 이신칭의(以信稱義 : 믿음으로 의롭게 됨)를 교훈한 로마서를 시작으로 은사 문제 해결의 실마리를 제공한 고린도전후서 등 서신들의 가치는 정말 귀중합니다. 바울 서신을 통하여 믿음의 기독교 교리를 든든히 세워 가시기를 부탁드립니다.

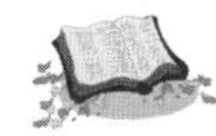

오늘의 말씀

1. 바울 서신의 교리서의 특징을 살펴봅니다(롬 1:16~17; 3:21~31)

로마는 성령이 함께 역사하시고, 베드로와 바울이 순교의 제물이 되기까지 전도와 선교를 감당하여 복음의 꽃을 피우고, 아름다운 결실을 맺도록 하셨습니다. 가장 중요한 것은 사도 바울의 개종과 그의 영적 훈련, 그리고 기독교 교리의 체계화로 인하여 구라파 교회의 토대를 놓았습니다. 하박국 선지자의 응답으로 받은 "오직 의인은 믿음으로 말미암아 살리라" 는 계시적 말씀이 로마서 서두에 나타나 종교 개혁자들의 모토가 되기도 했습니다. 여기 제시된 서신들의 구성의 특징은 전반부는 교리를 제시하고 후반부는 실생활에 적용할 삶의 방법을 제시하고 있습니다. 그리고 이스라엘이 회개와 회복됨을 확신한 민족적인 서신(로마서)도 포함되었습니다. 복음서를 읽다가 교리서들을 읽으면 딱딱하게 느낄 겁니다. 그러나 기독교가 이단들과 맞서 싸워 이긴 것은 확고한 교리가 건재하기 때문입니다. 기독교의 교리들을 잘 공부하시고, 복음과 함께 교리들을 전파하고, 믿음에 굳게 서서 살아가시기를 부탁드립니다.

· 함께 읽어요 : 로마서 1장 17절

"17 복음에는 하나님의 의가 나타나서 믿음으로 믿음에 이르게 하나니 기록된 바 오직 의인은 믿음으로 말미암아 살리라 함과 같으니라."

2. 각 서신의 특성을 살펴봅니다(마 2:1~12)

모든 바울 서신들은 한결 같이 예수 그리스도를 증거하고 있습니다. ① 로마서는 예수 그리스도를 우리의 의로 표시합니다(롬 3:21). ② 고린도전서는 예수 그리스도는 우리의 주님으로 표시합니다(고전 1:31; 2:8, 3:20; 4:4; 5:4~5; 6:13). ③ 고린도후서는 예수 그리스도는 우리의 만족으로 표시합니다(고후 4:17~18). ④ 갈라디아서는 예수 그리스도를 우리의 자유로 묘사합니다(갈 2:4). ⑤ 에베소서는 예수 그리스도를 우리의 모든 것의 모든 것으로 묘사합니다(엡 1:3~6). ⑥ 빌립보서는 예수 그리스도를 우리의 기쁨으로 묘사합니다(빌 4:4). ⑦ 골로새서는 예수 그리스도를 우리의 생명으로 묘사합니다(골 2:6~7). ⑧ 데살로니가전서는 예수 그리스도를 오실 자로 묘사합니다(살전 4:13~18). ⑨ 데살로니가후서는 예수 그리스도를 우리의 돌아오실 주님으로 묘사합니다(살후 1:7~8). ⑩ 디모데전서는 예수 그리스도를 우리의 선생으로 묘사합니다(딤전 4:1~4). ⑪ 디모데후서는 예수 그리스도를 우리의 본으로 묘사합니다(딤후 1:13). ⑫ 디도서와 빌레몬서는 예수 그리스도를 우리의 본으로, 우리의 주인과 상전으로 묘사합니다(딛 2:7; 몬 1:16).

· 함께 읽어요 : 로마서 3장 21절
"21 이제는 율법 외에 하나님의 한 의가 나타났으니 율법과 선지자들에게 증거를 받은 것이라."

3. '교리'는 집을 짓는데 뼈대를 세우는 것과 같습니다(고전 3:1~9)

하나님께서 지상에 두 기관을 친히 세우시고 복주셨습니다. 바로 에덴에서 아담과 하와의 결혼을 주례하시고, 세워주신 '가정'과 신약 시대에 예수 그리스도의 십자가의 보혈로 우리를 구속하시고 오순절에 성령을 보내주셔서 신약의 '교회'를 세워주신 것입니다. '가정'은 '사랑'을 기초로 하고, 교회는 '믿음'과 '소망'을 기초로 합니다.

교회라는 큰 건물을 세울 때는 '복음'의 기초도 중요하지만 '교리'와 같은 뼈대도 아주 중요합니다. 그래서 신학교에서 성경신학도 배우지만 교리를 체계화한 조직신학도 꼼꼼하게 배워야 하는 것입니다. 사랑하는 성도 여러분! 기독교 교리를 잘 배우셔서, 신앙의 기초를 다지시기 바랍니다.

· 함께 읽어요 : 히브리서 6장 1~2절
"1 그러므로 우리가 그리스도의 도의 초보를 버리고 죽은 행실을 회개함과 하나님께 대한 신앙과 2 세례들과 안수와 죽은 자의 부활과 영원한 심판에 관한 교훈의 터를 다시 닦지 말고 완전한 데로 나아갈지니라."

정리하는 말

사랑하는 성도 여러분! 우리가 신앙생활을 잘 한다는 것은 말처럼 그렇게 쉬운 것이 아닙니다. 집을 짓듯이 기초를 튼튼하게 하고 건물의 뼈대인 골조를 제대로 하고서 콘크리트를 부어야 제대로 굳어지는 것처럼 우리의 신앙도 복음으로 다져진 기초 위에 교리가 제대로 세워진 신앙이 필요한 것입니다. 든든한 교리의 뼈대를 세우시기 바랍니다.

평가와 결심

1. 신앙 생활 중 교리 공부와 교리 수호가 왜 중요한가요?
   (이단들과 맞서 싸워 이기기 위해 확고한 교리수호가 필요함)
2. 바울 서신의 공통적인 주제가 무엇입니까?
   (예수 그리스도)
3. 성경신학과 함께 공부해야 할 것은 무엇입니까?
   (기독교 교리를 체계적으로 공부하는 조직신학)

주간 경건의 시간 <47> · 날마다 말씀과 함께

요일 / 내용	주일/월(Mon)	화(Tue)	수(Wed)	목(Thu)	금(Fri)	토(Sat)
찬송	73동 / 73동	252 / 184	254 / 186	255 / 187	257 / 189	258 / 190
성경	롬1:-2/롬 3-4:	롬 5:-6:	롬 7:-8:	롬 9:-10:	롬 11:-12:	롬 13:-16:
적용	믿음의 의 / 하나님의 의	그리스도와 함께	생명의 성령의 법	약속의 말씀	새 생활	선과 덕을 쌓으라

* 웃을 수 있는 사람은 가난한 사람이 아니다. <레이먼드 히치콕 1865-1929, 미국 배우>

제48과

유대인을 위해 쓴 히브리서

찬송 / 267, 268, 270 / 통 201, 202, 214

성경 / 히브리서 1:1-14

요절 / 히브리서 11:1

"1 믿음은 바라는 것들의 실상이요 보이지 않는 것들의 증거니"

목표 / 만물보다 뛰어난 그리스도를 믿고 순종하며 따르는 삶을 살도록 한다.

시작하는 말

히브리서는 바울 서신과 사상적인 유사점(그리스도의 인성, 대속적 죽음, 중보자 사역 등)이 많기 때문에 바울 저작설이 있으나 확인되지 않아 저자 미상입니다. 저작 연대는 성도의 박해가 언급된 것으로 보아 네로 박해(A.D. 65년) 이후, 성전 파괴(A.D. 70년)가 언급 되지 않은 것으로 보아 A.D. 60년대 후반으로 보고 있습니다. 본서는 '만물보다 뛰어나신 그리스도'를 구약적인 관점에서 다루면서 예수님이 '구약에 예언된 메시아이심'을 설득시키기 위해 기록했습니다.

오늘의 말씀

1. 히브리서의 특징에 대해서 알아봅시다(히 1:1~3)

히브리서는 성격상 구약성경을 소중히 여기는 유대인들을 이해시키기 위해서 쓴 ① 구약적인 서신입니다. 구약을 직접 인용한 부분이 29회 이상, 정황적 인용이 53회 이상 발견됩니다. ② 믿음의 서신입니다. 구약

사건과 그리스도를 관련시킴으로써 그리스도께서 원천적인 믿음의 대상임을 밝힙니다. 아들로 말씀하시고, 아들을 만유의 후사로 세우시고, 아들로 말미암아 모든 세계를 지으셨음을 서두에 밝히고 있습니다. 등장하는 주요 인물은 아벨, 에녹, 노아, 아브라함, 이삭, 야곱, 요셉, 모세 등 믿음의 선진들을 통해서 모든 세대를 살아가는 성도들에게 믿음의 후손들이 확고한 믿음으로 살아가도록 격려하고 있습니다.

· 함께 읽어요 : 히브리서 12장 2절

"2 믿음의 주요 또 온전케 하시는 이인 예수를 바라보자 그는 그 앞에 있는 기쁨을 위하여 십자가를 참으사 부끄러움을 개의치 아니하시더니 하나님 보좌 우편에 앉으셨느니라."

2. 히브리서 주제, 배경, 그리고 기록 목적을 알아봅니다(히 10:10~14)

히브리서의 주제는 '그리스도의 우월성과 믿음을 통한 구원'입니다. 구약성경 특히 모세 5경인 율법을 신앙의 기본으로 하고 있는 유대인들에게 예수 그리스도가 메시야라는 사실을 설득하기 위하여 기록했기 때문에 구약의 인용이 많습니다.

히브리서의 배경은 초기 기독교는 대체로 로마의 종교 허용 정책으로 어려움이 없었습니다. 그러나 A.D. 64년 이후부터 로마 황제는 기독교를 편협한 종교로 보고 조직적인 박해를 가했고, 더구나 유대교로부터의 질시도 있었으므로 기독교는 큰 고난을 당했습니다. 그래서 본서의 기록 목적은 ① 고난 받는 유대인 개종자들의 흔들리는 신앙을 바로잡기 위해서요(히 12:4). ② 그리스도의 구원자 되심을 변증하여 기독교의 우월성에 대한 확신을 갖게 하기 위해서 기록한 것입니다. 예수 그리스도야말로 왕, 제사장, 선지자의 사명을 감당하신 것입니다.

· 함께 읽어요 : 히브리서 12장 2절

"2 믿음의 주요 또 온전하게 하시는 이인 예수를 바라보자 그는 그 앞에 있는 기쁨을 위하여 십자가를 참으사 부끄러움을 개의치 아니하시더니 하나님 보좌 우편에 앉으셨느니라."

3. 히브리서는 신앙의 위대성을 밝히고 있습니다(히 1:1)

당시 유대인 그리스도인들은 박해자들의 비웃음과 조롱 때문에 생각하기를 기독교를 받아 들였기 때문에 제단도, 제사장도, 제사도 모두 잃어버린 것이 아닌가 하는 생각을 했습니다. 그러한 그들에게 저자는 다만 실체되시는 예수 그리스도를 얻기 위하여 그림자를 잃었을 뿐임을 증언하고 있는 것입니다.

본서의 내용을 크게 나누자면 제1부에서는 선지자보다 우월하신 그리스도요(히 1:1~3). 천사보다 우월하신 그리스도요(히 1:4~2:18). 그리고 모세보다도 인격적으로 뛰어나신 분(히 3:1~4:13)의 인격을 기술합니다.

제2부에서는 멜기세덱이나 아론보다 뛰어나신 그리스도의 대제사장적 사역을 소개함으로써 그리스도께서 완전한 속죄 제물로 이 세상에 오심을 밝히고 있습니다(히 4:14~10:18).

제3부에서는 자연스럽게 뛰어나신 그리스도에 대한 신앙으로 귀결되며, 이 신앙의 본보기로서 구약의 신앙의 선진들을 소개함으로써 변치 않는 신앙의 위대성을 밝히고 있습니다. 신앙은 과거의 그리스도의 대속하심을 기억하고, 현재의 고난과 역경을 사랑과 믿음의 인내로서 이겨내며, 미래의 영원한 구원과 영생, 소망의 나라를 소유하시기를 간절히 부탁드립니다.

· 함께 읽어요 : 히브리서 4장 12절

"12 하나님의 말씀은 살아 있고 활력이 있어 좌우에 날선 어떤 검보다도 예리하여 혼과 영과 및 관절과 골수를 찔러 쪼개기까지 하며 또 마음의 생각과 뜻을 판단하나니"

정리하는 말

사랑하는 성도 여러분! 히브리서 1장과 2장에서 만큼 우리 주님의 신성(神性)과 인성(人性)이 강조된 곳은 없습니다. 그리스도는 우리의 대제사장으로서 우리의 모든 필요를 아실 수 있는 것은 그가 온전한 사람(人性)이시기 때문입니다. 그는 '우리의 연약함을 체휼'하신 분인 것입니다. 우리의 모든 필요를 충족시켜 주실 수 있는 분은 온전한 하나님이시기 때문입니다. 그분께 감사와 찬양을 드리시기를 바랍니다.

평가와 결심

1. 히브리서의 특징은 무엇입니까?
   (① 구약적인 서신임 ② 믿음의 서신임)
2. 히브리서의 기록 목적은 무엇입니까?(히 12:4, ① 고난 받는 유대인 개종자의 신앙을 바로잡고, ② 기독교의 우월성을 확신케 하기 위하여)
3. 히브리서 1장과 2장에서 강조하고 있는 것은 무엇입니까?
   (예수 그리스도의 신성<神性>과 인성<人性>을 강조함)

주간 경건의 시간 <48> · 날마다 말씀과 함께

요일 / 내용	주일/월(Mon)	화(Tue)	수(Wed)	목(Thu)	금(Fri)	토(Sat)
찬송	83동 / 85동	526 / 316	525 / 315	524 / 313	523 / 262	520 / 257
성경	히1:-2:/히2:-3:	히 4:-5:	히 6:-7:	히 8:-9:	히 10:-11:	히 12:-13:
적용	고귀한 구원/ 천사 모세보다	말씀 순종	복 주고 복 줌	새 언약 심판	언약의 피	쓴 뿌리 형제사랑

* 시간이나 호수의 물을 붙들어 맬 수 있는 사람은 아무도 없다.

<로버트 번즈, 1759-1796, 스코틀랜드 시인>

행함을 강조한 야고보 서신

찬송 / 215, 216, 217 / 통일 354, 356, 362
성경 / 야고보서 1:1-27
요절 / 야고보서 2:26
"26 영혼 없는 몸이 죽은 것 같이 행함이 없는 믿음은 죽은 것이라."
목표 / 야고보 사도의 행함을 강조하는 신앙을 본받아 실천하도록 한다.

시작하는 말

야고보서는 일반 서신의 첫 번째 책이며, 예수님의 동생인 야고보(*Ἰάκωβος*: 야코보스)가 기록했습니다. 그는 처음부터 예수님이 '메시야'라고 믿지는 않았지만 십자가 사건 후 사도들과 함께 행동했음을 알 수 있습니다(행1:14). 그러므로 고린도전서 15장 7절에 언급된 야고보는 분명 예수의 동생 야고보였습니다. 그는 자신이 예수님의 제자라고 주장하지 않았지만 매우 영향력 있던 지도자였던 것 같습니다(행 15:13; 갈 1:19). 야고보는 구약에 대하여 매우 정통했던 인물이었음이 틀림없습니다(행 21:17~26; 갈 2:12).

오늘의 말씀

1. 야고보서는 행함을 강조하고 있습니다(약 2:26)

야고보서는 신앙의 실천적 측면을 강조하는 서신으로서, 믿음을 최상의 목표로 하는 로마서와 대비가 됩니다. 야고보서가 마치 믿음의 가치를 부인하고 율법적인 행동만을 강조하는 것 같아서 종교 개혁자 루터는 '지푸라기 서신'이라고 혹평하기도 했습니다. 그러나 본서는 결코 믿음을 행함보다 아래에 두지 않았으며, 오히려 그 둘의 조화를 추구하고 있습니다. 다만 본서를 기록할 당시에는 박해 속에서 온전한 믿음의 행실로부터 이탈하는 자가 속출했고, '이신득의'(以信得義: 믿음으로 의롭게 됨)를 오용하여 성도다운 사랑을 전연 이행하지 않는 그릇된 모습이 나타났기 때문에 저자는 믿음을 증명하는 행위를 보일 것을 요구하며, 구체적인 삶의 행동 양식을 제시했던 것입니다. 사랑하는 성도 여러분! 여러분 각자가 행함이 있는 믿음을 소유하시기를 소원합니다.

· 함께 읽어요 : 야고보서 2장 14절

"14 내 형제들아 만일 사람이 믿음이 있노라하고 행함이 없으면 무슨 유익이 있으리요. 그 믿음이 능히 자기를 구원하겠느냐?"

2. 야고보서의 주제, 기록 목적, 특징이 있습니다(약 1:6~8)

야고보서의 주제는 '믿음을 온전케 하는 행함'입니다. 믿음이란 입으로 시인하는 것만으로는 온전케 될 수 없고, 그 열매가 '행함'이란 형태로 삶 속에 나타나야 된다는 사실을 일깨워 줍니다.

본서의 배경은 스데반 순교 이후에 시작된 박해로 많은 유대인 성도들이 로마 제국의 각지로 흩어졌습니다. 이들은 사도들과 접촉 기회가 없어 바른 신앙에서 멀어지거나 어려움을 극복하는 힘이 약한 경우가 많았습니다. 이런 상황에서 본서의 기록 목적은 다음과 같습니다.

① 로마의 박해에 직면한 성도들을 격려하기 위하여서요. ② '이신득의' 사상의 오해에서 비롯된 폐단을 시정하기 위해서요. ③ 성도 간의 사랑의 회복을 촉구하기 위해서입니다.

· 함께 읽어요 : 야고보서 1장 6~8절

"6 오직 믿음으로 구하고 조금도 의심하지 말라 의심하는 자는 마치 바람에 밀려 요동하는 바다 물결 같으니 7 이런 사람은 무엇이든지 주께 얻기를 생각지 말라 8 두 마음을 품어 모든 일에 정함이 없는 자로다."

3. 야고보서 내용을 구분해 봅니다(약 1:~12:)

야고보는 산 믿음은 행위로 나타나는 것이라고 믿었습니다. 믿음이 행함으로 나타나기 전에는 죽은 것이요, 생명이 없는 것이라 했습니다. 내용을 구분해 보면 이렇습니다.

① 시험을 이기는 믿음입니다(약 1:1~21). 하나님께서는 시험을 복의 도구로 삼으시는데, 우리는 너무도 자주 시험을 이기지 못하고 넘어집니다. 인내로서 시험을 참고 이겨야 하는 것입니다. 기도로서 지혜를 구해야 하는 것입니다.

② 우리의 행동에 나타나는 믿음입니다(약 1:22~2:26). 우리는 하나님의 말씀을 듣기만 하는 자가 되지 말고 실천으로 옮기는 자가 되어야 합니다. 행실은 결과인 것입니다(마 25:40).

③ 우리의 말에 나타나는 믿음이어야 합니다(약 3:1~18). 여러분! 길들이기 힘든 혀를 제어할 수 있는 사람이 온전한 사람입니다.

④ 우리의 인격에 나타나는 믿음이어야 합니다(약 4:1~17). 진실하고 신실한 성도들은 향락이나, 명예, 부귀를 크게 여기지 말고 그런 것에 매혹되지 말아야 합니다.

⑤ 우리의 기도생활에 나타나는 믿음이어야 합니다(약 5:1~20).

· 함께 읽어요 : 야고보서 5장 16절

"16 그러므로 너희 죄를 서로 고백하며 병이 낫기를 위하여 서로 기도하라 의인의 간구는 역사하는 힘이 큼이니라."

정리하는 말

야고보 사도는 "너희는 말씀을 행하는 자가 되고 듣기만 하여 자신을 속이는 자가 되지 말라"(약 2:22)고 했습니다. 사랑하는 성도 여러분! 믿음은 말로만 고백하면 되는 것이 아닙니다. 말씀을 그대로 믿은 대로 행함에 옮겨야 하는 것입니다. 오늘날 성도의 가슴이 식어져서, 말뿐인 선교, 말뿐인 봉사, 말뿐인 사랑이 너무 많습니다. 성도들이여! 그리스도의 십자가 사랑, 성령의 은사, 말씀의 실천으로 살아가기를 원합니다.

평가와 결심

1. 종교개혁자들의 주장이 무엇입니까?
   (롬 3:22, 믿음으로 의롭게 된다는 '이신칭의'<以信稱義>)
2. 야고보서의 주제가 무엇입니까?
   ('믿음을 온전케 하는 행함')
3. 야고보서의 기록 목적이 무엇입니까?
   (① 로마의 박해에 직면한 성도들을 격려하기 위하여.
   ② '이신득의' 사상의 오해에서 비롯된 폐단을 시정하기 위하여서요.
   ③ 성도 간의 사랑의 회복을 촉구함)

주간 경건의 시간 <49> · 날마다 말씀과 함께

요일 / 내용	주일/월(Mon)	화(Tue)	수(Wed)	목(Thu)	금(Fri)	토(Sat)
찬송	86동 / 87동	197 / 178	196 / 174	198 / 284	199 / 234	200 / 235
성경	히12: / 히13:	약 1:	약 2:	약 3:	약 4:	약 5:
적용	믿음의 주 / 형제 사랑	믿음과 지혜	행함 없는 믿음	말에 실수 없게	세상과 벗	기도 찬송

* 영원을 사랑하거든 시간을 사랑하라. <프란시스 콸스, 1592-1644, 영국 작가>

12단원 사랑 나눔의 달

나그네에게 보낸 베드로서

찬송 / 482, 483, 484 / 통 49, 532, 533
성경 / 베드로전서 1:1-12
요절 / 베드로전서 1:17
"17 외모로 보시지 않고 각 사람의 행위대로 심판하시는 이를 너희가 아버지라 부른즉 너희가 나그네로 있을 때를 두려움으로 지내라."
목표 / 흩어져 있는 나그네에게 보낸 편지를 통해 격려를 배운다.

시작하는 말

베드로전서는 예수 그리스도는 우리 믿음의 보배로운 모퉁이 돌로 묘사합니다. 베드로후서는 예수 그리스도를 우리의 힘으로 묘사합니다. 저자 베드로(*Πέτρος*: 페트로스 - 아람어로 כיפא: 케파/ 헬 *Κηφας*)의 이름의 뜻은 '바위'라는 뜻입니다. 기록 연대는 베드로전서는 A.D. 64년경이요, 베드로후서는 A.D. 66-67년입니다. 대상은 소아시아의 다섯 교회들(흩어진 나그네)에게 보내졌습니다. 저자 베드로는 초대 교회의 구심점이었던 자신의 순교를 앞에 두고 뒤에 남게 될 교회들이 박해에 좌절하지 않도록 교훈하기 위해서 기록한 '격려의 서신'입니다.

오늘의 말씀

1. '베드로전서'의 배경과 내용은 이렇습니다(벧전 1:1~12)

'베드로전서'의 주제는 '환난을 이기는 산 소망'입니다. 곧 '소망의 서신'(Epistle of Hope)인 것입니다. 본서의 내용은 아래와 같습니다.

제1부에서 성도가 마땅히 구원을 지향해야 함을 밝히고(벧전 1:1-12), 이를 위해 실생활에 있어서는 거룩함을 추구하도록 교훈합니다. 또한 제2부에서는 세상과의 조화를 위해 자신을 희생할 것을 가르칩니다(벧전 2;13-3:12). 그럼에도 불구하고 제3부에서는 성도에게 닥칠 고난을 굳건한 믿음으로 이기고 승리할 것을 권면합니다(3:13-5:14). 즉 베드로는 핍박이 오히려 성도의 신앙을 성숙케 하여 영적 은사와 하늘의 상급을 크게 함을 암시함으로써(1:7, 13, 17) 인내할 것과 재림의 소망을 가지라고 격려하고 위로한 것입니다. 사랑하는 성도 여러분! 여러분들은 바로 하나님의 택하신 백성들입니다. 그리스도의 재림을 바라보면서 항상 새롭고 아름다운 산 소망을 가지시기를 바랍니다.

· 함께 읽어요 : 베드로전서 2장 9절

"9 그러나 너희는 택하신 족속이요 왕 같은 제사장들이요 거룩한 나라요 그의 소유가 된 백성이니 이는 너희를 어두운 데서 불러내어 그의 기이한 빛에 들어가게 하신 이의 아름다운 덕을 선포하게 하려 하심이라."

2. '베드로후서'의 주제와 배경, 내용은 이렇습니다(벧후 1:1~21)

베드로후서의 주제는 '그리스도 안에서의 성장'입니다. 식물도 자라야 태풍을 견뎌내는 것입니다. 여러분! 신앙생활에서도 마찬가지인 것입니다. 베드로후서는 로마의 핍박보다 더 무서운 마귀의 궤계였던 내부의 이단들로부터 성도를 보호하기 위해 쓰여졌습니다. 그렇기 때문에 베드로는 본서의 곳곳에서 '구원론'(1:1-4), 종말론(3:1-13) 등 기독교의 기본 교리들을 확신 있는 어두로 설명하고 있으며, 이러한 구원의 지식 안에 굳건히 서서(1:10; 3:14), 믿음의 성장을 이룰 것을 권면합니다(1:5-7).

베드로후서가 기록된 시기는 사도들의 활동이 거의 끝나는 시대적 전환기로서, 이단들의 활동이 거세져 재림의 소망조차 위협받는 어려운

시기였습니다. 그래서 본서는 성도들이 당할 박해와 환난을 이겨내며 살아가도록 하는 동시에 모든 사람들이 다 구원 받기를 원하셔서 주님께서 재림을 늦추시는 하나님의 은혜(벧후 3:9-10)를 명시함으로 멸망에 이르지 않도록 강하게 권고하는 것입니다.

· 함께 읽어요 : 베드로후서 3장 8~9절

"8 사랑하는 자들아 주께는 하루가 천 년 같고 천 년이 하루 같다는 이 한 가지를 잊지 말라. 9 주의 약속은 어떤 이들이 더디다고 생각하는 것 같이 더딘 것이 아니라 오직 주께서는 너희를 대하여 오래 참으사 아무도 멸망하지 아니하고 다 회개하기에 이르기를 원하시느니라."

3. 베드로서의 삶의 비밀과 방법입니다(벧전 2:8~10; 벧후 3:8~13)

그리스도인들은 먼저 그리스도의 보배로운 피로 구속함을 받았습니다(벧전 1:19). 순전하고 신령한 젖을 사모하며 구원에 이르도록 자라야 합니다(벧전 2:1~2). 성도는 택하신 족속이요 왕 같은 제사장, 거룩한 나라, 그의 소유된 백성입니다(벧전 2:9). 그러므로 ① 뭇사람을 공경하며, ② 형제를 사랑하며, ③ 하나님을 두려워하며, ④ 왕을 존대하라 한대로 실천해야 합니다(벧전 2:17). 우리가 비록 사악한 세상에서라도 복된 생활을 할 수 있는 방법은 "생명을 사랑하고 좋은 날 보기를 원하는 자는 ① 혀를 금하여 악한 말을 그치며, ② 그 입술로 거짓을 말하지 말고, ③ 악에서 떠나, ④ 선을 행하고, ⑤ 화평을 구하여 그것을 따르라"(벧전 3:10~11)고 했습니다. 그리스도인들이 시련을 겪으면서 잘 이겨내야 하는데, ① 불같은 시련 두려워하지 말고(벧전 4:12), ② 교회 지도자들은 양을 잘 돌보며(벧전 5:3~4). ③ 마귀를 대적하라(벧전 5:8~9)고 했습니다.

· 함께 읽어요 : 베드로전서 5장 9절

"9 너희는 믿음을 굳게 하여 그를 대적하라 이는 세상에 있는 너희 형제들도 동일한 고난을 당하는 줄을 앎이라."

정리하는 말

베드로후서에서는 신자들이 세상에서 썩어질 것을 피하여 신의 성품에 참여하는 자가 되도록 믿음을 기초하여 ① 믿음에 덕을, ② 덕에 지식을, ③ 지식에 절제를, ④ 절제에 인내를, ⑤ 인내에 경건을, ⑥ 경건에 형제우애를, ⑦ 형제우애에 아가페(ἀγάπη)의 사랑을 더하라고 했습니다.

주님이 오실 날을 기다리는 동안 ① 거룩한 행실과 경건함으로 ② 의가 있는 곳 새 하늘과 새 땅을 바라보며, ③ 주 앞에서 점도 없고 흠도 없이 평강 가운데서 나타나기를 힘쓰라(벧후 3:11~12)고 했습니다.

평가와 결심

1. '베드로전서'의 주제는 무엇입니까?
   ('환난을 이기는 산 소망' 곧 '소망의 서신'임)
2. '베드로후서'의 주제는 무엇입니까?
   ('그리스도 안에서의 성장')
3. 다가올 '불같은 시련'을 어떻게 이겨내야 하겠습니까?
   (① 두려워하지 말고<벧전 4:12>, ② 양을 잘 돌보며<벧전 5:3~4>. ③ 마귀를 대적하라<벧전 5:8~9>)

주간 경건의 시간 <50> · 날마다 말씀과 함께

요일 / 내용	주일/월(Mon)	화(Tue)	수(Wed)	목(Thu)	금(Fri)	토(Sat)
찬송	87동 / 88동	459 / 514	460 / 515	461 / 519	462 / 517	463 / 518
성경	벧전1: / 벧전2:	벧전 3:	벧전 4:	벧전 5:	벧후 1:	벧후 2:-3:
적용	영혼 구원/ 신령한 말씀	생명을 사랑	근신하여 기도하라	마귀를 대적하라	신의 성품	주의 약속 주의 날

* 그리스도인은 인간의 가장 고상한 모형이다. <에드워드 영, 1683-1765,영국 시인>

12단원 사랑 나눔의 달

사랑의 요한 서신과 유다서

찬송 / 455, 456, 458 / 통 507, 509, 513
성경 / 요한1서 4:1-21
요절 / 요한1서 4:11
"11 사랑하는 자들이 하나님이 이같이 우리를 사랑하셨으니 우리도 서로 사랑하는 것이 마땅하도다."
목표 / 사랑을 전한 서신과 그 삶을 통하여 사랑을 실천하는 태도를 기른다.

시작하는 말

요한1서, 2서, 3서의 저자 요한(*Ἰωαννης*: 요안네스)의 이름의 뜻은 '여호와는 자비하시다'는 뜻이며 그는 요한복음의 저자이기도 합니다. 그는 세베대의 아들이며, 노년기를 감독 직분으로 에베소에서 보내면서 A.D. 95년경에 요한1서를, A.D. 95~96년경에 요한2, 3서를 기록했습니다. 유다서는 주의 동생 유다(*Ἰούδας*: 유다스)가 A.D. 70~80년경 예루살렘에서 기록했습니다. 위의 책들은 당시 이단과 영지주의의 폐해가 컸음으로 이에 대한 기독교를 변호하기 위하여 기록했습니다. 이중 요한3서는 악하고 교만한 디오드레베를 본받지 말 것을 권고합니다.

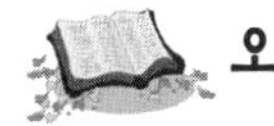

오늘의 말씀

1. 요한 1서, 2서, 3서, 유다서의 특징을 살펴봅니다.

요한1서의 주제는 '사랑에 근거한 영적 교제' 요. 요한2서의 주제는

'진리 안에 거함' 이요. 요한3서의 주제는 '사랑의 접대를 권고함' 입니다. 유다서의 주제는 '믿음을 위한 싸움' 입니다. 위의 서신들의 배경은 초대교회에 큰 영향을 미쳤던 이단인 '영지주의' 는 물질과 육체를 악한 것으로 여기는 이원론을 주장합니다. 그들은 그리스도의 인성을 부인했을 뿐 아니라 육체의 범죄를 두려워하지 않았으므로 기독교의 윤리를 근본적으로 파기했고 성도들은 이에 미혹되었습니다. 크리스천들은 본질적으로 하나님과 사귐을 갖고, 그리스도에 관한 참 지식을 소유하고, 그분의 사랑을 받아들여 형제에게 나타내야 하는 것입니다.

· 함께 읽어요 : 요한1서 1장 3절

"3 우리가 보고 들은 바를 너희에게도 전함은 너희로 우리와 사귐이 있게 하려 함이니 우리의 사귐은 아버지와 그의 아들 예수 그리스도와 더불어 누림이라."

2. 요한 1서, 2서, 3서, 유다서의 내용을 살펴봅니다.

요한1서는 요한의 신앙의 노련함이 잘 드러납니다. 교회 내의 이단, 특별히 영지주의로부터 성도를 보호하기 위하여 영지주의의 특성을 하나씩 지적하여 그릇됨을 증명하는데, 그 주요 내용은 ① 그리스도의 성육신 부인, ② 예수의 신성 부인(2:22), ③ 윤리, 도덕의 파기(3:8~10)입니다. 저자는 '듣고, 보고, 만지는(1:1) 등의 감각적인 단어를 사용하여 성육신을 증명하고, 그리스도가 태초부터 하나님의 아들이심을 증명하여(3:14~15), 영지주의의 주장을 강하게 반박합니다.

요한2서는 그 내용이 요한1서의 축소판이라 할 수 있으며, 그 주된 내용이 ① 계명 준수(1~6절), ② 거짓 교사에 대한 경고(7~13절)입니다.

요한3서는 나그네 대접을 다루고 있으나, 실제적으로는 ① 진리 안에서 행하는 자와(1:3), 그렇지 못한 자(1:9~10)를 극명히 대비 시키고 있습니다. 곧 사도가 보낸 자를 대접하지 않음은(1:9) 곧 사도를 세우신 그리스도를 배척하는 행위로(마 25:45), 이는 이단들의 행위와 같다는 것입니다.

유다서도 가장 준엄한 이단에 대한 경고와 성도들이 경계할 내용을 다루면서 구약의 배교자인 가인, 발람, 고라를 예로 들어 비도덕적인 영지주의자들의 비참한 최후를 맞을 것을 확실하게 알려주고 있습니다.

· 함께 읽어요 : 요한2서 7~8절

"7 미혹하는 자가 세상에 많이 나왔나니 이는 예수 그리스도께서 육체로 오심을 부인하는 자라 이런 자가 미혹하는 자요 적그리스도니 8 너희는 스스로 삼가 우리가 일한 것을 잃지 말고 오직 온전한 상을 받으라."

3. 요한1서, 2서, 3서와 유다서의 교훈을 살펴봅니다.

사도 요한은 그리스도인의 행위에 대해 시험해 볼 7가지 교훈을 제시하고 있습니다. ① 빛 가운데 행하라(요일 1:6). ② 스스로 죄인임을 시인하라(요일 1:8). ③ 하나님의 뜻에 순종하라(요일 2:4). ④ 그리스도를 본받으라(2:6). ⑤ 이웃을 사랑하라(요일 2:7~11). ⑥ 세상을 사랑하지 말라(요일 2:12~17). ⑦ 그리스도는 의로우시다는 것을 생활로 증거 하라(요일 2:29)입니다. 우리가 믿어야 할 것은 ① 예수 그리스도께서 육체로 오신 것을 믿어야 하고(incarnation, 4:1~2, 5:20~21), ② 그리스도의 신성을 믿어야 하고(4:15, 5:5). ③ 그리스도가 구주이심을 믿어야 합니다(5:10~12).

그리스도 안에서의 생활에 대한 상급은 ① 영생의 보증(5:18) ② 기도의 능력(5:14, 15). ③ 중보의 능력(5:16). ④ 승리(5:4~5절, 5:18)를 주십니다.

· 함께 읽어요 : 요한1서 5장 18절

"18 하나님께로부터 난 자는 다 범죄 하지 아니하는 줄을 우리가 아노라. 하나님께로부터 나신 자가 그를 지키시매 악한 자가 그를 만지지도 못하느니라."

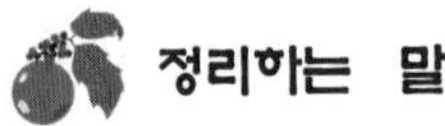

정리하는 말

사랑하는 성도 여러분! 신앙생활을 한다면서 '거룩한 부담'을 가지지 않아서는 안 되는 것입니다. 그리스도인들은 삶으로써 말해야 합니다. 행동으로써 참 진리를 증거 해야 합니다. 이를 위해 사도들은 주님께서 전해주신 복음을 전하기 위해 1세기경 영지주의 이단들의 박해를 무릅쓰고 담대한 믿음으로 기독교 교리들을 세워간 것입니다. 여러분도 건전한 기독교 교리들이 무너지지 않고 온전히 견고하게 세워져 갈 수 있도록 버팀목 역할을 잘 감당하시기를 바랍니다.

평가와 결심

1. 요한1서 주제가 무엇입니까?
   (요일 1:3~4, '사랑에 근거한 영적 교제'임)
2. 요한2서 주제가 무엇입니까?
   (요이 1:1~6, '진리 안에 거함'이요.)
3. 요한3서 주제가 무엇입니까?
   (요삼 1:5~8, '사랑의 접대를 권고함'임)

주간 경건의 시간 <51> · 날마다 말씀과 함께

내용 \ 요일	주일/월(Mon)	화(Tue)	수(Wed)	목(Thu)	금(Fri)	토(Sat)
찬송	89동 / 91동	567 / 436	565 / 300	569 / 442	570 / 453	575 / 302
성경	요일1: /요일2:	요일 3:	요일 4:	요일 5:	요 2서	요3서, 유다서
적용	예수의 피 / 하나님의 의	그리스도와 함께	하나님은 사랑이시라	물과 피 성령	속이는 자	영혼이 잘됨

* 시계는 행복한 자를 위해 치지 않는다.
  <요한 크리스토프 프리드리히 폰 쉴러, 1759-1805, 독일 시인>

신천신지를 예언한 계시록

찬송 / 245, 246, 243 / 통 228, 221, 224
성경 / 요한계시록 1:1-20
요절 / 요한계시록 22:7
"7 보라 내가 속히 오리니 이 두루마리의 예언의 말씀을 지키는 자는 복이 있으리라 하더라."
목표 / 예수 그리스도의 재림 신앙을 믿고, 주님 맞을 준비하도록 한다.

시작하는 말

계시록은 사도 요한(Ἰωαννης : 요안네스)이 A.D. 95~96년경에 유배지인 밧모 섬에서 기록했습니다(계 1:9). 본서는 하나님의 숨겨진 뜻을 나타내는 '계시'(啓示)요, 미래를 보여주는 '예언'입니다. 본서는 먼저 일곱 교회에 대한 칭찬과 꾸짖음이 서론적으로 언급되고, 이후는 일곱 인, 일곱 나팔, 일곱 대접의 재앙이 잇달아 말세의 대 환란을 예고합니다.

그 후 악인들에 대한 심판이 시작되어 용과 짐승 등 적그리스도 계열이 멸망당하고, 바벨론의 파멸과 사탄을 유황 불 못에 가둠으로써 모든 악의 세력이 사라지고, 천년왕국과 신천신지(新天新地)가 펼쳐집니다.

오늘의 말씀

1. 요한계시록의 특징에 대해서 알아봅니다.

요한계시록은 직선적(直線的)인 기독교의 세계관의 하이라이트 부분입니다. 예수 그리스도의 5대 생애는 ① 동정녀 탄생, ② 십자가의 죽으심, ③ 부활, ④ 승천, ⑤ 재림입니다. 이것이 복음의 기초요. 이단을 막아내는 기독교 교리의 핵심입니다. 요한계시록은 계시(ἀποκάλυψις: 아포칼륍시스: 감추어진 것을 들어낸다)를 열어서 보여주는 책입니다. 그 특징은 ① 묵시문학 - 많은 상징과 환상, 숫자들도 엮어진 장르요. ② 유대적 색채를 띠고요. ③ 내세적 종말관을 그렸습니다. 신약의 여러 책들에 비해 구체적인 종말의 모습을 세밀하게 그렸습니다.

· 함께 읽어요 : 요한계시록 1장 7절
"7 볼 지어다! 그가 구름을 타고 오시리라 각 사람의 눈이 그를 보겠고 그를 찌른 자도 볼 것이요. 땅에 있는 모든 족속이 그로 말미암아 애곡하리니 그러하리라. 아멘"

2. 계시록의 주제, 배경, 그리고 기록 목적을 알아봅니다.

요한계시록의 주제는 '종말의 대 환난과 그리스도의 궁극적 승리'입니다. 종말에 하나님을 대적하는 무리가 크게 일어나 성도를 핍박하지만 끝내 그리스도께서 승리하시고, 믿음을 배반하지 않은 성도들을 신부로 삼아 혼인 예식을 치릅니다(계 19:6~10).

본서의 배경은 ① 당시는 네로 때부터 시작된 박해의 최고조기였고, ② 로마와 기독교 간 마찰의 최대 쟁점은 '황제 숭배'였으며, ③ 대부분 사도들이 순교했고, 계속되는 박해로 초기 신앙의 열심이 쇠퇴한 위기 상황이었습니다. 기록 목적은 ① 로마의 박해로 배교의 위험에 있는 교회들에게 용기를 주기 위하여, ② 하나님의 보호하심을 확실케 하여 그리스도의 재림을 대망하기 위하여서입니다.

· 함께 읽어요 : 요한계시록 2장 10절
"10 너는 장차 받을 고난을 두려워하지 말라 볼지어다. 마귀가 장차 너희 가운데에서 몇 사람을 옥에 던져 시험을 받게 하리니 너희가 십 일 동안 환난을 받으리라 네가 죽도록 충성하라 그리하면 내가 생명의 관을 네게 주리라."

3. 요한계시록의 내용을 살펴봅니다.

요한계시록은 예수 그리스도를 '우리의 승리의 왕'으로 묘사합니다. 신구약성경의 마지막 장면으로 그리스도께서 그의 백성에게 오심으로 인하여 영광의 극치를 이루고 있습니다. 여기의 영웅은 우리 주님이시고, 악한은 마귀입니다. 요한계시록의 구성은 아래와 같습니다.

① 네 본 것과(<과거> : 1:1~18) - 여기에 예수 그리스도의 초상이 그려져 있습니다(1:13~16). 교회를 상징하는 일곱 금 촛대 사이에 서 계십니다(20절). 촛대처럼 교회는 세상에 빛을 비추어야 하는 것입니다.

② 이제 있는 일과(<현재> : 1:20~3:22) - 여기에 일곱 교회에 보내신 예수님의 편지를 보게 됩니다. 2장과 3장에서 일곱 교회에 대한 그리스도의 사랑의 편지입니다.

③ 장차 될 일(계 4:1~22:21) - 여기 장면은 무대가 땅 위에서 하늘로 옮겨지고 있습니다. 이 부분은 계시록이 '보좌의 책'이 되는 것입니다.

계시록은 일곱 가지 새 것을 보여줍니다. ① 새 하늘과 새 땅(계 2:1), ② 새 사람들(계 21:2~8), ③ 새 신부(계 21:9), ④ 새 집(계 21:10~21), ⑤ 새 성전(계 21:22), ⑥ 새 빛(계 21:23~27), ⑦ 새 낙원(계 21:1~5)을 보여 줍니다.

예수 그리스도께서 그의 계시 안에 하신 마지막 말씀이 "내가 진실로 속히 오리라"고 하신 말씀입니다. 그 말씀에 대한 우리의 화답은 "아멘, 주 예수여 오시옵소서"(계 22:20) 입니다.

· 함께 읽어요 : 요한계시록 22장 20~21절

"20 이것들을 증언하신 이가 이르시되 내가 진실로 속히 오리라 하시거늘 아멘 주 예수여 오시옵소서. 21 주 예수의 은혜가 모든 자들에게 있을 지어다 아멘."

정리하는 말

사랑하는 성도 여러분! 요한계시록은 '그리스도의 영광의 통치'를 나타내고 있습니다. 복음서는 그리스도를 죄의 형벌을 받으러 오신 구세주로 나타내고 있으나 계시록은 사탄이 지배하려던 이 세상에 그리스도의 완전하고도 영원한 승리의 천년 동안과 그 후 종말에 당할 사탄의 패배와 형벌에 관하여 말해 주고 있습니다. 요한계시록은 성경 가운데 어느 책보다 사탄의 최후 멸망에 대하여 더 많이 말해 주고 있습니다. '만왕의 왕'으로 오신 그리스도에게 큰 영광 돌리시기를 소원합니다.

평가와 결심

1. 요한계시록의 특징은 무엇입니까?
   (계시의 책으로 ① 묵시문학 ② 유대 적인 색채 ③ 내세적 종말관을 그림)
2. 요한계시록의 주제는 무엇입니까?
   (종말의 대 환난과 그리스도의 궁극적 승리')
3. 요한계시록의 내용을 구분하는 핵심요절, 내용이 무엇입니까?
   (계 1:19, ① 네 본 것<과거: 1:1~18> ② 이제 있는 일<현재: 1:20~3:22> ③장차 될 일<계 4:1~22:21>)

주간 경건의 시간 <52> · 날마다 말씀과 함께

요일 / 내용	주일/월(Mon)	화(Tue)	수(Wed)	목(Thu)	금(Fri)	토(Sat)
찬송	93동 / 105동	532 / 323	534 / 324	535 / 325	536 / 326	537 / 329
성경	계1:-2:/계2:-3:	계 4:-5:	계 6:-7:	계 8:-9:	계 10:-11:	계 12:-13:
적용	그리스도의 계시/ 일곱 교회	천상 예배 두루마리	일곱 봉인 14만4천	금향로 이만만	작은 책 두 증인	붉은 용 두 짐승

* 시계를 보지 말라. <조셉 에디슨, 1672-1719, 영국 수필가>

고 난 절

십자가 고난 후의 영광

찬송 / 587, 588, 589 / 통일 306, 307, 308
성경 / 이사야 53:1-12
요절 / 이사야 53:5
"그가 찔림은 우리의 허물 때문이요 그가 상함은 우리의 죄악 때문이라 그가 징계를 받으므로 우리는 평화를 누리고 그가 채찍에 맞음으로 우리는 나음을 입었도다."
목표 / 그리스도의 십자가의 고난의 의미를 깨닫고 믿고 살아가는 태도를 기른다.

시작하는 말

예수 그리스도께서는 신성이 충만하신 분이심에도 불구하고 자기를 낮추시어 극형을 받으시고, 자기를 비어 음부에까지 내려가셨으며, 또 전 세계에서 과거, 현재, 미래를 통하여 모든 위대한 것보다 더욱 큰 영광을 하나님 아버지께 돌리신 것입니다. 우리 죄가 그대로 있는 한 하나님은 우리의 심판자가 되십니다. 그러나 예수 그리스도께서 우리 대신 형벌을 져주셨기 때문에 우리는 사면 받은 것입니다. 그리스도께서 희생양이 되신 것입니다. 구약 시대 양과 소가 사람을 대신해 죽은 것처럼 예수 그리스도께서 만민을 위해 십자가 고난을 받으신 것입니다.

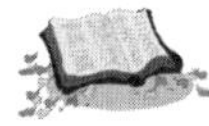

오늘의 말씀

1. 고난 받으심은 아버지의 뜻을 이루려 하심입니다(사 53:1~3)

예수께서는 겟세마네 기도에서 "아버지의 뜻대로 이루어지이다"하고 기도하셨습니다. 하나님과 사람만 관계되었던 에덴의 평화가 사탄의 개입으로 깨지고 말았습니다. 타락한 인간을 사탄에게서 다시 회복시키는 일이 시급하셔서 독생자 예수 그리스도께서 사람의 몸을 입으시고 이 땅에 오신 것입니다. 십자가에서 고난을 받으신 것입니다. 이는 범죄 한 인간의 책임을 하나님이 지시고 마귀를 멸하는 동시에 인류를 구원하려 하심이요. 이것이 하나님의 구속에 대한 계획이십니다. 그러므로 그리스도 예수의 고난은 하나님의 예정이요. 피치 못할 하나님의 섭리요, 방법이셨습니다. 이 크신 하나님의 은혜에 감사하시기를 바랍니다.

· 함께 읽어요 : 이사야 53장 3절

"3 그는 멸시를 받아 사람들에게 버림 받았으며 간고를 많이 겪었으며 질고를 아는 자라 마치 사람들이 그에게서 얼굴을 가리는 것 같이 멸시를 당하였고, 우리도 그를 귀히 여기지 아니하였도다."

2. 그리스도께서 인간고(人間苦)를 그대로 맛보신 것입니다(사 53:4)

예수 그리스도 그분이 육체의 고통, 마음의 고통을 다 짊어지신 것입니다. 육체의 고통은 질고요. 마음의 고통은 슬픔입니다. 이 두 가지는 인간의 고통을 대표하는 것으로 곧 마음의 병과 몸의 병입니다. 주님은 많은 병자를 고쳐 주심으로 인간고를 동정했습니다. 한센병자, 간질병자, 소경, 절뚝발이, 혈루병자를 다 고치시고 죽은 자를 살리셨습니다. 주님은 지금도 질고의 책임을 지시고 고쳐주십니다.

주님이 세상에서 전도와 함께 많은 약하고 병든 자들을 치유해 주신 것입니다. 주님은 우리의 슬픔과 미음의 질병을 고쳐주시기 위하여 친히 통분해 하시고 비감해 하셨습니다(요 11:33). 주님은 마음이 상한 자를 싸매어 주십니다. 고통의 심연에서 허덕이는 자들을 건져주시고, 치료해 주셨습니다. 지금도 하나님 우편에 앉으셔서 우리를 위해 계속 기도하십니다. 인간의 슬픔과 고통을 지시고, 지금도 우리를 사랑하십니다.

· 함께 읽어요 : 이사야 53장 4절

"4 그는 실로 우리의 질고를 지고 우리의 슬픔을 당하였거늘 우리는 생각하기를 그는 징벌을 받아 하나님께 맞으며 고난을 당한다 하였노라."

3. 우리의 죄악을 인하여 주님께서 고난당했습니다(사 53:5~8)

본문 5절에 "그가 상함은 우리의 죄악을 인함이라"고 했습니다. 이사야는 모든 선지자 가운데 가장 많이 고난의 진의를 발표했는데, 그가 찔리고 상한 것은 우리가 찔리고 상할 죄의 대가라고 보았습니다.

바울은 말하기를 "죄의 값은 사망이요. 하나님의 은사는 그리스도 예수 우리 주 안에 있는 영생이니라"(롬 6:23)고 했습니다. 죄의 값이 있는 이상 갚아야 할 의무가 있는 것입니다. 갚지 않으면 그 값이 저절로 없어지지 않는 것입니다. 그러나 그리스도는 우리의 죄 값으로 내어준 바 되었습니다. 그의 고난이 우리의 죄로 인함이라는 사실을 생각할 때 우리는 고개 숙여 감사함을 드리지 않을 수 없습니다. 그의 고난은 우리의 죄 때문입니다. 주 예수 그리스도께서 우리에게 평화를 주시려고 십자가 고난을 당하셨습니다. 주님이 고난의 십자가를 지심으로 하나님과 인간과의 죄악의 담을 허시고, 평화를 이루신 것입니다. 그리스도께서 당하신 것은 고난의 길의 연속입니다. ① 말구유 탄생, ② 애굽으로 피난, ③ 머리 둘 곳 없는 가난의 자취, ④ 바리새인들의 모함, ⑤ 고향 인들의 배척, ⑥ 제자들의 배신, ⑦ 빌라도의 재판, ⑧ 동족의 고발로 십자가에 못 박히심, ⑨ 겟세마네 기도, ⑩ 십자가 지시고 갈보리 언덕에 올라가심 등 고난의 연속이었습니다.

· 함께 읽어요 : 이사야 53장 3절

"3 그는 멸시를 받아 사람들에게 버림을 받았으며 간고를 많이 겪었으며 질고를 아는 자라 마치 사람들이 그에게서 얼굴을 가리는 것 같이 멸시를 당하였고 우리도 그를 귀히 여기지 아니하였도다."

정리하는 말

이스라엘 백성들은 로마의 압제에서 해방을 시켜주고, 다윗 왕국 시대처럼 열방의 각 민족을 호령하며 모든 삶이 회복되어 영광스런 삶을 살게 될 것이라고 생각했습니다(사 11;1~10). 하나님께서는 때가 차매 예수님을 메시아로 보내주셨습니다. 그러나 유대인들은 예수를 메시야로 영접하지 아니했습니다. 끝내는 그 메시야를 십자가에 못 박아 죽였습니다. 예언대로 예수님은 메시야로 오셔서 모든 고난을 받으신 것입니다. 우리에게 대속함과 구원과 영생을 주셨으니 감사하시기 바랍니다.

평가와 결심

1. 예수 그리스도께서 고난 받으심은 누구의 뜻입니까?
(마 26:39, 하나님 아버지의 원 곧 아버지의 뜻)
2. 그리스도의 고난의 뜻은 무엇입니까? (사 53:4, 인간고 맛보심)
3. 예수 그리스도께서 왜 고난을 받으셨습니까?
(사 53:5, 우리의 허물과 죄악 때문에)

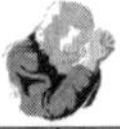

주간 경건의 시간 <53> · 날마다 말씀과 함께

요일 / 내용	주일/월(Mon)	화(Tue)	수(Wed)	목(Thu)	금(Fri)	토(Sat)
찬송	109동 / 112동	544 / 343	545 / 344	546 / 399	549 / 431	550 / 248
성경	사 51: / 사 52:	사 53:	사 54:	사 55:	사 56:	사 57:
적용	시온의 감사 / 좋은 소식	그가 찔림은	예루살렘의 흥왕	여호와 만날 때	안식일 지켜라	입술의 열매

* 믿음은 긍정의 최고 표현이다. <죤 칼빈, 1509-1564, 프랑스 신교도 개혁자>

부 활 절

예수님의 부활을 전하자

찬송 / 587, 588, 589 / 통일 306, 307, 308
성경 / 고린도전서 15:35-49
요절 / 고린도전서 15:42
"죽은 자의 부활도 그와 같으니 썩을 것으로 심고 썩지 아니할 것으로 다시 살아나며"
목표 / 예수 그리스도의 부활의 기쁜 소식을 전하는 태도를 기른다.

시작하는 말

고린도 교회는 믿는 자의 부활에 관한 문제로 혼란에 빠져있었습니다. 교인 중에 부활을 철저히 부인하는 자가 있었습니다. 이때 사도 바울은 예수 그리스도의 부활이 인간의 육체의 부활을 증거 해 준다고 강조합니다. 예수 그리스도께서 부활하신 것은 모든 인간으로 하여금 온전한 인격, 즉 영적으로 뿐만 아니라 육적으로도 영원히 살게 하기 위해서였습니다. 예수 그리스도의 부활은 인간의 부활의 확실성을 보장해 주고 있습니다. 사랑하는 성도 여러분! 사후에라도 부활의 찬란한 아침을 맞을 수 있다는 기대감으로 오늘도 아침 태양을 바라보며 부활의 생명의 주님을 찬양하시기를 바랍니다. 예수가 부활하셨습니다.

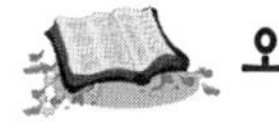

오늘의 말씀

1. 주님은 '내가 살았느니라'고 말씀하셨습니다(고전 15:1~6)

주님은 십자가에 못을 박혀 죽으셨습니다. 로마 군병들이 창으로 옆구리를 찌를 때 물과 피가 쏟아졌고, 그의 죽음을 확인했습니다. 그 후에 아리마대 요셉에 의해서 새로 판 무덤에 장사지냈습니다. 로마 군병들은 혹시나 도굴해 헛소문을 퍼뜨릴까봐 이것을 막기 위해 무덤 문을 인봉했습니다. 군대가 겹겹 지키고 있었습니다. 그런데 대낮에 지진이 나고 흑암이 드리워졌으며, 예수 그리스도의 피를 땅이 감당치 못해 터졌고 지진이 일어났습니다. 이방인인 "예수를 향하여 섰던 백부장이 그렇게 숨지심을 보고 이르되 이 사람은 진실로 하나님의 아들이었도다 하더라"(막 15:39) 하고 증언했습니다. 아리마대 사람 요셉이 예수의 시체를 안장했습니다(막 15:43). 그러나 인봉도 로마 군병도 부활하신 예수 그리스도를 감당할 수 없었습니다. ♬ "사셨네. 사셨네. 예수 다시 사셨네." ♬ 그렇습니다. 예수는 다시 살아나셨습니다.

· 함께 읽어요 : 마가복음 16장 9절
"9 예수께서 안식 후 첫날 이른 아침에 살아나신 후 전에 일곱 귀신을 쫓아내어 주신 막달라 마리아에게 먼저 보이시니"

2. 우리도 예수님처럼 부활해 살아나게 될 것입니다(고전 15:16~17)

'보라 내가 살았다 너희도 살리라'고 말씀하셨습니다. '너희도 부활하리라. 너희도 영원히 살리라'고 말씀하신 것입니다. 주님의 분명한 음성 "너희도 살리라"는 말씀을 들으시고 확신하시기 바랍니다. 그리하여 확고한 부활의 신앙으로 사도신경 마지막 단락처럼 "몸이 다시 사는 것과 영원히 사는 것을 믿나이다"라고 신앙 고백하시기 바랍니다.

우리의 몸은 다시 삽니다. 부활합니다. 예수님이 부활하셨으므로 우리도 부활할 때가 오는 것입니다. 사도 바울은 예수님의 부활은 모든 잠자는 자들의 처음 익은 열매라고 했습니다. 예수님께서도 분명히 "이를 놀랍게 여기지 말라 무덤 속에 있는 자가 다 그의 음성을 들을 때가 오나니 선한 일을 행한 자는 생명의 부활로, 악한 일을 행한 자는 심판의 부활로 나오리라"(요 5:28~29)고 말씀하셨습니다.

· 함께 읽어요 : 고린도전서 5장 25절

"25 진실로 진실로 너희에게 이르노니 죽은 자들이 하나님의 음성을 들을 때가 오나니 곧 이 때라 듣는 자는 살아나리라."

3. 그리스도의 부활을 믿을 이유가 있습니다(고전 15:42~43)

바울은 예수 그리스도의 부활을 증언하면서 '게바에게 보이시고, 열두 제자에게와 오백여 형제에게 일시에 보이셨다'고 증언합니다.

① 바울의 증언입니다. 바울은 과거 율법의 종이었지만 부활하신 주님을 만나 뵙고는 주님의 종이 되었습니다. 그는 신앙과 사상과 방향이 일변하여 모든 가치관도 부활하신 신앙을 제일로 삼게 되었습니다.

② 부활의 실체가 증거합니다. 부활하신 주님의 실체를 제자들은 눈으로 보았고, 손으로 만져보았으며(요일 1:1), 함께 음식을 나누어 먹었고, 보행하기도 했고, 대화하는 장면도 몸소 체험했었습니다.

③ 부활의 은총입니다. 보물을 소유한 자는 항상 그 보물에 마음이 가 있으며 보물이 그에게 기쁨을 주는 것과 같이 부활 신앙을 믿는 성도는 그 마음이 항상 주님과 함께 있고, 구속 받은 자의 기쁨을 누리는 것입니다. 바울처럼 부활의 은총을 힘입어 주 예수 부활을 증거 하는 여러분 되시기를 바랍니다.

기독교의 최고의 가치는 '부활 신앙'에 있다고 할 수 있습니다. 날마다 주님의 살아계심과 부활의 기쁨을 함께 나누시기 바랍니다.

· 함께 읽어요 : 고린도전서 15장 23절

"23 그러나 각각 자기 차례대로 되리니 먼저는 첫 열매인 그리스도요. 다음에는 그가 강림하실 때에 그리스도에게 속한 자요."

정리하는 말

사랑하는 성도 여러분! 예수 그리스도께서 지금 여러분들 앞에 나타나신다면 어떤 반응을 가지시겠습니까? 세상의 종교들은 부활을 주장하지 않습니다. 그러나 기독교는 그리스도께서 부활하심으로 석가나 공자의 무덤 앞에서도 우리도 마지막 날에 부활하겠다는 확신과 소망을 가질 수 있는 것입니다. 부활의 주님은 우리의 모든 필요를 채워주십니다. 부활의 주님 계신 곳에는 평화와 기쁨이 충만합니다. 예수 그리스도의 부활을 항상 증거하면서 기쁘고 복된 삶을 살아가시기를 바랍니다.

평가와 결심

1. 주님이 부활하신 후 제자들에게 하신 말씀 첫째가 무엇입니까? (고전 15:1~6, '내가 살았느니라.')
2. 주님이 부활하신 후 제자들에게 하신 말씀 둘째가 무엇입니까? ('너희도 살리라.')
3. 그리스도의 부활을 믿을 이유가 무엇입니까? (① 바울의 증언 ② 부활의 실체를 봄 ③ 부활의 은총의 기쁨을 누림)

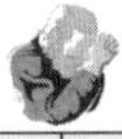

주간 경건의 시간 <54> · 날마다 말씀과 함께

요일 / 내용	주일/월(Mon)	화(Tue)	수(Wed)	목(Thu)	금(Fri)	토(Sat)
찬송	104동 / 93동	324 / 360	325 / 359	327 / 361	329 / 267	330 / 370
성경	고전15:1-11/15:12-34	고전 15:35-58	눅 21:	눅 22::	눅 23:	눅 24:
적용	주님 부활하심 / 우리의 부활	육체의 부활	인자가 오시는 날	피로 세운 새 언약	십자가 못 박히심	마음을 열어

* 계획은 사람이 하지만 이루는 이는 하나님이시다. <영·미 격언>

감 사 절

여호와께 감사하라

찬송 / 587, 588, 589 / 통일 306, 307, 308
성경 / 시편 107:1-22
요절 / 시편 107:1
"1 여호와께 감사하라 그는 선하시며 그 인자하심이 영원함이로다."
목표 / 감사절에만이 아니라 범사에 감사하는 태도로 살아가도록한다.

시작하는 말

사랑하는 성도 여러분! 해마다 왜 우리는 감사절을 지켜야 합니까? 감사는 '행복의 충분 조건'이기 때문입니다. 많은 사람들이 출애굽한 백성들처럼 광야 같은 세상에서 불평과 원망 속에 세상을 어둡고 힘들게 살아갑니다. 그러나 감사가 입에서 나와야 행복에로의 문이 열립니다. 인생의 문제들을 항상 긍정적인 눈으로 바라보며 감사할 때 감사할 일이 더욱 많아지는 것입니다. 먼저 원망과 불평의 독성을 조금씩 감사와 찬양으로 바꿔보면 여러분들의 삶이 분홍빛 인생으로 달라 질 것입니다. 그러므로 시인은 "여호와께 감사하라"고 명령하고 있습니다.

오늘의 말씀

1. 감사의 소극적인 방법이 있습니다(시 107:1~6; 37:8)

광야 사막 길은 우리에게 부담스럽습니다. 방황할 수밖에 없습니다. 주리고 목말라 할 수밖에 없는 것입니다. 이럴 때 범인들은 "분과 노를 발하면서 불평을 토할 수밖에 없습니다"(시 37:8). 그러나 이런 데에 습관을 들이면 안 됩니다. 짐승에게는 공부를 해야 한다든지, 결혼에 실패한다든지, 배신을 당한다든지, 자식 걱정, 과부되어 슬프다거나 재산 상속 문제, 전쟁 문제, 공해 문제 등으로 골치를 앓을 필요가 없습니다. 인간은 인간과 함께 살기 때문에 이런 문제가 있는 것입니다. 성경은 "왜 이런 문제가 생겼는가?" 불평하지 말고 원망하지 말고, 성내지 말라고 교훈합니다. 이스라엘 백성은 광야에서 원망과 불평을 하다가 다 광야 모래 무덤에 묻혔습니다. 여러분! 불평 원망하지 마시기를 바랍니다.

· 함께 읽어요 : 시편 37편 8절

"8 분을 그치고 노를 버리며 불평하지 말라 오히려 악을 만들 뿐이라. 9 진실로 악을 행하는 자들은 끊어질 것이나 여호와를 소망하는 자들은 땅을 차지하리로다."

2. 감사의 적극적인 방법이 있습니다(시 107:7~9, 시 37:4)

시인은 1절에서 "여호와께 감사하라 그는 선하시며 그 인자하심이 영원함이로다"라고 했습니다. 여호와 하나님께서는 그의 백성들을 속량하시되 대적 원수의 손에서 속량하신다고 말씀했습니다.

그러므로 주안에서 주님만을 사랑하고 즐거워해야 한다는 말씀입니다. 야곱은 라헬을 위해 7년을 봉사했으나 레아가 먼저 침방에 들어왔습니다. 그는 또 7년을 더 봉사하되 '라헬을 사랑하는 까닭에 칠년을 수일 같이 여겼습니다'(창 29:20). 감사의 방법 또한 그렇습니다.

우리가 여호와 하나님을 즐거워하고 기뻐만 한다면 그까짓 것 무엇인들 왜 못하겠습니까? 사랑이 식어진 것이 문제입니다. 주님을 사랑하십시요. 성전의 봉사를 사랑하십시오. 주님의 종들을 사랑하십시오. 형제자매인 이웃을 사랑하십시오. 모두 주님이 기뻐하시는 존재들입니다. 사랑하면 즐겁고 기쁨이 충만합니다. 사랑은 감사의 적극적인 방법입니다. 하나님께 감사하고자 하면 열정적인 사랑 속에 거하시기 바랍니다.

· 함께 읽어요 : 시편 107편 9절

"9 그가 사모하는 영혼에게 만족을 주시며 주린 영혼에게 좋은 것으로 채워주심이로다."

3. 모든 문제 전부를 주님 앞에 내려 놓아야 합니다(시 107:19~20)

시편 37편 5절에는 "네 길을 여호와께 맡기라 그를 의지하면 그가 이루시고"라고 했습니다. 문제를 맡기려면, ① 모든 문제를 여호와께 가지고 나와야 합니다. ② 여호와를 의지해야 합니다. ③ 문제를 주님께 아뢰며 기도해야 합니다. 누가복음 11장 13절에 "너희가 악할지라도 좋은 것을 자식에게 줄 줄 알거든 하물며 너희 하늘 아버지께서 구하는 자에게 성령을 주시지 않겠느냐 하시니라"고 하셨습니다.

시인은 자신의 경험을 통해서 문제를 주님 앞에 내려놓기만 하면 "그가 사모하는 영혼에게 만족을 주시며 주린 영혼에게 좋은 것으로 채워주심이로다"라고 했습니다. 그리고 문제를 내려 놓았으면 내 생각대로가 아니라 여호와 하나님께서 원하시는 방향대로, 주님이 주시는 것들을 거부함 없이 받아들일 준비를 해야 합니다. 내가 변하면 환경이 변하고, 또 내 주변의 사람이 변하게 됩니다. 이것이 '기다림의 법칙' 속에서 얻어지는 것입니다. 무슨 일이든지 응답하시고 이루어주시는 때가 있습니다. 그때를 우리가 알 수 없으되 잠잠히 기다려야 하는 것입니다. ① 여호와 앞에서 곰곰이 생각하고, ② 오래 참으라. ③ 소망을 가지고 기다리라는 것입니다. 기다림은 희망의 꽃이 피고, 여기서 선한 열매를 맺혀지도록 하는 시간의 간격인 것입니다.

· 함께 읽어요 : 시편 107편 21~22절

"21 여호와의 인자하심과 인생에게 행하신 기적으로 말미암아 그를 찬송할지로다.
22 감사제를 드리며 노래하여 그가 행하신 일을 선포할지로다."

정리하는 말

사랑하는 성도 여러분! 감사는 하나님께서 인생에게 주신 복의 물줄기입니다. 하늘의 복이 인간에게 임하는 통로인 것입니다. 감사하고 찬양하는 마음에 성령이 거하시고, 기쁨을 강물처럼 주십니다. 감사의 소극적인 방법으로 '불평'과 '원망'을 하지 마시기 바랍니다. '적극적인 감사'로 여호와께 감사하시기를 바랍니다. 그분의 '선하심'과 '인자하심'을 찬양하고 노래하십시오. 모든 문제를 여호와 앞에 내려놓고 잠잠히 기다려 보세요. 만유 주 하나님께서 여러분들의 소원을 들으시고, 약속대로 해결해 주실 것을 바라보며 감사하시기 바랍니다.

평가와 결심

1. 감사의 소극적인 방법은 무엇입니까?
(시 37:8, 불평과 원망을 하지 않는 것임)
2. 감사의 소극적인 방법은 무엇입니까? (시 107:1, 감사하는 것임)
3. 감사가 임하도록 하는 문제의 해결방법은 무엇입니까?
(시 37:5, 모든 문제를 여호와 앞에 내려놓음)

주간 경건의 시간 <55> · 날마다 말씀과 함께

요일 / 내용	주일/월(Mon)	화(Tue)	수(Wed)	목(Thu)	금(Fri)	토(Sat)
찬송	145동 / 146동	324 / 360	325 / 359	327 / 361	329/ 267	330/ 370
성경	시106:/시 107:	시 108:-109:	시 110:-112:	시 113:-114:	시 115:-116:	시 117:-118:
적용	파리한 영혼/ 소원의 항구	기도가 죄로	새벽이슬 같은 청년	여호와 이름 찬양	여호와를 의지하라	여호와께 피함이

* 계획은 사람이 하지만 이루시는 이는 하나님이시다. <영·미 격언>

성 탄 절

제56과

구원의 기쁨을 전하는 성탄

찬송 / 104, 105, 123 / 통일 104, 105, 123
성경 / 누가복음 2:1-20
요절 / 누가복음 2:14
"지극히 높은 곳에서는 하나님께 영광이요 땅에서는 하나님이 기뻐하신 사람 들 중에 평화로다 하니라."
목표 / 세상에 최고의 기쁨의 좋은 성탄의 소식을 전하는 삶을 살아가도록 한다.

시작하는 말

사랑하는 성도 여러분! 올해도 기쁜 성탄절이 다가왔습니다. 예수님의 탄생을 제일 먼저 선포한 이는 주의 사자, 곧 천사입니다. 그 소식을 제일 먼저 들은 이들은 베들레헴 근처에서 양을 치던 목자들이었습니다. 예루살렘 성전 제사용 양을 치던 목자들이 세상 죄를 지고 가실 하나님의 어린 양을 제일 먼저 볼 수 있는 특권을 가졌습니다. 이스라엘은 아기가 탄생하면 그 지방의 악사들이 그 집에 모여 그 가정에서 소박한 노래로 축하해 주는 것이 전통입니다. 그렇지만 예수님은 베들레헴의 여관집 외양간에서 탄생했기 때문에 그러한 예식은 베풀 수 없었고, 천사들이 지상의 악사들을 대신하여 찬송을 불렀습니다.

오늘의 말씀

1. 겸손하게 구유에 뉘신 주님을 축하합시다(마 11:29)

불교의 석가는 왕자로 왕가에서 태어났습니다. 공자도 상류의 가정에서 태어나 고등교육을 받는 혜택을 입었습니다. 그러나 하나님의 아들 예수는 베들레헴 외양간에서 태어나 말구유에 뉘었습니다. 구유에 나신 주님은 가장 소박하고, 가장 겸손한 인간상을 보여주셨습니다. 부유한 가정에서 태어나 어릴 적부터 아무 어려움 없이 호사하게 자란 사람은 인생의 깊은 뜻을 이해하지 못하고, 어려움을 당할 때 거기에 적응할 힘이 없습니다. 가난 속에 태어나 자란 사람은 ① 겸손을 배우며 자랍니다. ② 좀처럼 동요하지 않고 견디며 투지를 배우며 자랍니다.

· 함께 읽어요 : 누가복음 2장 12절

"12 너희가 가서 강보에 싸여 구유에 뉘어 있는 아기를 보리니 이것이 너희에게 표적이니라 하더니"

2. 아구스도의 호적령으로 거할 처소도 없으셨습니다(눅 2:1~7)

로마 제국은 그의 국권이 미치는 지경 안에 사는 사람들에게 매 14년마다 정기적으로 인구 조사를 실시했습니다. 이것은 군사력을 강화하기 위한 징병과 세금을 징수하기 위한 정치적인 수단이었습니다. 갈릴리 나사렛에 사는 요셉도 자기와 정혼한 마리아와 함께 다윗 조상의 고향인 베들레헴으로 가게 되었습니다. 나사렛에서 갈릴리까지는 130km 약 320리나 되며, 험악한 산악 길을 도보와 나귀를 타고 간다고 하는 것은 그리 쉬운 일이 아니요, 그나마 마리아는 임신한 몸이니 그 행로의 어려움이 있었을 것입니다. 요셉과 마리아가 베들레헴에 도착했을 때 모여든 사람들로 초만원을 이뤄 단 한 칸의 방도 구할 수 없었습니다. 마리아 부부는 할 수 없이 그냥 외양간에서 쉬기로 했습니다. 만왕의 왕으로 오신 예수는 누추한 마구간에서 탄생하셨으며, 강보에 싸여 구유에 눕는 몸이 되었습니다. 무료로 제공할 방이 없었습니다. 베들레헴에 찾아오신 예수님을 영접하지 아니함으로 은혜 입을 기회를 잃어버린 것입니다. 지금도 주님은 우리의 심령의 문을 두드리십니다. 마음문을 여시고 주님을 모시기 바랍니다.

· 함께 읽어요 : 요한계시록 3장 20절
"20 볼 지어다 내가 문밖에 서서 두드리노니 누구든지 내 음성을 듣고 문을 열면 내가 그에게로 들어가 그와 더불어 먹고 그는 나와 더불어 먹으리라."

3. 아구스도와 구유에 누우신 예수님을 비교합니다(눅 2:1)

8월에 자기 생일이 있다 하여 자기 이름을 역사에 남기기 위해 8월을 자기 이름인 아우구스트(August)라고 달 명을 바꾼 가이사 아구스도는 시저의 양자로서 수많은 정적을 물리치고 로마의 황제가 되었습니다. 그는 벽돌을 대리석으로 바꾸고, 그의 권세와 영광은 지극했으며, 그의 판도는 광대했습니다. 2천년이 지나고 그는 가고 없습니다. 권세도 영광도 간 곳 없습니다. 그러나 구유에 뉘이셨던 예수는 온 땅 끝까지 사랑으로 점령했고, 하늘에서는 하나님 우편에 좌정하고 계십니다. 창검의 힘으로 이룩해 놓았던 제국의 영광은 자취를 감추었으나 사랑과 십자가로 이룩한 주님의 나라는 영원히 빛날 것입니다.

그 옛날 베들레헴의 초라한 외양간의 구유! 그 구유에서 이루어진 이 위대한 사실과 교훈에 우리는 놀라지 않을 수 없습니다. 주님 편에 서서 주님을 영접하는 자는 영생과 영광과 구원을 얻을 것입니다.

베들레헴(בית לחם : 베트레헴)이란 '빵 집', '떡 집'을 위미합니다. 예루살렘 남쪽 8km 지점입니다. 곡식이 많이 나는 베들레헴이라는 '떡 집'에서 '생명의 떡'이신 예수님께서 탄생하신 것 또한 우연이 아닙니다. 주 하나님께 영광을 돌리고 감사하시기 바랍니다.

· 함께 읽어요 : 요한복음 6장 35절
"35 예수께서 이르시되 나는 생명의 떡이니 내게 오는 자는 결코 주리지 아니할 터이요. 나를 믿는 자는 영원히 목마르지 아니하리라.”

정리하는 말

사랑하는 성도 여러분! 하나님의 천사는 기쁨의 좋은 소식을 전했습니다. “오늘날 다윗의 동네에 너희를 위하여 구주가 나셨으니 곧 그리스도 주시니라”(눅 2:11)고 했습니다. 그리스도께서 탄생하신 첫 번째 성탄절 밤은 ‘고요한 밤, 거룩한 밤’이었습니다. 성전 제사용 거룩한 양들을 지키던 목자들이 먼저 기쁨의 좋은 소식을 들었습니다. 이 기쁨의 좋은 소식을 온 세상에 전합시다. 오늘날 다윗의 동네에 구주가 나셨습니다. 오직, 구세주 예수 그리스도께 영광과 찬양과 존귀를 돌리시기 바랍니다.

평가와 결심

1. 말구유에 나신 주님을 통해 무엇을 배울 수 있습니까?
   (마 11:28, 온유하심과 겸손을 배울 수 있음)
2. 예수께서 태어나신 곳은 어디입니까? (미 5:2, 베들레헴 ‘떡집’)
3. 예수가 태어나신 베들레헴이란 지명의 뜻은 무엇입니까?
   (미 5:2, 베들레헴<ביתלחם : 베트레헴> 곧 ‘떡집’, ‘빵집’)

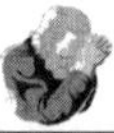

주간 경건의 시간 <56> · 날마다 말씀과 함께

요일 / 내용	주일/월(Mon)	화(Tue)	수(Wed)	목(Thu)	금(Fri)	토(Sat)
찬송	144동 / 126동	122동/ 122	123동/ 123	125동/ 125	126동/ 126	21동 / 21
성경	창3: / 사 7:	사 9:	사 11:	마 1:	눅 1:	눅 2:
적용	여자의 후손/ 임마누엘	기묘자 모사	이새의 줄기	예수 그리스도	이름을 예수	그리스도 우리 주

* 시간이 지나가고 있다. 당신도 그 시간에 밀려 지나가고 있다. (로이 L. 로오린)

주님과 동행하는 구역

구역부흥은 교회부흥

제 1 학기 출석부

번호	성 명	1월					2월					3월					계	
		1	2	3	4	5	1	2	3	4	5	1	2	3	4	5		
1																		
2																		
3																		
4																		
5																		
6																		
7																		
8																		
9																		
10																		
11																		
12																		
13																		
14																		
15																		
16																		
17																		
18																		
19																		
20																		

제 2 학기 출석부

번호	성 명	4월					5월					6월					계	
		1	2	3	4	5	1	2	3	4	5	1	2	3	4	5		
1																		
2																		
3																		
4																		
5																		
6																		
7																		
8																		
9																		
10																		
11																		
12																		
13																		
14																		
15																		
16																		
17																		
18																		
19																		
20																		

제 3 학기 출석부

번호	성 명	7월					8월					9월					계	
		1	2	3	4	5	1	2	3	4	5	1	2	3	4	5		
1																		
2																		
3																		
4																		
5																		
6																		
7																		
8																		
9																		
10																		
11																		
12																		
13																		
14																		
15																		
16																		
17																		
18																		
19																		
20																		

제 4 학기 출석부

번호	성 명	10월					11월					12월					계	
		1	2	3	4	5	1	2	3	4	5	1	2	3	4	5		
1																		
2																		
3																		
4																		
5																		
6																		
7																		
8																		
9																		
10																		
11																		
12																		
13																		
14																		
15																		
16																		
17																		
18																		
19																		
20																		

창세기 출애굽기

"이 예언의 말씀을 읽는 자와 듣는 자들과…지키는 자들이 복이 있나니"
계 1 : 3

Contents of Bible 김종석(C.S.Kim),1978 신소섭(S.S.Shin),1978 성경 목록가

• 설문지 : 독자 앙케이트 •

구역공과를 다루고서

〈각 교회에서 설문지를 그대로 보내주셔도 좋겠고, 통계치만 보내셔도 됩니다 〉

1. 구역공과를 다루고 나서 어떤 방법이 가장 좋았는가?
   ( ) 1 기존의 방법대로 구역장이 혼자 가르치는 것이 좋겠다.
   ( ) 2 문답지를 나누어주고 미리 풀어 오도록 하여 토론하는 것이 좋겠다.
   ( ) 3 성경 문제지를 나누어주고 그날 함께 풀어 가는 방법이 좋겠다.
   ( ) 4 문답지를 나누어주고 구역장이 설명해 가는 방법이 좋겠다.
2. 성경 공부 문제지를 다루는데 그 정도가 어떠했는가?
   ( ) 1 문제가 어려워서 손대기가 어려웠다.
   ( ) 2 문제지는 그런대로 쉬웠으나 묵상과 적용이 잘 안되었다.
   ( ) 3 문제지도 어려웠고 묵상과 적용도 어려웠다.
   ( ) 4 문제지는 보통이고 묵상과 적용도 할만했다.
3. 성경 공부 문제의 양이 어떠했는가?
   ( ) 1 문제가 너무 많았다.
   ( ) 2 문제가 너무 적었다.
   ( ) 3 문제가 적당했다.
4. 성경공부 진행 및 내용의 배열은 어떻게 하는 것이 좋겠는가?
   ( ) 1 시작하는 말, 오늘의 말씀, 정리하는 말, 평가와 결심의 순서대로가 좋겠다.
   ( ) 2 오늘의 말씀, 정리하는 말, 평가와 결심으로 줄였으면 좋겠다.
   ( ) 3 성경본문을 읽고 각자가 느낀 점을 이야기하고 적용하는 방식이 좋겠다.
   ( ) 4 성경 본문만 읽고 중보(합심)기도를 길게 하는 것이 좋겠다.
5. 구역 모임시간에 대하여 어떻게 했으면 좋겠는가?
   ( ) 1 찬송을 많이 불렀으면 좋겠다.
   ( ) 2 성경 공부에 중점을 두었으면 좋겠다.
   ( ) 3 합심기도에 시간을 많이 할애했으면 좋겠다.
   ( ) 4 구역원들 간에 이야기하는 시간을 많이 두어야 좋겠다.
6. 성도의 교제 시간 운영 방안에 좋은 방법은 무엇인가?
   ( ) 1 민속놀이를 했으면 좋겠다(윷놀이 등).
   ( ) 2 음식 나누어 먹기가 좋겠다.
   ( ) 3 가정을 위해 특별기도를 해주는 것이 좋겠다.
   ( ) 4 성경 퀴즈를 했으면 좋겠다.
   * 보기에 없으면 적 으시오( )
7. 구역공과교재나 교재출판위원회에 하고 싶은 이야기를 적으시오.

절 취 선

〈 보내주시는 교회 선물을 받으실 분 〉 (우편번호) 주소는 정확하게, 담임목회자 명	〈 보내 주실 곳〉 156-094 서울 동작구 사당4동 254-9 도서출판 아가페문화사 교재편찬위원회 앞

세상을 변화시키는 52주 구역공과

주님과 동행하는 구역

2010. 11. 25 초판 인쇄

2010. 11. 30 초판 펴냄

지은이 교재편찬위원회

발행인 김영무

발행처 도서출판 아가페문화사

156-094 서울 동작구 사당4동 254-9

전화 3472-7252, 7253 팩스 523-7254

등록 제3-133호(1987. 12. 11)

보급처 : 아가페문화사

156-094 서울 동작구 사당4동 254-9

전화 3472-7252, 7253 팩스 523-7254

우 체 국 011791-02-004204 (김영무)

값 5,500원

ISBN 978-89-8424-111-4 03230